AF509155

OEUVRE

DE

JEAN GOUJON.

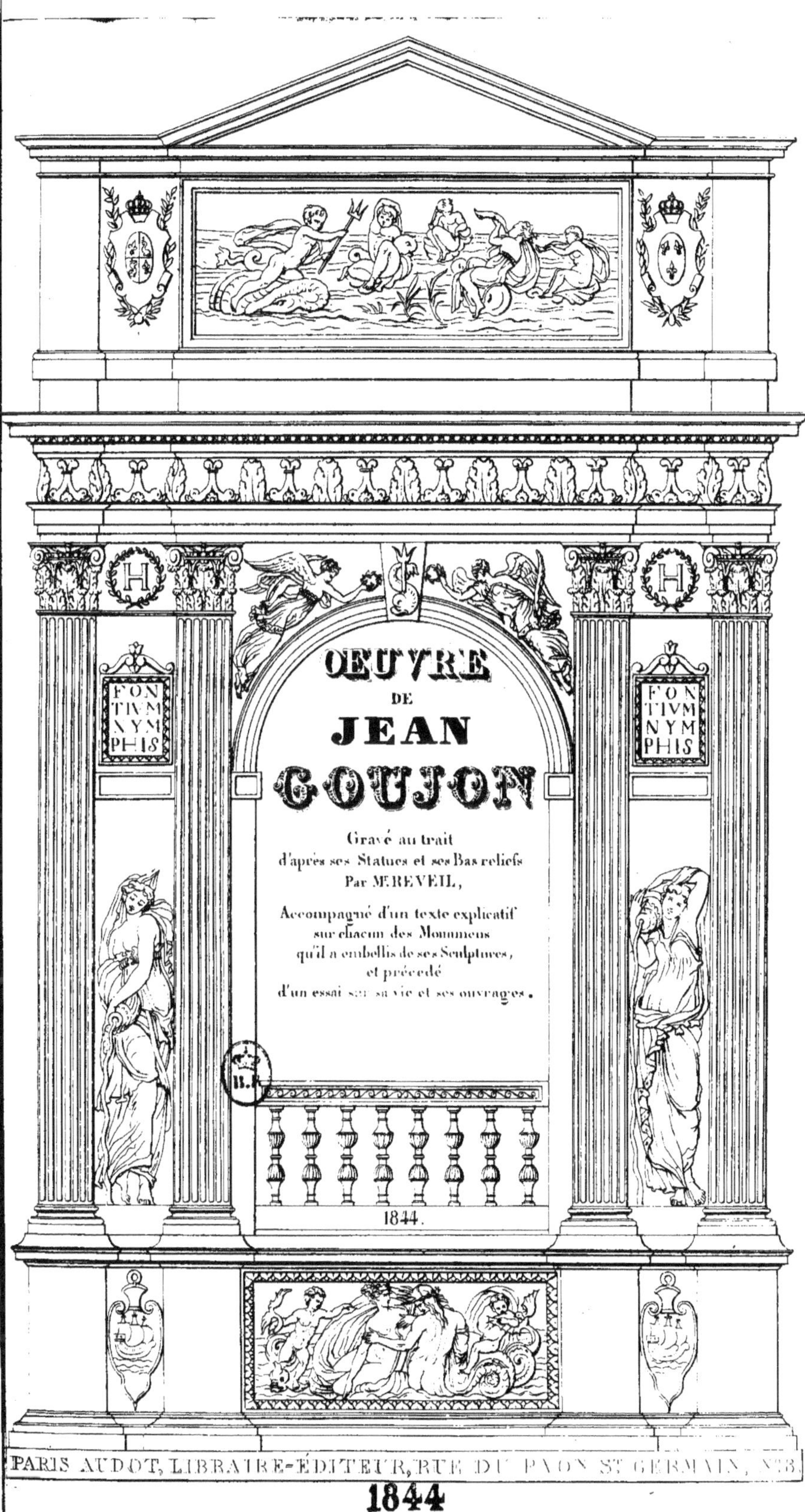

OEUVRE
DE
JEAN
GOUJON
Gravé au trait
d'après ses Statues et ses Bas reliefs
Par M. REVEIL,

Accompagné d'un texte explicatif
sur chacun des Monumens
qu'il a embellis de ses Sculptures,
et précédé
d'un essai sur sa vie et ses ouvrages.

1844.

PARIS AUDOT, LIBRAIRE-ÉDITEUR, RUE DU PAON St GERMAIN, N°8.

1844

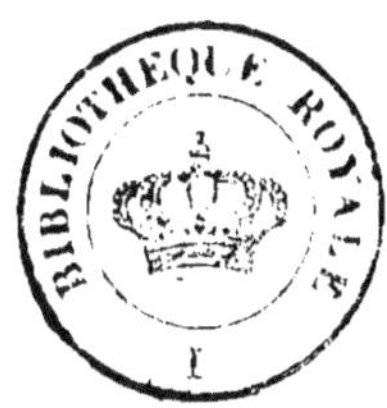

Ce qui avait été écrit avant nous sur Jean Goujon et ses
ouvrages ne se composait guère que de quelques courtes
notes, la plupart fautives, presque toutes éparses dans diffé-
rents livres. Il importait qu'une investigation, conduite avec
zèle et persévérance, vînt présider au choix de ce qui avait
été dit de plus judicieux, et y ajouter ce qu'il était encore
possible de recueillir en renseignements inédits, avant que le
temps, dans son terrible cours, n'anéantît, comme il a déjà
anéanti, plusieurs chefs-d'œuvre du grand sculpteur français.

Le bronze, le marbre et la pierre ne sont point indestruc-
tibles : conserver l'image de ce qui existe encore, de ce qui a

a

existé, comme de ce qui est destiné à périr, voilà, nous sommes-nous dit, un service à rendre aux arts, voilà un titre pour l'éditeur de *l'OEuvre de Jean Goujon*, seul titre qu'il ambitionne et qui ne saurait lui être contesté, ni par les artistes, ni par les amateurs reconnaissants de ce qu'on dresse un modeste monument à celui qui en a élevé de si beaux, de si dignes d'admiration.

Quelques années se sont écoulées entre la première livraison de cet ouvrage et la dernière, contenant l'*Essai sur la vie et les œuvres de Jean Goujon*. Cet intervalle a été mis à profit, comme nous venons de le dire. Ne trouvant rien de nouveau, nous avons pensé que le moment était venu de parachever un livre que le public avait accueilli avec indulgence, et qu'il doit désirer de voir terminé avec le moins de lacunes qu'il nous a été possible d'en laisser.

Le texte descriptif est, pour une grande partie, de M. André Pottier, bibliothécaire de la ville de Rouen.

Quant aux nombreuses recherches historiques et à l'essai sur la vie de Jean Goujon, ils sont l'ouvrage de l'éditeur, qui a mis a profit des notes pleines de goût et de haute érudition, dues au savant archéologue, au digne bibliothécaire de la ville de Rouen.

Puisse cet ouvrage, d'une exécution artistique digne du motif qui nous l'a fait entreprendre, augmenter encore l'admiration de notre siècle pour les ouvrages de Jean Goujon, et les préserver de l'oubli des siècles à venir!

Paris, janvier 1844.

L'éditeur, AUDOT.

OEUVRE

DE

JEAN GOUJON.

SCULPTURES

DU

CHATEAU D'ÉCOUEN.

Les encouragemens accordés par François Ier aux artistes, ne pouvaient être sans influence sur les courtisans. Protéger les talens, dépenser une partie de son revenu pour les faire prospérer, devint un moyen de faveur auprès du monarque. Cette fois, du moins, le besoin de plaire au maître et de suivre son exemple, ne fut pas pour la France sans quelque compensation : on lui doit la création de chefs-d'œuvre qui ont fait la gloire de ce siècle, et qui font encore les délices du nôtre. Bientôt, rivalisant de zèle et de prodigalité, les principaux seigneurs firent élever des châteaux, comme le Roi des palais, et, comme lui, ils y réunirent toutes les productions que les arts commençaient à enfanter dans notre patrie.

A la tête de ceux qui contribuèrent le plus à favoriser ce premier essor, il est juste de placer le connétable Anne de Montmorency.

Compagnon d'enfance de François Ier, alors comte d'Angoulême, devenu favori à l'avénement de ce prince au trône, possédant d'ailleurs une immense fortune, il eut de bonne heure l'occasion de connaître et le moyen de seconder le penchant de son souverain pour les merveilles des arts. Son instinct de flatterie lui tint lieu de goût. S'il n'avait suivi que sa propre impulsion, il eût mieux aimé faire construire des donjons crénelés que des maisons de plaisance, et persécuter des artistes hérétiques, que de leur accorder asile et protection. Par ses mœurs et ses préjugés, ce seigneur semblait appartenir à la cour sombre et bigotte de Louis XI, plutôt qu'à la cour brillante et dissipée du rival de Charles-Quint. Il suffit, pour s'en convaincre, de relire le portrait qu'en trace Brantôme, l'un de ses contemporains.

« Il portait, dit-il, le nom d'Anne, pour être filleul de cette brave Anne de Bretagne, reine de France, et de celui qu'on dit avoir été le premier baron chrétien de la France, ce qui lui redonde un très-grand honneur; aussi a-t-il bien su en soi entretenir ce christianisme tant qu'il a duré, et n'en a jamais dérogé. Ne manquant jamais à ses dévotions ni à ses prières, car tous les matins il ne faillait de dire ses patenôtres, soit qu'il ne bougeât du logis, soit qu'il montât à cheval, ou allât par les champs aux armées, parmi lesquelles on disait qu'il se fallait garder des patenôtres de M. le Connétable; car en les disant et marmottant, lorsque les occasions se présentaient, comme force débordemens et désordres y arrivent maintenant, il disait : « Allez-moi pendre un tel ; attachez celui-là à cet arbre ; faites - moi » passer celui-ci par les piques tout à cette heure, ou les arquebuses, » tout devant moi; taillez-moi en pièces tous ces marauts qui ont voulu » tenir ce clocher contre le Roi ; brûlez-moi ce village ; boutez-moi » le feu partout à un quart de lieue à la ronde. » Ainsi tels et semblables mots de justice ou police de guerre proférait-il selon les occurrences, sans se débaucher nullement de ses *Pater,* jusqu'à ce qu'il les eût entièrement achevés ; pensant faire une grande erreur s'il les eût remis à dire à une autre heure, tant il y était cónsciencieux. »

De pareilles habitudes ne s'accordent guère avec l'élévation d'esprit, avec le sentiment du beau que supposent les jouissances des arts ; mais entraîné d'abord par l'envie de faire sa cour, ensuite par la nécessité de ne point rester en arrière de ses anciens rivaux, il sut ré-

primer son propre caractère, et se montra toute sa vie libéral et magnifique envers les artistes. Outre les châteaux de Chantilly et de
l'Ile-Adam, qu'il fit réparer et décorer avec luxe, il fit élever près de
ses domaines de Montmorency un autre château; véritable monument
qui pourrait à lui seul servir à constater les admirables perfection-
nemens que toutes les parties des beaux-arts reçurent à cette époque,
tant des beautés de tout genre s'y trouvent réunies. « C'est lui, »
dit Androuet Ducerceau *(Des plus excellens Bâtimens de France)*,
« c'est lui qui fournit les moyens de construire le fameux château
» d'Écouen, qu'il fit refaire tout de neuf. »

Ce château, situé au nord de Paris, à quatre ou cinq lieues de la
capitale, s'élève sur le sommet d'un côteau, ceint de bois jusqu'aux
deux tiers de sa hauteur ; les autres collines qui l'environnent au loin
sont couvertes de vignes, de prairies, de vergers et de champs fertiles,
que borne à l'horizon l'antique et sombre forêt de Montmorency.

« L'aspect, » dit-on dans une description de ce château, « l'aspect
» en est imposant, sans être romantique ; on n'y voit point de ces
» tours couvertes de lierre, de ces créneaux délabrés, de ces flèches
» aiguës qui terminent les toits de ces anciens châteaux de nos cheva-
» liers ; mais l'œil s'arrête avec plaisir sur un ensemble noble et majes-
» tueux, sur des formes pures et régulières, sur des détails pleins de
» goût et de délicatesse qui rappellent cette architecture dont Vitruve
» nous a transmis les règles, et dont les modèles se retrouvent dans
» les ruines des beaux monumens de la Grèce et de Rome [1]. »

Le domaine d'Écouen appartenait de temps immémorial à la famille
de Montmorency. Comme la plupart des propriétés seigneuriales, il était
anciennement défendu par un château fort. Le Connétable y reçut son
souverain en 1527, et il existe une déclaration royale datée de ce lieu et
de cette époque. Ce doit être peu de temps après que l'on remplaça le
gothique manoir par une habitation plus somptueuse. Il fallut plusieurs années pour opérer un pareil changement : les travaux de
construction ne s'exécutaient point alors aussi rapidement que de nos
jours. En 1741, le nouveau château n'était point encore habitable :
exilé cette année de la cour, le Connétable se retira d'abord à Chan-

---

[1] *Paris et ses Monumens*, château d'Écouen, par Baltard et Amaury Duval.

tilly, et ce fut seulement en 1543 qu'il alla résider à Écouen. Cette demeure devint son séjour favori, et il y passa tout le temps de sa disgrâce, jusqu'en 1547, c'est-à-dire jusqu'au moment où Henri II succéda à François Ier. Dans cet intervalle, et quelques années plus tard, on ne cessa de travailler au château d'Écouen, ainsi que le constatent les dates inscrites sur plusieurs objets de décoration de ce monument. Les millésimes de 1542, 1543 et 1544 se retrouvent sur plusieurs vitraux de l'ancienne galerie et de la chapelle, et celui de 1550 sur l'une des serrures dont la gravure a été publiée dans le *Musée des Monumens Français*.

Pendant sa retraite, le Connétable avait réuni près de lui une petite société de savans et d'artistes, qui ne négligeaient aucun moyen de le consoler de ses disgrâces et de flatter sa vanité. C'était dans cette vue que l'on avait inscrit au-dessus de la porte d'entrée du château ce passage d'Horace :

ÆQUAM MEMENTO SERVARE MENTEM [1],

langue que le Mécène d'Écouen ne comprenait guère, car à peine savait-il signer son nom. C'était aussi pour adoucir l'amertume de ses regrets que l'on cherchait à représenter, dans des devises et des emblèmes, son exil comme immérité. Le mot grec *Aplanos* (sans reproche), sculpté dans toutes les frises, le monogramme de Henri II, sans cesse reproduit à côté du sien, signifiaient, pour Anne de Montmorency, que les rigueurs de son souverain n'étaient fondées sur aucun sujet de plainte, et qu'il s'enorgueillissait de son étroite amitié avec l'héritier présomptif du trône, liaison dont on semblait lui faire un crime [2].

---

[1] Quelques historiens de Paris ont pensé que c'était ce mot d'*æquam* qui, par corruption, avait servi d'étymologie à Écouen ; il est certain, au contraire, que c'est le rapprochement du nom d'Écouen avec le mot *æquam* qui a fait choisir pour inscription ce passage d'Horace. Ces espèces de jeux de mots étaient tout-à-fait dans l'esprit du temps : il n'est guère de devises latines de cette époque qui ne soient infectées de ce mauvais goût.

[2] La véritable cause de la disgrâce du Connétable est un point historique qu'on n'a point encore éclairci d'une manière satisfaisante. La plupart des historiens l'attribuent au conseil qu'il donna au Roi pour le libre passage de Charles-Quint à travers la France, lorsque ce prince alla réprimer la

Les flatteries que lui prodiguaient quelques hommes célèbres du temps, en retour de sa munificence, semblent avoir pendant quelques années rendu sa superstition moins farouche. Celui qui plus tard reçut le surnom de capitaine *Brûle-Bancs* pour son expédition contre le temple réformé de Popincourt [1], et à cause de ses persécutions acharnées contre les huguenots, vivait entouré d'artistes protestans. Jean Cousin, dont le catholicisme est au moins fort douteux; Jean Bullant, qui, selon toute apparence, avait embrassé la religion nouvelle; enfin, Bernard de Palissy et notre célèbre sculpteur Jean Goujon, qui passaient pour de zélés réformateurs, étaient tous nominativement attachés au service du Connétable, et chargés par lui du soin de faire de sa demeure l'un des plus beaux monumens de l'époque.

Cette circonstance, digne de figurer dans le chapitre des contradictions de l'esprit humain, offre ici un genre d'intérêt qui a une liaison plus intime avec l'histoire des arts, et qui peut servir à rectifier une erreur préjudiciable à la renommée de Jean Goujon. Jusqu'à présent en effet, l'association de Jean Cousin et de Bernard de Palissy avec Jean Bullant, pour les travaux d'Écouen, n'était ni douteuse ni contestée. On savait la part que chacun d'eux y avait prise. Celle de Jean Goujon était la seule qui fût moins bien établie : on soupçonnait, à la vérité, que cet habile statuaire pouvait avoir mis la main à quelques-unes des sculptures de ce monument; mais on n'en faisait pas moins honneur des plus belles et des plus capitales au ciseau de Jean Bullant. Cette opinion, pour être généralement admise, en est-elle mieux fondée? C'est ce qu'on se propose d'examiner ici, après avoir d'abord constaté comme un fait que Jean Goujon a concouru, avec Jean Bullant, à l'embellissement de ce château. La preuve en est facile à fournir, elle se trouve consignée dans un ouvrage contemporain, qui, par cela même, porte un caractère d'authenticité incontestable.

révolte des Gantois; d'autres pensent qu'elle prend sa source dans la jalousie que François Ier avait conçue contre Henri II, et dans son dessein de favoriser, au détriment de l'ordre de successibilité, les prétentions de son second fils : le Connétable, qui était regardé comme le chef du parti du Dauphin à la cour, dut dès-lors encourir l'inimitié du Roi. On pourrait trouver, dans les emblèmes et les devises du château d'Écouen, une probabilité de plus en faveur de cette dernière opinion.

[1] Le 31 décembre 1562, le Connétable, à la tête d'une bande de forcenés, alla dévaster le temple protestant de Popincourt, en chassa le ministre et brûla la chaire du prédicateur, ainsi que les bancs de l'auditoire.

En 1547, il parut une traduction de Vitruve dont les exemplaires sont rares, mais que l'on peut cependant se procurer dans la plupart des bibliothèques publiques. Cette traduction, faite par Jean Martin, ornée de gravures d'après Jean Goujon, et suivie d'un opuscule de cet artiste sur l'architecture, est précédée d'une dédicace que l'auteur adresse au Roi très-chrétien Henri II, et dans laquelle on trouve le passage suivant :

« Cette œuvre est enrichie de figures nouvelles concernant la ma-
» çonnerie, par maître Jean Goujon, naguères architecte de Mon-
» seigneur le Connétable, et maintenant l'un des vôtres. »

Que d'éclaircissemens jaillissent de ce passage! N'est-ce pas faute de l'avoir connu qu'on a dépouillé Jean Goujon d'une partie de ses titres de gloire, pour en enrichir Jean Bullant? La libéralité dont on use envers celui-ci, au détriment du premier, repose-t-elle sur quelque renseignement positif, sur quelques inductions spécieuses ? Si l'on consulte d'abord tous les historiens de Paris et de ses environs, l'on reconnaît sans peine qu'ils se sont copiés les uns les autres, sans remonter aux sources de la tradition qu'ils ont adoptée, et sans discuter les conjectures qui la leur ont fait admettre. Quand ensuite on en vient aux artistes qui ont examiné les choses de plus près, on trouve que la plupart ne se sont prononcés qu'avec doute, et que ceux qui ont montré moins d'hésitation ne se sont décidés pour l'opinion vulgaire que par un seul argument, le voici : « Il règne entre la sculpture et l'architec-
» ture d'Écouen une telle harmonie, qu'il est impossible que les pro-
» ductions de ces deux arts n'aient point été conçues par la même tête,
» exécutées par la même main. » Mais, de bonne foi, ce raisonnement peut-il supporter le moindre examen, et, pour en faire sentir la futilité, ne suffit-il pas de remarquer qu'un accord non moins admirable entre l'architecture et la sculpture se rencontre dans les parties du Louvre, au château d'Anet, à la fontaine des Nymphes, et dans tous les monu-mens enfin où Jean Goujon a marié aux conceptions des architectes les productions de son admirable ciseau?

C'est à regret que l'on voit un homme qui a long-temps étudié les différentes époques de l'art statuaire en France, partager sur ce point l'erreur commune. « Cette sculpture magnifique, » dit M. Lenoir, en parlant des figures du maître-autel d'Écouen, tome IV, page 106 du

Musée des Monumens Français, « cette sculpture magnifique passe
» pour être de la main de Jean Bullant, ami particulier de Jean Gou-
» jon. On ne sera pas éloigné de ce sentiment, si l'on observe les rap-
» ports d'harmonie qu'il y a dans la sculpture et l'architecture de ce
» chef-d'œuvre. » Il est vrai qu'après un examen plus réfléchi, et
de nouvelles observations, M. Lenoir paraît craindre de s'être trop
avancé, et qu'il revient en quelque sorte sur ses pas : « Il n'est pas
» certain, » dit-il, tome V, page 6 du même ouvrage, « il n'est pas
» certain, quoique je l'aie annoncé dans mon quatrième volume, que
» Jean Bullant ait fait de la sculpture. » Quoi! cela n'est pas certain,
et vous ne craignez pas d'ajouter immédiatement : « Cependant plu-
» sieurs auteurs disent qu'il a sculpté lui-même les ornemens des
» palais qu'il a construits, et plus j'examine les ouvrages de ce grand
» artiste, plus je partage cette opinion ; car on doit remarquer que
» les ornemens et les bas-reliefs qui décorent le château d'Écouen
» ne sont ni de Jean Goujon, ni de Jean Cousin, ni de Germain
» Pilon. »

En rapprochant ces contradictions, en pesant la valeur de ces pa-
roles, on reconnaît aisément que M. Lenoir n'était rien moins que sûr
de son fait. Et comment l'aurait-il été! Le défaut de documens authentiques n'est pas seulement ce qui embarrasse, il est une objection qui
se présente d'abord : quelque facilité qu'on ait reçue de la nature, on
ne devient pas statuaire tout d'un coup, et lorsqu'on s'est élevé dans
son art au degré de perfection qu'atteste l'exécution des bas-reliefs
d'Écouen, on ne brise pas soudainement son ciseau. Or, si Jean
Bullant avait été réellement sculpteur, s'il était l'auteur des ouvrages qu'on lui attribue, eût-il dépensé tout son talent dans le château du Connétable? N'eût-il pas, au contraire, modelé, avant et après
l'élévation de ce château, d'autres figures, comme il a construit d'autres bâtimens? Pourquoi ne connaît-on aucun autre morceau de sculpture sorti de ses mains? Pourquoi ne peut-on rien citer de lui comme
pièce de comparaison? Le temps, qui a respecté la plupart des ouvrages de ses contemporains, aurait-il détruit de préférence jusqu'aux
vestiges de ceux qu'il aurait produits pendant une carrière dont
le terme a été de quatre-vingt-dix ans? Ces difficultés ont dû se présenter à l'esprit de M. Lenoir, et lui ont fait avouer vraisemblable-

ment qu'il n'était pas certain que Jean Bullant eût manié un ciseau de sa vie. On ne peut que louer ses doutes ; mais après les avoir exprimés, par quelle inconséquence s'empresse-t-il de revenir à son idée première, et d'affirmer surtout que les bas-reliefs d'Écouen ne sont pas de Jean Goujon ? Un pareil jugement méritait bien d'être motivé, et l'on est en droit de n'en point tenir compte, lorsqu'il est rendu si légèrement et au milieu de tant de contradictions.

Un autre artiste, qui a publié aussi quelques gravures des bas-reliefs d'Écouen, M. Landon, a, dans ses *Annales du Musée*, tome XVI, page 87, exprimé une opinion plus satisfaisante. Il ne lui a manqué qu'un trait de lumière pour apercevoir la vérité : « On croit, » dit-il, retrouver dans quelques-uns des ouvrages de Jean Bullant » la touche élégante et gracieuse de Jean Goujon, qui fut son con- » temporain et son ami. » C'est approcher bien près du but ; pour l'atteindre, il ne fallait plus que le plus léger indice.

On pourrait ici multiplier les citations, et montrer que si les artistes qui ont décrit ou dessiné les sculptures d'Écouen avaient découvert la moindre autorité en leur faveur, ils n'auraient point hésité à restituer à Jean Goujon l'hommage qu'ils rendaient à Jean Bullant sur des ouï-dire, et sans aucun sentiment intime de conviction. Plus heureux que nos prédécesseurs, nous ne balancerons donc pas à nous appuyer sur le passage de la dédicace du Vitruve, pour réintégrer Jean Goujon dans tous ses droits.

Ce passage, qui n'a rien d'équivoque, prend encore un plus grand degré d'évidence si l'on consulte la date de l'ouvrage d'où il est extrait. C'est en 1547 que la traduction de Jean Martin a paru, et c'est immédiatement avant cette époque que les plus grands travaux d'Écouen ont été exécutés, et c'est dans cette même année que s'était terminé l'exil du Connétable, il y a plus, au moment de sa publication, Jean Goujon venait de passer du service d'Anne de Montmorency à celui de Henri II. Cet incident n'est-il pas une nouvelle preuve de la part que Jean Goujon avait prise à l'embellissement de la retraite du Connétable ? Le seigneur a profité de sa rentrée en faveur pour récompenser le zèle de l'artiste et lui procurer de l'avancement.

Une fois le concours de Jean Goujon avec Jean Bullant établi, on se demande à quoi pouvait être employé le premier de ces artistes, si ce n'est à l'exercice d'un art qu'il avait déjà porté si loin. Est-il vraisemblable que les rôles aient été intervertis entre eux? que Jean Goujon ait dirigé la maçonnerie et son confrère la sculpture? Sans doute ils agissaient de concert et se prêtaient un mutuel secours. On conçoit que le premier ait aidé Jean Bullant de ses conseils et de son goût; les dessins qu'il avait composés pour la traduction de Vitruve, et l'opuscule qu'il avait joint à cet ouvrage, témoignent assez qu'il avait profondément étudié l'architecture; on conçoit même que Jean Bullant ait pu diriger à son tour Jean Goujon dans quelques-uns de ses travaux. Il régnait parmi les artistes de cette époque une véritable confraternité; mais il ne faut pas moins conclure du titre commun qu'ils avaient reçu du Connétable, que chacun d'eux est resté dans le domaine de son art, et s'est livré à la pratique de celui où il excellait.

A ces considérations faut-il en ajouter une dernière, plus puissante peut-être que toutes les autres auprès des hommes qui aiment ou qui cultivent les arts du dessin? c'est que l'on retrouve dans toutes les figures du château d'Écouen le type des sculptures de Jean Goujon. Grâce de composition, élégance de poses, jets de draperies, galbe du nu, entente du relief, tout y ressemble aux principaux morceaux de ce maître, sur lesquels il n'existe aucune espèce de doute. Plusieurs points de similitude avaient été aperçus déjà par un petit nombre d'amateurs, ils pourront frapper désormais tous les yeux, grâce au recueil que nous publions, et dans lequel les ouvrages épars de Jean Goujon se trouvent rassemblés; on aura soin d'ailleurs de faciliter ces rapprochemens, en indiquant les comparaisons les plus saillantes à mesure qu'on fera la description particulière de chaque figure.

Ainsi qu'on l'a précédemment remarqué dans l'*Essai sur la vie et les ouvrages de Jean Goujon*, le château d'Écouen est un des premiers monumens que ce grand artiste ait embellis des productions de son génie. C'est là qu'il faut étudier ses débuts dans la sculpture architecturale : les défauts même qu'on y trouve, et dont il s'est corrigé dans ses ouvrages postérieurs, ne servent qu'à corroborer la vérité de notre remarque. Ce point de départ du maître est digne de l'attention des connaisseurs. Pour atteindre à l'apogée de son talent, Jean Goujon n'a eu que quelques pas de plus à faire.

Quoique l'un des édifices les mieux conservés de l'époque, le château d'Ecouen n'a point laissé que de souffrir de notables dégradations. Tel était l'état d'abandon où il se trouvait avant la Révolution, qu'une partie était tombée en ruine : la porte d'entrée, dont le cintre était surmonté d'une figure équestre en relief, les deux ailes attenantes d'une galerie qu'embellissaient plusieurs ouvrages de peinture et de sculpture, avaient déjà disparu, lorsqu'à l'époque désastreuse où l'on semblait avoir pris à tâche de détruire toutes les productions des arts, des bandes de Vandales vinrent tirer à coups de canon sur le château d'Écouen. D'autres barbares ont, sous l'Empire, causé des dommages d'une autre espèce. Au moment où il fut question de transformer cette habitation magnifique en maison d'éducation pour les filles des membres de la Légion-d'Honneur, on a, sans respect pour les chefs-d'œuvre qui s'y trouvaient encore dans leur pureté originelle, passé le râcloir et le badigeon sur les figures et les ornemens peints ou sculptés, dont la vue aurait rompu l'uniformité qu'exigeait la nouvelle destination de cet édifice. La Restauration est venue, et le domaine d'Écouen a été restitué à la maison de Condé, où il était passé depuis long-temps par alliance et par héritage ; on y a fait quelques réparations, mais on n'a pas restitué à ce château les bas-reliefs du maître-autel de la chapelle ; ils ont été transférés à Chantilly.

Le peu de respect que l'on montre, en France, pour les monumens les plus propres à caractériser les époques, et à témoigner du génie de nos premiers artistes, n'a pas été l'un des moindres motifs du Recueil que nous avons entrepris. Puisse ce sentiment être également partagé par les artistes et les amateurs ! puisse-t-il leur faire apprécier l'utilité, l'importance d'une collection qui a surtout pour objet de préserver d'une destruction totale des ouvrages si dignes d'être conservés !

DESCRIPTION DES PLANCHES.

PLANCHES I ET II. — RENOMMÉES.

Ces deux figures ornent chaque côté du cintre d'une arcade servant de passage pour aller de la cour du château dans le parc d'Écouen.

Les colonnes qui la décorent, les emblêmes guerriers qui la surmontent en faisaient une espèce d'arc triomphal. Il est fort vraisemblable que cette porte avait été destinée, dans l'origine, à conserver le
souvenir de quelques-unes des victoires du Connétable.

Il est impossible de méconnaître ici la main de Jean Goujon, soit
dans le caractère des figures, soit dans l'ajustement des draperies, ou
enfin dans le groupe des trophées. La Renommée qui est vue de profil
ne rappelle-t-elle point tout-à-fait, pour l'air de tête, la figure ailée
de la Paix qui orne l'un des dessus de porte de la cour du Louvre, et,
pour la pose, l'une des figures tenant une couronne de la fontaine des
Nymphes? On retrouve aussi plusieurs points de ressemblance dans
l'attitude de l'autre Renommée, qui est de face, avec plusieurs figures
ailées de Jean Goujon. Les draperies de toutes deux, et particulièrement de la dernière, offrent le système de plis adopté par cet artiste pour
faire valoir le nu; on y rencontre jusqu'aux broderies dont il enrichissait
presque toujours le bas des peplum ou des tuniques de ses figures.
Enfin, la manière dont sont agencées et exécutées les armes, les casques
et les cuirasses groupées aux pieds de chaque figure, est tout-à-fait celle
du maître; le Louvre en fournit vingt exemples, et le portail d'Anet en
offre surtout un frappant. Nous y renvoyons les artistes. Ils pourront
comparer en rapprochant les planches I et II de celles où ces figures
sont représentées dans leur ordre.

PLANCHES III ET IV. — RENOMMÉES.

Deux Renommées soutiennent l'écusson des armes du Connétable.
Posées sur des trophées militaires, elles protégent d'une main ces armoiries, et sont prêtes à les défendre avec le glaive qu'elles tiennent de
l'autre. Le mouvement de ces figures est fortement prononcé et le style
en est sévère. Sous ces deux rapports, elles s'éloignent un peu du caractère d'élégance et de grâce que Jean Goujon donnait à ses Renommées; mais elles s'en rapprochent sur beaucoup d'autres points. La
beauté des têtes, la finesse des attaches, l'ajustement des draperies,
le contraste des parties accessoires avec les nus, l'entente du relief,
et surtout le groupe des armes, rappellent ici le talent du maître.

Ces deux figures surmontent le cintre d'un avant-corps orné de colonnes d'ordre dorique, et connu sous le nom de terrasse du château.

PLANCHE V. — LA VICTOIRE.

Cette figure est sculptée au-dessus de la cheminée de la salle des Gardes. D'une main elle tient le glaive qui assure le triomphe, et de l'autre la couronne de laurier qui en est le prix. Elle regarde en arrière les ennemis qu'elle a vaincus, et s'arrête un moment sur l'hémisphère du globe qu'elle paraissait destinée à parcourir. Cette attitude, qui convient à la Victoire, offrait une allusion à la situation du Connétable, qui, après plusieurs combats glorieux, avait vu interrompre le cours de sa vie militaire, et n'avait plus, pour se consoler, que le souvenir de ses anciens faits d'armes. Tout, dans ce bas-relief, atteste encore le ciseau du maître. Il y a dans la tête, dans le mouvement contracté des jambes et du haut du corps, dans la manière dont est placée la couronne entre les doigts, beaucoup d'analogie avec les mêmes parties de l'une des figures qui ornent un des dessus de porte du Louvre. La coiffure, les draperies et leurs franges sont, en outre, entièrement dans le style qui est particulier à Jean Goujon. Lui contester l'exécution de ces bas-reliefs, ce serait se refuser à l'évidence.

PLANCHE VI. — LA FORCE.

Tel est le nom sous lequel cette figure est généralement connue, tel est aussi celui que nous lui avons conservé, bien que rien ne nous y paraisse spécialement caractériser les attributs de la Force. L'objet sur lequel elle a une main posée ressemble moins à un cube qu'aux tables de la loi, et la palme qu'elle tient de l'autre est rarement l'emblème de la puissance. Mais peut-être l'artiste n'a-t-il voulu représenter que la force morale du chrétien qui prend sa source dans la connaissance des devoirs que la religion lui révèle, et dans l'espérance qu'elle lui offre d'un meilleur avenir. Le champ de l'allégorie est vaste, et il est facile de s'y égarer. Sans nous occuper du vrai sens de cette figure symbolique, tenons-nous-en à l'évidence beaucoup moins contestable de son caractère. Il nous paraît impossible que tout homme qui n'est point étranger à la sculpture ne reconnaisse point dans ce bas-relief l'art que possédait à un si haut degré Jean Goujon, de développer avec grâce une figure dans l'espace le plus étroit. En ce genre, la fontaine des Nymphes n'offre, pour l'adresse, le goût et l'élégance, rien de mieux que cette charmánte figure. Le travail varié de la coiffure et l'ajustement des plis nombreux du voile, pour attirer toute la lumière sur le nu de la figure et du cou, suffiraient pour révéler le cachet du maître. En effet, le même artifice se retrouve dans beaucoup d'autres de ses compositions, et en particulier dans les têtes de femme du bas-relief représentant le Christ au tombeau.

PLANCHE VII. — LA RELIGION.

Cette figure est, comme la précédente, tout-à-fait dans la manière de Jean Goujon. Les draperies du voile et de la tunique y sont ajustées non moins heureusement pour faire valoir le nu. On retrouve dans l'arrangement du manteau, renoué sur le devant et attaché par un clavus, quelque chose du costume des belles cariatides qui soutiennent la tribune du Louvre. Nul doute ici sur le sens de l'allégorie. La croix que tient cette figure indique assez qu'elle représente la religion. Celle que nous avons donnée dans la planche VI, et celle que contient la planche VIII, occupent, avec celle que nous venons de décrire, les étroits compartimens qui encadrent et séparent deux des Évangélistes. Ces cinq petits bas-reliefs ornent l'espèce d'avant-corps du maître-autel de la chapelle du château; les deux petits arrière-corps du devant sont décorés de figures en gaîne soutenant une espèce d'écusson où se trouvaient les armes de la famille Montmorency.

PLANCHE VIII. — LA FOI.

Il y a dans l'ajustement de cette figure une ampleur de draperies d'un très-bon goût, et qui se retrouve dans plusieurs bas-reliefs de Jean Goujon. Cette double ceinture et cette espèce de peplum ont été employées souvent par lui pour rompre l'uniformité des plis de la tunique. Le bras droit, qui est entièrement nu, se détache avec art sur le fond des vêtemens plissés dont il est entouré. La toque que forme le voile est arrangée avec l'adresse et la grâce que Jean Goujon mettait dans la plupart de ses figures. Enfin, on retrouve jusqu'à ses défauts dans la manière un peu affectée avec laquelle la main gauche tient le cœur ailé en qui la Foi place sa confiance. Les doigts pourraient être placés plus naturellement, mais non pas dans un goût plus semblable à celui du maître.

PLANCHE IX. — SAINT JEAN-L'ÉVANGÉLISTE.

Cette autre figure du maître-autel d'Écouen est du plus beau style, et tout y atteste le travail de Jean Goujon. Les sculptures de ce monument, bien que destinées à être vues de près, ont, en général, plus de relief que la plupart des figures de cet artiste qui ont la même destination, et des proportions à peu près semblables. Dans ces ouvrages, il s'est plus rapproché de la manière du bas-relief du Christ au tombeau que de celle de ses autres productions. Mais la beauté raphaélesque de la tête, mais la finesse des attaches, et enfin l'ampleur et la grâce des draperies, tout respire le talent de ce maître. Germain Pilon a fait aussi, pour le tombeau de François Ier, les figures des quatre Évangélistes; elles sont du plus beau caractère, mais elles sont d'un genre tout différent : on les croirait exécutées par un élève de Michel Ange, tandis que celles du maître-autel d'Ecouen, la figure de la Force, et celle de saint Jean surtout, paraissent être l'ouvrage d'un élève de Raphaël, ou plutôt elles ne peuvent être que l'œuvre de l'artiste qui a imprimé son cachet particulier à chacune de ses productions.

Le goût le plus sévère ne peut trouver à reprendre dans ces figures que les nuages, dont l'effet est bizarre en sculpture; mais il faut songer qu'ici ce genre d'ornement était presque obligé, et qu'il ne doit être regardé que comme un emblème. L'aigle, autre emblème aussi, qui caractérise saint Jean, est peu digne du ciseau de Jean Goujon, qui, plus tard, a représenté, dans les frises et les plafonds du Louvre, des animaux avec autant de perfection que Benvenuto Cellini.

PLANCHE X. — SAINT MATHIEU.

Il y a, pour les Évangélistes, un type de convention dont il n'est guère permis de s'écarter. L'âge, la nature, le caractère des têtes sont donnés, le cachet de l'artiste ne peut guère se montrer que dans quelques parties de l'ajustement et des draperies. On trouve dans cette partie de la figure de saint Mathieu l'indice du talent de Jean Goujon ; on en retrouve un plus évident encore dans la grâce de la petite figure d'ange qui dicte à l'Évangéliste ses plus sublimes inspirations.

PLANCHE XI. — SAINT LUC.

Cette figure, comme celle qui prédède et celle qui vient ensuite, offre dans l'exagération des poses, dans la contraction des muscles, dans la saillie du modelé, quelque chose qui tient plus du genre de Michel Ange, ou plutôt de Germain Pilon. On y remarque quelques parties du style des figures d'Évangélistes qui ornent le tombeau de François Ier, mais on y retrouve aussi plusieurs autres parties qui caractérisent le talent de Jean Goujon. Dans celle de saint Luc, surtout, les plis du manteau sont ajustés dans le système presque constamment suivi par cet artiste. Il est impossible de ne point reconnaître son cachet dans la draperie qui est croisée et rattachée d'une manière si pittoresque entre les deux épaules.

Le bœuf, emblème consacré à saint Luc, est, de même que l'aigle de saint Jean, peu digne du talent du maître.

PLANCHE XII. — SAINT MARC.

Le lion, qui est l'emblème de saint Marc, est d'un style plus digne du talent de Jean Goujon que le bœuf de saint Luc et l'aigle de saint Jean. On y aperçoit la main qui a modelé les beaux lions qui se trouvent dans les cartouches de l'hôtel Carnavalet. Les draperies de la figure de saint Marc sont aussi dans le style du maître; il y a de l'ampleur dans leur ensemble, et du goût dans la manière dont elles sont jetées.

PLANCHES XIII ET XIV. — SACRIFICE D'ABRAHAM.

Ce bas-relief est le plus capital de ceux qui ornent le maître-autel de la chapelle du château d'Écouen. Exécuté en marbre, tandis que les autres ne sont qu'en pierre, il servait de retable, c'est-à-dire de fond supérieur au maître-autel. C'est surtout dans ce morceau qu'il est impossible de méconnaître le ciseau de Jean Goujon; quel autre artiste de l'époque aurait pu imaginer la figure si gracieuse du jeune Isaac? La pose en est à la fois élégante et naïve; il est impossible aussi de mettre plus de goût dans l'ajustement d'une simple tunique.

La figure d'Abraham est d'un style plus sévère, mais les draperies ne sont pas moins élégamment agencées. Nous l'avouons, nous ne connaissons aucun sculpteur de ce temps qui ait su donner aux vêtemens de ses figures, cette tournure que l'on remarque ici comme dans tous les bas-reliefs de Jean Goujon.

L'ange qui retient le glaive est une figure non moins gracieuse que celle d'Isaac ; le mouvement en est plein de charme et de légèreté. Certes, si Jean Bullant avait été capable d'inventer et d'exécuter de pareilles figures, ce n'est point comme architecte que sa réputation serait parvenue jusqu'à nous : il ne serait connu aujourd'hui que comme sculpteur.

Dans ce bas-relief, le buisson et le bélier sont les deux seuls objets qui prêtent à la critique; mais, nous le répétons, ce ne sont là que des emblèmes dont la forme est en quelque sorte consacrée. Semblable aux sculpteurs égyptiens, Jean Goujon se conformait au type hiéroglyphique, et imprimait sur tout le reste le cachet de son génie.

PLANCHE XV. — LE PÈRE ÉTERNEL.

Le bas-relief du sacrifice d'Abraham est entouré d'un cadre sculpté avec beaucoup de soin, et dont les ornemens sont du meilleur goût. Il est surmonté aussi d'une frise au centre de laquelle se trouve, dans un médaillon, la figure du Père Éternel. Il y a, dans la pose du corps, beaucoup de noblesse et de naturel ; la coiffure et la barbe sont ajustées avec goût, et le manteau est drapé de la manière la plus pittoresque. Dans toutes ces parties, il est aisé de reconnaître la manière de Jean Goujon ; qu'on ne s'étonne point de nous voir si souvent insister sur ce point dans les explications que nous venons de donner ; c'est la première fois qu'on a établi d'une manière positive que les bas-reliefs d'Écouen étaient de la main de cet artiste ; il était alors nécessaire de fortifier, par tous les indices de détails, une opinion qui nous paraît reposer sur une preuve irrécusable, et avoir été démontrée jusqu'à l'évidence dans la dissertation qui précède ces descriptions.

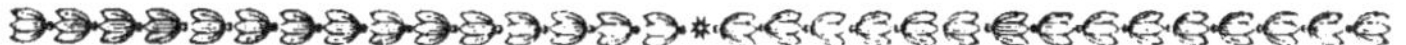

SCULPTURES

DU

CHATEAU D'ANET.

Français Ier avait entrevu dans l'état florissant des beaux-arts un titre d'illustration pour son règne ; Henri II n'y vit qu'un moyen de célébrité pour ses amours. Cette manière différente d'envisager les productions du génie, ne fut pas sans influence sur la direction que suivirent les artistes ; elle leur fit abandonner le style monumental et sévère pour le genre gracieux et affecté.

Quoiqu'élevés presque simultanément, le château d'Écouen et celui d'Anet peuvent servir à marquer le changement qui s'opéra dans le goût pendant le court intervalle de leur construction. Dans le premier, on s'était attaché à reproduire les proportions nobles et simples de l'architecture antique ; on ne parut chercher dans le second qu'un cadre pour y multiplier les ornemens et les emblèmes de toute espèce. Henri avait des idées chevaleresques, il voulait, selon un historien du temps, qu'on retrouvât partout dans les tournois, sur ses ameublemens, dans ses devises et jusque sur le frontispice de ses bâtimens royaux, un croissant, des arcs et des flèches, attributs de la déesse dont la dame de ses pensées portait le nom. Nulle part sa volonté ne fut mieux obéie qu'au château d'Anet :

> *L'Amour* en ordonna la superbe structure ;
> Par ses adroites mains, avec art enlacés,
> Les chiffres de Diane y sont encor tracés.
>
> (HENRIADE.)

L'origine du château d'Anet remonte au-delà du douzième siècle. Une charte de 1169 constate qu'il y avait à cette époque un seigneur de ce nom. Plus tard, le domaine d'Anet passa dans la famille des comtes d'Evreux ; l'un d'eux, surnommé *Charles - le - Mauvais*, s'y retira en 1340 et y fit construire des fortifications. Il existe encore aujourd'hui un petit corps de bâtiment situé à l'extrémité des basses-cours, que l'on appelle dans le pays *la porte de Charles-le-Mauvais*, mais dont la construction paraît beaucoup plus moderne.

Les guerres continuelles dont la France était alors le théâtre, occasionaient de nombreuses et violentes mutations dans les propriétés : en 1444, Charles VII fait don à Pierre de Brezé du fief d'Anet, en récompense de la part qu'il avait prise à l'expulsion des Anglais. Son fils Jacques en hérite : il y avait en quelque sorte double droit, et comme fils du propriétaire et comme gendre du donateur. Jacques de Brezé avait épousé Charlotte de France, fille naturelle de Charles VII et d'Agnès Sorel. Cette union ne fut pas heureuse : soit que la belle illégitime ait tenu trop de sa mère, soit que son mari fût moins endurant que le royal amant d'Agnès, elle lui inspira une si violente jalousie qu'il la tua dans un de ses accès de fureur. Un tel crime ne pouvait rester impuni ; il faillit faire passer Anet dans une autre maison que celle des de Brezé. Le meurtrier fut condamné à mort, ce qui entraînait la confiscation de ses biens, mais il obtint de la clémence du prince la facilité de racheter sa condamnation capitale par une amende de cent mille écus d'or. On ignore comment il s'acquitta, on sait seulement que son fils Louis eut en partage le domaine d'Anet, et qu'il l'apporta en mariage à Diane de Poitiers qui, depuis, a tant contribué à l'embellissement de cette résidence.

Dans ces temps d'anarchie et d'immoralité, on comptait peu de familles nobles qui n'eussent quelques démêlés avec la justice. Le père de Louis de Brezé avait été condamné comme assassin, celui de Diane le fut comme conspirateur. Jean de Poitiers, seigneur de Saint-Vallier, était au nombre des complices du connétable de Bourbon. « On fit le procès à Saint-Vallier, dit Mézerai, il fut condamné à » perdre la tête ; mais comme il était en Grève sur l'échafaud, il reçut » sa grâce. On disait que le roi la lui avait envoyée après avoir pris de » Diane, sa fille, alors âgée de quatorze ans, ce qu'elle avait de plus

» précieux, échange fort doux à qui estime moins l'honneur que
» la vie, ou qui le fait consister dans l'éclat d'une faveur plus enviée
» qu'innocente. » Le prix que le roi mit à son pardon n'est pas un fait
bien prouvé. Le rapprochement des dates semble indiquer que Diane
était mariée à l'époque où le Connétable conspira ; mais s'il n'est pas
constant que François Ier ait obtenu, suivant l'expression de Mézerai,
ce que Diane avait de plus précieux, il n'est pas douteux, du moins,
qu'elle n'ait inspiré à Henri sa première passion.

Les Mémoires du temps n'indiquent ni dans quel lieu ni dans quelle
année commencèrent leurs amours ; mais il est vraisemblable que c'est
postérieurement à la mort du mari de Diane (1531) et dans le château
d'Anet, où elle s'était retirée pour y passer les premières années de
son veuvage. Cette circonstance n'aura pas peu contribué à rendre le
séjour d'Anet également cher à Henri et à Diane, et à leur inspirer le
goût de transformer cette simple habitation particulière en une maison vraiment royale.

Dès le principe, Diane prit un grand ascendant sur l'esprit faible de
Henri. Ses liaisons avec ce prince lui donnèrent, sous le règne même
de François Ier, une influence que la duchesse d'Etampes n'osait pas
toujours braver. A l'avénement de son amant au trône, cette influence
n'eut plus de bornes. On a dit que le règne de Henri avait été celui de
Diane ; il n'y a pas d'exagération dans cette remarque. Il commença
par la combler de marques d'honneurs et de munificence ; il lui fit
don à vie du duché de Valentinois, et lui conféra le droit de confirmation, bénéfice immense, qui consistait à percevoir le supplément qu'à
chaque changement de règne les titulaires des charges étaient obligés
de payer pour conserver leurs offices. Cette faveur, que François Ier
n'avait osé accorder qu'à sa mère, fit murmurer le peuple, quand on
la vit abandonnée à une maîtresse. On prétend que c'est pour apaiser
le mécontentement public, que Diane employa les fonds provenant de
cette prodigalité royale à la construction du nouveau château d'Anet.
Rien n'est moins vraisemblable ; Diane n'aurait point atteint par-là le
but qu'elle se proposait. D'ailleurs l'abandon du droit de confirmation dut avoir lieu en 1548, et ce n'est qu'en 1552 que le château
d'Anet fut commencé. C'est à Philibert de Lorme, architecte du roi, et
à Jean Goujon, qui avait reçu le même titre en 1547, que fut confié

le soin de cette construction [1]. Notre célèbre sculpteur se retrouva alors près de Philibert de Lorme ce qu'il avait été près de Jean Bullant, c'est-à-dire, chargé de toute la sculpture architecturale ; nous verrons qu'il déploya dans la décoration de ce nouvel édifice non moins de talent que dans celle du château d'Ecouen. Tout ce que le goût et l'élégance peuvent imaginer de plus gracieux fut employé par lui pour orner le palais, ou plutôt le temple qu'un roi voluptueux avait consacré à ses amours. Il ne reste aujourd'hui que bien peu de débris de tant de magnificence ; la révolution a presque tout fait disparaître. Rapprochement bizarre ! peu s'en fallut que la Ligue n'ait aussi causé la destruction de ce château. « Lorsque, dit Brantôme, le procès fut » fait à M. d'Aumale, qui avait cette maison par succession de sa » mère, laquelle fut ainsi que lui condamnée à mourir, Anet fut aussi » condamné à être rasé et détruit de fond en comble ; car et qu'en » pouvaient mais des marbres et des pierres qui n'avaient point de » sentiment ? » Heureusement Henri IV ne permit pas l'exécution de cette partie de l'arrêt.

On rapporte que durant nos troubles civils, ceux qui avaient acheté Anet n'avaient fait l'acquisition de ce château que pour en prévenir la ruine ; leurs moyens ne répondirent pas à leurs intentions, ils furent obligés de vendre les matériaux de cet élégant édifice pour en payer la propriété. A l'exception de la porte d'entrée, d'une partie de l'aile gauche, et de la chapelle, tout fut abattu. Le charmant portail du fond de la première cour était déjà démoli en partie, lorsque M. Lenoir, fondateur du musée des Monumens Français, le sauva d'une destruction totale en l'acquérant pour l'établissement qu'il venait de créer. Il en fit transporter les fragmens dans la cour des Petits-Augustins, où ils furent soigneusement restaurés, et où l'on peut les voir encore aujourd'hui dans leur ensemble primitif.

Les morceaux de sculpture ne furent pas plus épargnés que ceux d'architecture.

La seule grande figure de ronde-bosse qui reste de Jean Goujon fut indignement mutilée, et c'est encore au zèle infatigable de M. Le-

---

[1] Voyez précédemment, page 8, lorsque Jean Goujon passe du service du connétable de Montmorency à celui du roi.

noir qu'on doit la conservation de ce chef-d'œuvre. D'autres productions de notre habile statuaire ne purent échapper à la cupidité de quelques brocanteurs. La porte d'entrée était ornée de reliefs en bronze, et surmontée d'une horloge fort curieuse sous le rapport de la mécanique et sous celui de la sculpture ; quatre limiers en bronze aboyaient après un cerf de même métal, au moment où il allait frapper l'heure avec son pied droit de devant. Ces animaux, fondus sur des modèles de Jean Goujon, égalaient, dit-on, en beauté ceux qu'on voit dans le bas-relief qui décorait autrefois l'archivolte de cette porte, et qu'on attribue à Benvenuto Cellini. On ne sait ce qu'ils sont devenus, et tout porte à croire qu'ils ont été jetés au creuset comme de la matière brute. Malheureusement les artistes contemporains n'en donnent qu'une idée très-imparfaite. Dans *Ses plus excellens Bâtimens de France*, Androuet Ducerceau a placé une gravure de l'ensemble de la porte et de l'horloge qui la couronnait ; mais cette gravure est assez mal exécutée, et les objets s'y trouvent dans une trop petite proportion. La description qu'il y joint inspire des regrets sur la perte de ces sculptures, mais elle est loin d'en faire connaître tout le mérite.
« Tous les bouillons et fruits qui se voient, dit-il, entre les triglyphes,
» sont de bronze et sont fort bien faits; la Diane, avec les cerfs et
» les sangliers, et les autres animaux que vous voyez au-dessus,
» sont très-bien élabourés. » Philibert de Lorme, qui, dans son *Traité d'Architecture*, offre aussi des vues d'Anet, ne dit pas un mot de la partie sculpturale de cet édifice.

Les seules productions de Jean Goujon qui soient demeurées intactes au château d'Anet sont les bas-reliefs de la chapelle, petit monument qui se compose d'une rotonde percée de quatre arcades formant renfoncement en manière de croix grecque. C'est dans les tympans et dans les pendentifs de ces arcades que sont placés les espèces de renommées ou de gloires, et les enfans portant les attributs de la passion dont nous offrirons plus loin la gravure. Ces divers morceaux, qui ont été à l'abri de l'humidité et qui se trouvaient hors de l'atteinte des mutilateurs, sont dans un état parfait de conservation. La chapelle d'Anet offre, comme les autres parties du château, les traces du caractère particulier d'élégance et de recherche qui distinguait cet édifice. L'éclat de la dorure et celui des marbres de diverses couleurs, s'y trouve heureusement mêlé à la perfection de la sculpture et à la variété des ornemens ; c'est une espèce de marqueterie monumentale, si l'on peut s'exprimer ainsi. Le pavé de cette chapelle est composé d'une mosaïque représentant la division des compartimens de la coupole, et les rosaces du dôme, qui sont autant de têtes de chérubins, se détachent en or sur un fond de pierre ; les autres embellissemens qui étaient à la portée des dévastateurs ont été arrachés ou brisés, mais on voit encore sur les portes dont la dorure est effacée, les indices du goût qui avait présidé à chaque partie de sa décoration. Les anneaux en fer qui servent à tourner les loquets sont parfaitement ciselés, et ont la forme d'un croissant. Il existe aussi au-dessus des fenêtres de quelques mansardes des chiffres en pierres évidées, qui se détachent sur le ciel, et donnent une idée de l'aspect gracieux et pittoresque que devait offrir le château lorsqu'il était dans son intégrité.

Nous avons dit qu'à l'époque de la révolution il avait été vendu comme propriété nationale ; antérieurement à cette époque et depuis la mort de Diane de Poitiers, il avait eu successivement pour possesseurs la duchesse de Mercœur, le duc et la duchesse de Vendôme, et le prince Joseph-Louis de Vendôme, leur fils. Il avait appartenu ensuite à la princesse de Condé, à la duchesse du Maine, au prince de Dombes et au comte d'Eu ; revenu plus tard à Louis XV, ce monarque en avait disposé en faveur du duc de Penthièvre. C'est comme héritage de cette maison que depuis la Restauration il a été restitué à la famille d'Orléans. Les habitans d'Anet, dont le commerce et l'industrie sont fort bornés, ont eu un moment l'espoir que M. le duc d'Orléans ferait reconstruire le château, et irait passer une partie de la belle saison dans cette demeure ; ils ont été trompés dans leur attente. Son Altesse Royale a vendu cette propriété, et elle appartient aujourd'hui à M. de Passy, qui fait exécuter quelques réparations indispensables, mais qui, selon toute apparence, ne fera jamais rebâtir un autre palais dans ce délicieux séjour.

Anet est un bourg assez grand, situé entre les rivières d'Eure et de Vesgue, dans une vallée à trois lieues nord de Dreux, et à seize ou dix-sept à l'ouest de Paris ; le parc est arrosé par de superbes canaux provenant des eaux de l'Eure. Comme notre objet n'est point de donner une description de ce château, nous nous bornerons à ces détails, et nous passerons à la description des sculptures qui en proviennent ou qui en font encore partie.

DESCRIPTION DES PLANCHES.

PLANCHES XVI ET XVII. — GROUPE DE DIANE.

Cette figure est à peu près le seul morceau de ronde-bosse qui nous reste du ciseau de Jean Goujon ; mais en faut-il davantage pour apprécier le génie de ce maître. On voit que s'il s'est adonné principalement au genre du bas-relief, il n'en possédait pas moins au plus haut degré toutes les autres parties de son art. Il lui a fallu se conformer au goût et aux besoins de l'époque. La sculpture n'était guère alors en France qu'un corollaire de l'architecture : les statuaires, subordonnés aux architectes, n'exécutaient que les travaux que ceux-ci leur commandaient. Plus tard, son talent eût pris une route différente. Jean Goujon n'était dépourvu ni de l'imagination ni de la science nécessaires pour concevoir et exécuter les morceaux les plus grandioses de sculpture ; l'occasion seule lui a manqué.

Outre l'espèce d'équilibre et de symétrie qui charme dans l'ensemble de cette gracieuse composition, n'y a-t-il pas dans les lignes et le modelé de la figure principale une connaissance exquise des beautés de la nature, et une étude approfondie de toutes les ressources du dessin ? Si l'on en excepte le mouvement de la jambe gauche qui est repliée en arrière et appuyée sur le levrier, il n'y a dans toute cette statue rien que le goût le plus sévère puisse trouver à reprendre.

Un autre genre de mérite bien digne de remarque, c'est la manière dont sont exécutés les animaux qui font partie de ce groupe. On a fait observer dans les reliefs de la chapelle d'Ecouen, que c'était la partie faible du talent de Jean Goujon ; quel pas immense il fit tout d'un coup ! Ce ne sont plus des formes de convention qu'il a reproduites, c'est la nature même qu'il a représentée. Il y a dans les proportions, le mouvement, l'expression des deux chiens et du cerf, une vérité qui tient de la vie.

Ce changement dans cette partie importante de son art mérite d'autant plus d'être observé, qu'il paraît avoir été l'effet d'une émulation soudaine. Benvenuto Cellini, artiste italien qui avait passé quelques années à la cour de François Ier, avait, à son retour en Italie, fondu pour le monarque un bas-relief représentant une nymphe entourée de bêtes fauves. Ce morceau de sculpture n'arriva en France qu'après la mort du roi. On en changea bientôt la destination ; au lieu de le placer au château de Fontainebleau, on l'employa à la décoration d'Anet. En le voyant, Jean Goujon fut frappé sans doute de la perfection avec laquelle sont modelés les animaux qui s'y trouvent groupés, et il ne voulut pas rester en arrière de son modèle. Son talent fut bientôt au niveau de sa volonté, et il atteignit s'il ne surpassa son rival.

On a donné ici comme planche supplémentaire le bas-relief de Benvenuto, pour mettre les artistes à même de mieux faire la comparaison entre l'ouvrage du maître italien et celui de notre sculpteur national ; ils trouveront dans ces deux morceaux plus d'un rapprochement à faire. Peut-être cette sorte de ressemblance dans la pose de la figure principale n'a-t-elle pas été adoptée sans dessein ! Le bas-relief de Cellini surmontait la porte d'entrée d'Anet, et le groupe de Jean Goujon décorait dans l'origine le milieu de la cour du château ; il y avait dans cette ordonnance une sorte d'unité de composition que l'architecte et le sculpteur avaient pu rechercher. Plusieurs gravures et dessins de l'époque lui assignent cette place. Ce n'est que plus tard et après qu'on eut élevé une chapelle où l'on plaça le tombeau de Diane de Poitiers, que la statue a été reportée sur la terrasse du jardin, au milieu d'un hémicycle en architecture rustique où elle servait à la décoration d'une fontaine d'eau jaillissante.

Lors de la démolition des principaux bâtimens d'Anet, le groupe de Diane faillit aussi tomber sous la hache. M. Lenoir rapporte (tome IV) que lorsqu'il parvint à en enrichir le *Musée des Monumens Français*, ce précieux morceau de sculpture avait été arraché de son piédestal, transporté à dix lieues de-là, et brisé en plusieurs pièces pour en extraire les tuyaux de cuivre ou de plomb qui servaient de conduite aux jets d'eau. Il en fit faire la restauration avec soin, et cette belle figure fut placée dans le jardin de l'établissement qu'il avait créé. De nouvelles mesures de l'administration en ordonnèrent, il y a quelques an-

velles mesures de l'administration en ordonnèrent, il y a quelques années, la translation au *Musée du Louvre*, où il orne aujourd'hui la principale salle du Musée des sculpteurs français.

On a dit que Henri II n'attachait de prix aux productions des arts qu'autant qu'elles flattaient la passion dont il était dominé. Sous ce rapport, nul objet ne devait avoir plus de droit à son admiration que le groupe de Diane. Sa maîtresse y était représentée avec tous les attributs de la déesse qui préside à la chasse : le bras appuyé sur un cerf, tenant un arc de l'autre main, elle est entourée de ses deux chiens fidèles, comme la sœur d'Apollon l'était de Procion et de Syrius. Il y avait d'ailleurs plus que de l'allégorie dans cette figure, et les yeux d'un amant y pouvaient aisément reconnaître ces traits charmans, ces formes séduisantes que la duchesse de Valentinois avait conservées long-temps après sa jeunesse, et dont les historiens ont parlé comme d'une chose surnaturelle.

« Elle avait, selon Sainte-Foix, les cheveux très-noirs et bouclés,
» la peau très-blanche, les dents, la taille et les mains admirables, la
» taille haute et la démarche la plus noble. »

Elle conserva ces avantages extérieurs presque jusqu'à ses derniers momens. Brantôme, qui l'avait connue, dit (*Dames Galantes*, tome II) :
« Six mois avant sa mort je la vis si belle encore que je ne sache cœur
» de rocher qui ne s'en fût ému, quoique quelque temps auparavant
» elle se fût rompu une jambe sur le pavé d'Orléans, allant et se te-
» nant à cheval aussi dextrement et dispostement qu'elle ait jamais
» fait ; mais le cheval tomba et glissa sous elle. Il aurait semblé que
» telle rupture et les maux qu'elle endura auraient dû changer sa belle
» face : point du tout, sa beauté, sa grâce et sa belle apparence étaient
» toutes pareilles qu'elles avaient toujours été ; c'est dommage que la
» terre couvre un si beau corps. »

On ne trouve rien d'antique, on ne remarque que fort peu d'idéal dans cette statue. Les traits, la coiffure, le style, les proportions, tout indique qu'elle offre une image aussi exacte que possible de Diane de Poitiers. Peut-être s'étonnera-t-on qu'une dame d'un si haut rang, que la maîtresse du Roi Très-Chrétien, se soit prêtée à servir de modèle à l'artiste ; mais que ne peut l'amour pour plaire à l'objet aimé ! et puis le siècle de Diane et de Henri n'était point celui de la pudeur.

Si ces observations ne sont pas sans justesse, elles ne peuvent qu'ajouter un nouveau prix à l'ouvrage de Jean Goujon. Ce n'est plus seulement un chef-d'œuvre de l'art, c'est un des monumens historiques les plus curieux du seizième siècle.

PLANCHE XVIII. — NYMPHE DE LA FONTAINE.

Ce bas-relief, ouvrage de Benvenuto Cellini, a été modelé et fondu en France pendant le séjour qu'y fit cet artiste appelé du fond de sa patrie par la munificence de François Ier. Voici la description qu'il en donne lui-même dans ses *Traités de l'Orfévrerie* (*Trattati de Orifice*, édition de Milan) :

     « Etant à Paris, il m'arriva de faire pour le roi de France quelques » ouvrages en bronze. Une partie fut achevée par moi, l'autre resta » imparfaite, à cause de plusieurs empêchemens qui survinrent. Parmi » ceux qui furent terminés, se trouve une figure en bronze de sept » brasses de hauteur. Elle était de demi-relief, et se détachait sur un » fond également de bronze. Cette figure représentait la fontaine *Belio* » (Fontainebleau), villa délicieuse du roi où l'on devait placer ce morceau » de sculpture. Elle a le bras gauche appuyé sur une corne dont l'eau s'é- » chappe, son bras droit passe autour du cou d'un cerf dont la tête est » entièrement en relief. En lui donnant ces attributs, j'ai voulu indiquer » les sources abondantes qui coulent dans cet endroit, et l'espèce par- » ticulière d'animaux qui peuplent ces forêts. D'un côté du centre j'ai » placé des chiens braques et des levriers, et à l'opposite des sangliers » et des chevreuils. Au-dessus devaient figurer deux anges tenant en » leurs mains des flambeaux, et plusieurs autres ornemens dont je ne » parle point pour abréger. »

Il paraît que ce bas-relief n'a jamais été placé à l'endroit qu'il devait décorer. Benvenuto raconte, dans ses Mémoires, comment la duchesse d'Etampes, maîtresse de François Ier, chercha à le desservir dans l'esprit du monarque. C'est par l'influence de cette femme que le roi confia au Primatice plusieurs travaux de sculpture, ce qui excita tellement la jalousie de Benvenuto qu'il alla provoquer son compatriote en duel, et qu'il ne tarda point à quitter la cour pour retourner en Italie.

Par une singularité remarquable, l'ouvrage dont la duchesse d'Etampes avait indirectement empêché le placement, au lieu de décorer le palais dont elle était en quelque sorte la reine, vint embellir bientôt après l'entrée du château de Diane de Poitiers, qui n'était point sa rivale, mais qu'elle regardait comme sa plus redoutable ennemie.

C'était, ainsi que nous l'avons dit précédemment, page 24, au-dessus de la porte extérieure d'Anet, que le bas-relief de Benvenuto avait été placé. Il se liait pour la décoration avec l'horloge en bronze qui surmontait ce corps de logis, et se trouvait ainsi en harmonie avec le groupe qui ornait alors le centre de la cour.

En examinant avec quelque réflexion les ouvrages de ces deux maîtres, on y reconnaîtra trop de points de comparaison et de similitude pour que le hasard seul les ait produits. Même agencement du bras autour du cerf, attitude à peu près semblable de la principale figure, et surtout même style dans les attaches des membres, enfin perfection pareille dans l'exécution des animaux, tout semble annoncer que Jean Goujon s'était vivement pénétré de l'ouvrage de Benvenuto qui jouissait alors d'une grande célébrité, et qu'il n'a rien négligé pour s'élever à la beauté de son modèle.

L'influence que la vue du bas-relief de Cellini a pu exercer sur le talent de Jean Goujon, nous a paru un fait assez remarquable pour que nous ne nous soyons pas borné seulement à l'indiquer. Nous avons cru plus utile, pour l'histoire des arts et l'étude des progrès de son talent, de rapporter comme planche supplémentaire la gravure de l'ouvrage de Benvenuto. Par-là chaque artiste et chaque amateur est à même de juger de l'exactitude des rapprochemens qui nous ont toujours frappés et que nous venons de signaler à leur attention.

Les architectes et les savans qui ont présidé à la décoration des salles du Musée ont pensé comme nous sur la ressemblance qui existe entre quelques parties du talent de ces deux maîtres. Ce motif les a déterminés sans doute à couronner par le bas-relief de Benvenuto Cellini la belle tribune des Cariatides de Jean Goujon.

PLANCHE XIX. — NYMPHE.

« On voit dans la première cour du palais des Beaux-Arts, autrefois » *Musée des Monumens français*, un portail de soixante-six pieds de

» haut, composé de trois ordres grecs, orné de bas-reliefs et de sculp-
» tures de la plus grande beauté, dont l'exécution est due à Jean
» Goujon. »

Telle est la description que M. Lenoir donne du portique d'Anet,
sauvé de la destruction et réédifié par ses soins dans l'établissement dont
il était alors directeur. Nous n'avons point à examiner ici les proportions élégantes de l'architecture de ce monument, la partie sculpturale
seulement nous occupe. Comme on vient de le voir, M. Lenoir en attribue exclusivement l'exécution à Jean Goujon. Nous ne sommes pas de
son avis pour toutes les figures. Sans doute la plupart sont de la main
de ce statuaire, mais quelques autres exécutées sur ses dessins, pourraient être l'ouvrage de ses élèves ou des artistes secondaires qu'il em-
ployait. Nous expliquerons les motifs de cette opinion à mesure que
nous procéderons à l'examen de chaque bas-relief.

Celui que contient la Planche xix est évidemment sorti du ciseau
du maître. La franchise de l'exécution, la grâce et la souplesse des
draperies, tout annonce que ce n'est pas là l'œuvre d'un élève. La pose
de la figure est aussi gracieuse qu'aucune de celles de Jean Goujon, et
l'ajustement est du meilleur goût. Il est à présumer que cette nymphe
représente l'Eure dont les eaux embellissent Anet. L'urne, le vase et la
proue qui sont à ses pieds sont des attributs suffisamment caractéristiques.

PLANCHE XX. —— MINERVE.

Il serait difficile aussi de méconnaître le talent de Jean Goujon dans
cette figure. C'est le même système de draperie que dans la figure précédente et dans la plupart de celles que ce maître a produites en si grand
nombre. On y retrouve aussi ces poses gracieuses, ces lignes serpen-
tines qu'Hogarth regarde avec raison comme le type de la beauté, et
que Jean Goujon savait donner aux figures resserrées, comme à la
chapelle d'Écouen et à la fontaine des Nymphes, dans l'espace le plus
étroit. Le casque et le bouclier à tête de Méduse indiquent, avec les
autres attributs, que l'artiste a voulu représenter Minerve dans cette
figure. On ne conçoit guère du reste le sens de cette allégorie. La
déesse de la sagesse se trouvait assez peu convenablement placée dans
la décoration du château d'Anet.

PLANCHE XXI. — MARS.

La figure de ce dieu pouvait offrir un rapport plus ingénieux avec l'amant de Diane de Poitiers ; Henri II était brave et se plaisait passionnément aux exercices guérriers.

Nul doute que ce bas-relief n'ait été exécuté sous la direction et d'après les dessins de Jean Goujon, mais est-il comme les précédens de la main de ce sculpteur? Nous ne le croyons pas et plusieurs artistes que nous avons consultés partagent notre opinion. Ces formes carrées, cette pose symétrique, les nus qui se détachent sur des corps lisses, tout cela n'est pas dans la manière de l'élégant auteur de tant de compositions gracieuses. Ajoutons qu'il y a dans l'exécution de la cuirasse des attributs guerriers qui se trouvent aux pieds de la figure, plus de timidité qu'on n'en remarque dans les mêmes parties de quelques autres reliefs de Jean Goujon. Toutefois cette figure n'est point dénuée de noblesse, et dans plusieurs endroits on reconnaît l'école, sinon la touche du maître.

PLANCHE XXII. — JUPITER.

Les mêmes remarques à peu près pourraient être faites sur cette figure. Ce n'est point là le cachet de Jean Goujon. Sans doute il serait difficile de rendre compte de tous les motifs sur lesquels se forme cette opinion. Il y a dans le goût des arts une sorte d'instinct qui dicte les jugemens : on ne saurait rapporter la preuve de ce qu'on croit vrai, et cependant on a la conviction intime que l'on n'est pas dans l'erreur. Tel est le sentiment que nous et quelques artistes, nous avons éprouvé en examinant avec attention les figures des planches xxi et xxii. Nous les eussions vues partout ailleurs que sur le portail d'Anet, que nous n'aurions point hésité à y reconnaître le faire des sculpteurs de son temps et de son école ; mais il ne nous serait jamais venu à l'idée de les regarder comme l'œuvre du maître.

Toutefois nous avons dû placer ces deux figures dans le recueil des ouvrages de Jean Goujon, parce qu'elles lui ont été attribuées jusqu'ici, et qu'elles ont été exécutées sous ses yeux et d'après ses modèles.

Il y a dans la pose et le caractère de ces deux figures moins de grâce que n'en mettait ordinairement Jean Goujon ; cependant on y reconnaît sa touche à la première vue. L'ajustement de la coiffure et des draperies est tout-à-fait dans sa manière. On y retrouve aussi un des artifices qu'il mettait le plus souvent en usage, celui de détacher les nus sur un fond travaillé. C'est ainsi que les évidemens dans les pennes des ailes servent à faire valoir les parties lisses des bras. Enfin l'agencement des mains et des doigts est encore un signe non équivoque du style du maître.

Ces deux figures et les quatre qui précèdent coupent l'archivolte et l'entre-colonnement du troisième ordre du portique d'Anet. Il est assez difficile d'en bien juger le caractère à cause de la hauteur où elles sont placées ; mais, pour nous qui les avons vues de près et examinées avec soin, nous ne croyons pas nous être trompé dans les observations que nous ont suggérées leur vue et leur examen.

PLANCHE XXV. —— CHÉRUBINS DE LA CHAPELLE D'ANET.

Tel est le nom que nous avons donné aux figures d'enfans qui ornent les voûtes de la chapelle d'Anet, et qui tiennent chacun l'un des instrumens de la passion de Jésus-Christ. Ces figures sont du meilleur style. On y reconnaît que l'auteur avait bien étudié les proportions de l'enfance et le caractère de beauté de cet âge, il n'est inférieur sous ce rapport ni à Raphaël, ni à François Flamand. La figure qui tient le saint-suaire est ajustée dans le goût le plus exquis. Les draperies flottantes sont jetées avec une grâce qui suffirait seule pour attester le talent du maître. L'enfant qui tient élevée la couronne d'épines est moins gracieux, mais il a peut-être plus de naïveté.

PLANCHE XXVI. —— MÊME SUJET.

Il y a dans ces figures une sorte de symétrie que nécessitait l'ordonnance de l'architecture. Cependant on voit que l'artiste s'est étudié à varier autant que possible les poses de corps et les airs de tête. Il y a de l'humilité dans la physionomie de l'enfant qui tient les clous et la branche de roseau ; dans celui qui tient le fouet on aperçoit de la malice et de la méchanceté. Dans les draperies de toutes deux on remarque une bordure, genre d'ornement que Jean Goujon affectionnait.

PLANCHE XXVII. — MÊME SUJET.

La tête de l'enfant qui tient l'éponge avec laquelle a été étanché le sang du Rédempteur est du caractère le plus gracieux et le plus élégant. Celle de l'enfant qui porte le marteau et les tenailles se distingue par une beauté d'un autre genre. Il y a une expression fort remarquable de pitié dans la première et d'étonnement dans la seconde. Toutes deux sont au reste dignes du talent de Jean Goujon.

PLANCHE XXVIII. — MÊME SUJET.

Ces deux figures complètent les retombées de voûte des quatre arcades de la chapelle. L'une tient d'une main la croix, signe de la rédemption, et de l'autre le calice d'amertume.

La seconde figure porte le coq, symbole de la fin de la passion, et le glaive qui doit servir à venger les avanies dont le Christ a été l'objet.

L'une et l'autre sont peut-être supérieures encore aux précédentes pour l'élégance ; les charmantes figures d'enfans qui décorent le plafond de l'escalier de Diane au Louvre n'offrent rien de mieux que ces gracieuses compositions.

Nous ne croyons pas que les sculptures de la chapelle d'Anet aient encore été gravées, et peu de personnes savaient qu'elles étaient de la main de Jean Goujon ; nous nous félicitons d'avoir été les premiers à en reproduire l'image, et en restituer la gloire à notre premier sculpteur national.

PLANCHES XXIX et XXX. — RENOMMÉES OU GLOIRES.

Jean Goujon s'est souvent exercé dans ce genre de figures, mais dans aucune il n'a mis plus de grâce et d'élégance que dans celles qui ornent le dessus des arcades de la chapelle d'Anet. Ces reliefs sont au nombre de huit, mais il n'y en a guère que quatre d'originaux, les autres sont répétés à très-peu de différence près. Nous n'offrons ici que ceux qui nous ont paru appartenir plus particulièrement au ciseau du maître.

Les deux figures qui sont sur les planches XXIX et XXX tiennent en main des rameaux de myrte, symbole qui rappelait les idées de volupté de Diane et de Henri jusque dans le sanctuaire même du temple.

La coiffure de ces Renommées ou de ces Gloires est du genre le plus élégant, les draperies sont ajustées avec grâce et ornées de bordures, à la manière du maître. Les poses des figures sont d'une légèreté remarquable.

PLANCHES XXXI ET XXXII. — MÊME SUJET.

La Renommée qui embouche la trompette, planche XXXI, est un modèle de pose et d'ajustement. Le talent de Jean Goujon ne s'est jamais élevé plus haut en ce genre. Il y a dans le jet des draperies une souplesse et une élégance qu'on ne saurait trop signaler à l'attention des artistes. Les nus ne sont pas moins bien traités. La tête est d'un beau style et la coiffure pleine de noblesse. Les bras sont d'une forme ravissante, et l'on remarque dans toute l'attitude du corps cette ligne serpentine que nous avons déjà observée dans quelques autres de ses figures, et qui se retrouve dans les plus belles statues de l'antiquité.

L'autre Renommée, quoique fort belle aussi, ne nous paraît pas comparable à la précédente. Son aspect rappelle une idée bouffonne de Voltaire. Dans *la Pucelle* il donne deux trompettes à la Renommée, et il les place à peu près comme elles se trouvent disposées ici. Serait-ce la vue de cette figure qui lui aurait inspiré cette plaisanterie? Voltaire est allé plusieurs fois au château d'Anet, chez madame la duchesse Du Maine; peut-être aura-t-il remarqué la Renommée aux deux trompettes de Jean Goujon, il n'en fallait pas plus à son esprit, toujours disposé à prendre le côté plaisant des choses, pour faire en vers la caricature du modèle qu'il avait eu sous les yeux.

Les quatre figures dont on vient de reproduire l'image, et les quatre

autres qui n'en sont que la répétition , doivent être élevées au rang des
plus beaux ouvrages de Jean Goujon. Exécutées sur une pierre dont le
grain est très-fin et ayant été toujours à l'abri de l'intempérie des
saisons, ces morceaux de sculpture sont aussi purs et aussi bien conservés que s'ils sortaient de la main de l'artiste. Les amis des arts parta-
geront sans doute notre admiration, et s'étonneront comme nous de ce
que ces figures soient restées jusqu'ici ensevelies au château d'Anet sans
avoir attiré l'attention de quelque amateur.

RENOMMÉES. — PLANCHES XXXIII ET XXXIV.

Ces deux figures sont en bronze, et faisaient, à ce qu'on croit,
partie de la décoration de la porte d'entrée. Echappées à la rapacité
des destructeurs d'Anet, elles ont été long-temps reléguées dans les
magasins du Musée des monumens français, et elles sont maintenant
enfouies, sinon égarées, dans les dépôts du duc d'Orléans, à qui
elles ont été restituées. Il paraît que les personnes préposées à la
garde des objets d'art dans la maison de Son Altesse Royale, n'ont
point attaché grande importance à la conservation de ces deux figures.
C'est sur des plâtres que nous avons été obligé de les dessiner, et,
pour en découvrir les originaux, toutes nos recherches ont été infruc-
tueuses auprès de ceux qui devraient être le mieux informés.

Ces deux Renommées sortent du genre, et ont un caractère particulier. Elles sont presque vues de face et tiennent à la main un
flambleau allumé. Cet attribut était-il l'expression d'un regret pour
un mari qui n'était plus, ou l'emblème d'un sentiment plus réel pour
un amant dont la passion était dans toute sa force? Ces deux suppo-
sitions pourraient également s'admettre. Nous avons déjà dit que le
portique de la cour était élevé à la mémoire de l'époux de Diane,
et nous avons remarqué aussi que le chiffre de Henri s'y trouvait enlacé,
dans plusieurs endroits, à celui de la duchesse de Valentinois. On
n'a guère pour se décider que la position du flambeau ; s'il était ren-
versé, les deux Renommées feraient allusion sans doute à la douleur
de l'épouse, mais comme ils ne le sont pas, il est à présumer qu'ils
ont trait à l'amour dont brûlait la maîtresse.

Quelle que soit au reste la signification de ces deux figures, ce n'est pas sous ce rapport qu'il nous importe de les examiner. C'est comme ouvrage sorti du ciseau de Jean Goujon qu'elles ont droit à notre attention. Plus on les regardera avec soin, plus on se convaincra qu'elles sont de ce maître. Leur attitude pleine de grâce, l'élégance de leur contour et le jet de leurs draperies sont autant de signes caractéristiques de leur origine.

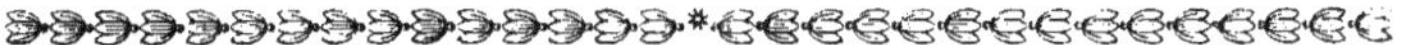

SCULPTURES

de

L'HOTEL CARNAVALET.

Cet édifice a été, dans l'origine, construit par Jean Bullant et orné par Jean Goujon. La rue Culture-Sainte-Catherine était alors dans le beau quartier de Paris. Le voisinage de l'hôtel Saint-Pol et du palais des Tournelles y attirait les gens qui appartenaient à la cour ou qui cherchaient à s'y faire bien venir. Il paraît que c'est le président de Ligneris qui le fit élever. Bullant en commença les travaux qui furent achevés par Androuet Ducerceau. Jusqu'en 1578 l'hôtel porta le nom de son propriétaire, mais à cette époque il fut vendu par le fils du président à Françoise de Baune, dame de Carnavalet, et depuis ce temps il a toujours été connu sous le nom d'hôtel Carnavalet. On doit dire cependant qu'il existe des gravures de Marot, datées de 1724, qui représentent les vues et coupes du bâtiment et qui lui donnent le nom d'hôtel d'Argouges.

Dans cette longue succession de temps, l'hôtel de Carnavalet a changé souvent de possesseur. Ceux dont on a gardé le souvenir jouissent d'une célébrité historique, ce sont mesdames de Sévigné et de Grignan. Elles y ont habité souvent pendant leur séjour à Paris.

Il est assez difficile de reconnaître dans cet édifice la portion qui appartient à Jean Bullant. L'ordonnance primitive a été bien souvent modifiée ; non-seulement Androuet Ducerceau y a fait de nombreux changemens dans quelques parties, mais Hardouin Mansard en a complètement altéré l'ensemble, lorsqu'en 1724 il a été chargé de la restauration de cet hôtel. Le style d'architecture de Mansard est encore celui qui domine aujourd'hui, bien que de nouvelles constructions aient été élevées près de cent ans après lui. Les gravures de Marot, dont nous parlions tout à l'heure, en font foi. Elles représentent l'hôtel de Carnavalet sans premier étage dans ses façades latérales.

Les productions de Jean Goujon ont été plus respectées que celles de Bullant. Les divers architectes appelés à faire des réparations nécessaires ou des distributions plus commodes, se sont fait un devoir de ne point toucher aux ouvrages de ce maître, et de les regarder au contraire comme la plus belle décoration qu'ait pu recevoir un pareil monument. L'un d'eux, celui qui fit élever les étages de côté, crut ne pouvoir rien imaginer de mieux que de faire imiter les bas-reliefs de notre célèbre statuaire.

En effet, huit figures ont été exécutées pour se marier aux quatre figures de Jean Goujon. On ignore le nom de leurs auteurs. Tout ce qu'on sait, c'est que les efforts qu'ils ont faits pour se rapprocher de leur modèle ont été infructueux. A la vérité, quelques écrivains, peu connaisseurs dans les arts, ont confondu, dans la même admiration, les ouvrages sortis de mains si différentes ; mais les artistes ne s'y sont point trompés, et ils ne reconnaissent comme productions de Jean Goujon que celles dont nous avons donné la gravure et dont nous allons offrir la description.

DESCRIPTION DES PLANCHES.

PLANCHE XXXV. —— LE PRINTEMPS.

Les quatre figures qui suivent représentent les quatre saisons de l'année. Elles occupent les entre-croisées du premier étage de la façade qui est au fond de la cour. Les signes du Zodiaque qui se voient au-dessus ont été sans doute ajoutés lorsqu'on a orné les façades latérales de huit autres figures ; on a métamorphosé alors les saisons en mois pour en faire les divinités qui partagent l'année en douze parties à peu près égales.

La figure gravée sous le n° xxxv est l'image du Printemps sous la figure d'un beau jeune homme, ayant le corps et les jambes ceintes de couronnes de fleurs et tenant dans chaque main une couronne sembla-ble. Les draperies, habilement jetées et travaillées, servent à faire ressortir les nus. Il y a dans la pose et même dans le style de cette figure beaucoup de rapport avec le style et la pose des deux figures qui décorent au Louvre la cheminée de la salle de Henri IV, figures que l'on a long-temps attribuées à Jean Goujon et que quelques artistes regar-dent aujourd'hui comme l'ouvrage de Germain Pilon.

PLANCHE XXXVI. — L'ÉTÉ.

Cette charmante figure de Cérès est tout-à-fait dans la manière de Jean Goujon. Les draperies sont ajustées dans le goût de l'une des figures de la Fontaine des Nymphes. La coiffure, formée d'épis, est d'une élégance que ce maître savait seul donner à ses têtes. Elle sert, avec la faucille et la gerbe que Cérès tient à la main, à caractériser la déesse qui préside aux moissons.

PLANCHE XXXVII. — L'AUTOMNE.

Un homme, dans la force de l'âge, représente la saison de la maturité. La corne d'abondance chargée de fruits, les pampres qui entourent son front et qui ceignent ses reins, la grappe de raisin qu'il tient dans une main, sont autant d'attributs qui le font recon-naître. Cette figure, d'un style un peu maniéré, est nue et se détache sur un fond de draperies dont les plis et les franges servent en quelque sorte d'ombre au tableau.

PLANCHE XXXVIII. — L'HIVER.

Le sujet a permis ici à l'artiste de déployer une grande richesse de draperies. L'ample manteau et la large tunique dont cette femme est revêtue ou pour mieux dire enveloppée, forment des plis magnifiques, sans cependant cacher les contours de la figure. L'attitude également convenable au sujet est pleine de noblesse et de naturel. Les pieds seuls, qui sont entièrement nus et découverts, offrent un contraste avec toutes les autres parties du corps qui se trouvent soigneusement cachées pour les mettre à l'abri des rigueurs de la saison.

Sur ces quatre reliefs, trois au moins sont dignes de la réputation de Jean Goujon. L'artiste préludait alors aux chefs-d'œuvre qu'il a donnés ensuite.

PLANCHES XXXIX ET XL. — THÉMIS.

Ces deux figures ornent à l'extérieur et dans la cour la clef de la voûte qui sert de porte d'entrée. Elles sont d'une grande finesse de contour et leur pose est pleine de grâce.

Nous avons cru y reconnaître la figure de Thémis, allégorie très-convenable à la demeure d'un président. L'une, planche xxxix, a sous ses pieds le masque qu'elle a arraché au vice ou au crime, et elle tient le signe de l'abondance et de la prospérité qui promet aux États une bonne administration de la justice; l'autre, planche xl, a les pieds appuyés sur le globe dont elle conduit toutes les affaires avec la règle qu'elle tient dans une de ses mains.

PLANCHE XLI. — ARMOIRIES.

On voit au-dessus de la porte d'entrée un cartouche où se trouvaient jadis les armoiries du président de Ligneris et successivement peut-être celles des autres propriétaires de cet hôtel. Deux petits génies soutiennent l'écusson. L'un a dans sa main une branche de laurier et l'autre tient une palme dans la sienne. Ces deux figures d'enfans sont charmantes et révèlent tout le talent du maître. De chaque côté sont groupées des branches de laurier et des palmes, attributs qu'on retrouve dans l'écusson du dessus de la porte, et qui donneraient à penser que la maison du président de Ligneris avait brillé dans la carrière militaire aussi bien que dans la magistrature.

PLANCHE LXII. — LIONS.

De chaque côté à l'extérieur au-dessus des croisées du rez-de-chaussée, on admire deux figures de lions qui se détachent sur des trophées d'armes. Ces lions sont d'un beau mouvement et attestent les progrès que, depuis le château d'Ecouen, Jean Goujon avait faits dans la représentation des animaux. Que l'on compare la tête de ces lions à celle qui se trouve dans la planche XII, et l'on se convaincra que le talent de Jean Goujon n'était pas, pour cette partie, resté stationnaire.

Les armes du fond sont d'un relief bien entendu qui sert encore à donner plus de saillie et d'effet aux corps des lions.

PLANCHES XLIII ET XLIV. — RENOMMÉES.

Il y a beaucoup de grâce et de mouvement dans ces deux figures qui décorent, à l'intérieur de la cour, la voûte de la porte d'entrée. Quelques parties de leurs corps et leurs ailes sont en perspective, effet que Jean Goujon n'était pas dans l'habitude de rechercher.

———

Ce n'est qu'après avoir épuisé le luxe des beaux-arts à la décoration des églises, des couvens, des palais et des maisons de plaisance, que l'on conçut l'idée d'orner aussi de toutes les richesses de l'architecture et de la statuaire un monument d'utilité publique. Pierre Lescot et notre célèbre Jean Goujon, que nous retrouverons bientôt en communauté de travaux pour la restauration du Louvre, furent chargés par Henri II d'ériger la Fontaine des Nymphes, en remplacement de la Fontaine des Innocens qui existait déjà et qui sans doute n'offrait alors qu'un étroit réservoir ou un fort modeste robinet, alimenté par les sources des coteaux voisins de Paris. Ces deux artistes ne restèrent point au-dessous de la tâche qu'on leur avait confiée, et l'on dut à la réunion de leurs talens le premier comme le plus beau monument qu'ait, en ce genre, possédé la capitale.

Les historiens de Paris donnent peu de détails sur la construction de la fontaine des Nymphes, dont ils s'accordent à fixer la fondation vers 1550. Elle n'occupait point alors l'emplacement où nous la voyons aujourd'hui, et dans sa masse, elle présentait une forme différente de celle qu'elle offre maintenant. Elevée à l'angle de la rue aux Fers et de la rue Saint-Denis, elle se composait de deux façades, dont l'une se développait en deux arcades sur la première de ces deux rues, et dont l'autre d'une seule arcade donnait sur la seconde. Chaque arcade reposait sur un soubassement, elle était couronnée d'un fronton et accompagnée de pilastres accouplés d'ordre corinthien.

Les figures de Jean Goujon, comme on peut le voir sur la couverture ou sur le frontispice de cet ouvrage, occupaient les entrepilastres, les tympans de la retombée des arcades et les encadremens de l'attique et du soubassement.

Dans aucun monument peut-être on n'a marié plus heureusement l'architecture et la sculpture, et ce serait le cas de dire, avec plus de vraisemblance quoique sans plus de vérité que pour la chapelle du château d'Ecouen : « Qu'il est impossible que les productions de » ces deux arts n'aient point été conçues par la même tête et exécutées » par la même main. » (*Voyez* page 6.) Il règne aussi dans le choix et la distribution des ornemens un goût et une simplicité d'autant plus remarquables, que Pierre Lescot s'est montré rarement aussi délicat et aussi sobre dans l'ajustement de ses décorations architecturales.

Malgré la juste célébrité dont la Fontaine des Nymphes a joui dès son origine, elle n'en fut pas moins négligée, et, dès 1708, de grandes réparations étaient devenues indispensables. On eut le bon esprit de les faire sans altérer en rien l'ensemble ni les détails de ce monument. Quatre-vingts ans plus tard, elle n'était guère en meilleur état, mais cette fois des mesures de salubrité publique nécessitèrent quelques changemens dans ce quartier, et entraînèrent le déplacement et la reconstruction de la Fontaine. Cédant enfin à la clameur publique, le gouvernement s'était décidé à faire exhumer l'immense quantité de cadavres qui encombraient le charnier des Innocens, à faire abattre quelques maisons pour rendre les autres habitations moins malsaines, et enfin à former un vaste marché pour la commodité des citoyens. A peine les travaux furent-ils exécutés, qu'on sentit le besoin d'arroser la nouvelle place par une fontaine d'eau jaillissante. Un architecte, M. Six, en facilita les moyens en proposant à M. de Breteuil, ministre à cette époque, d'enlever sans aucun dommage les diverses parties de la Fontaine des Nymphes et de les employer à l'érection d'une fontaine placée au centre du marché, dont on venait de former l'enceinte. Ses avis furent adoptés, et on lui adjoignit, pour l'exécution de ses plans, M. Poyet, architecte de la ville de Paris, et MM. Legrand et Molinos, architectes des travaux publics.

Il faut le dire à la louange de ces artistes, ils mirent de côté tout amour-propre, et ne rivalisèrent que pour reproduire le plus fidèle-

ment possible la première pensée de Pierre Lescot et de Jean Goujon.
Ils mirent non moins de zèle aussi pour que l'ouvrage de ces deux
maîtres ne subît pas la moindre altération. Toutes les précautions
furent prises pour détacher sans aucune fissure, non-seulement les
bas-reliefs de Jean Goujon, mais tous les ornemens d'architecture et
les assises des simples pierres. On poussa le soin jusqu'à appareiller
dans la reconstruction les nouveaux matériaux avec les anciens, et
à leur donner une teinte générale qui fît disparaître la différence de
la couleur. Par-là ce monument prit une nuance uniforme et colorée
qui mit d'accord l'ensemble avec les parties et qui conserva à l'architecture son caractère primitif.

D'une fontaine adossée à un mur et ayant des façades pleines`, faire,
sans s'écarter des proportions et des formes du modèle, une fontaine
isolée de toutes parts, complètement à jour et ayant un caractère monumental, n'était point un problème facile à résoudre. Ceux qui l'ont
entrepris s'en sont habilement tirés, et le succès a dépassé les espé-
rances que l'on avait placées dans leur talent.

Une courte description, que nous emprunterons à M. Dulaure,
mettra nos lecteurs à même de saisir les rapports et les différences
que la fontaine nouvelle présente avec l'ancienne, dont nous avons
offert la gravure sur le frontispice de l'*OEuvre de Jean Goujon.*

« Au centre de la place, au point le plus exhaussé du sol, est au-
dessus de trois gradins un vaste bassin carré ; du milieu de ce bassin
s'élève un soubassement de même forme, aux angles duquel sont
placées quatre figures de lion en plomb, moulées à Rome sur les lions
de la Fontaine de Termini. Sur les faces de ce soubassement sont en
saillies quatre bassins en plomb de forme élégante, où viennent se
verser par cascades les eaux supérieures.

» C'est au-dessus de ce soubassement que s'élève la partie enrichie
de sculptures. Une construction quadrangulaire est percée sur chaque
face par une arcade dont les côtés sont ornés de pilastres corinthiens
cannelés. Entre les pilastres est une figure de Naïade en grande proportion. L'entablement, richement décoré, est surmonté par un attique orné de bas-reliefs, par un fronton et par une coupole couverte
de dalles de cuivre en forme d'écailles de poisson.

» A travers les quatre arcades, sur un piédestal élégant, on voit une vasque du milieu de laquelle jaillit une gerbe d'eau qui s'y élève et y tombe; puis de la vasque l'eau se jette en nappe dans le réservoir, et, du réservoir, retombe de même dans les quatre bassins en plomb placés en saillie sur les faces du monument. Ensuite versée par ces chutes abondantes, lancée par les quatre lions placés aux angles, l'eau remplit le grand bassin carré et va se répandre au-dehors par quatre masques qui sont au-dessous des bassins de plomb. »

On voit que le changement le plus notable a été l'addition d'une quatrième arcade. Il en est résulté la nécessité d'ajouter trois nouvelles figures pour remplir les entre-pilastres, et de deux bas-reliefs pour décorer l'attique et le soubassement. On confia l'exécution de ces sculptures à M. Pajou, qui fit tous ses efforts pour se rapprocher du style de Jean Goujon, mais qui ne put atteindre à la grâce inimitable de ce maître. Les divers ornemens furent exécutés par MM. Lhuillier, Mézières et Daujon.

Il s'en fallait de beaucoup qu'au moment où la fontaine réédifiée par les soins des nouveaux architectes sortit de leurs mains, l'eau y coulât avec autant d'abondance qu'aujourd'hui. Pendant près de trente ans, cette fontaine a été à peu près à sec, et ce n'est qu'en 1812, après l'achèvement d'une partie du canal de l'Ourcq, dont les conduites furent amenées jusqu'au Marché-des-Innocens, que le monument de Pierre Lescot et de Jean Goujon reçut le seul ornement que ces deux artistes n'avaient pu lui donner.

A cette époque, on fit aussi quelques réparations nouvelles à la Fontaine des Nymphes, et l'on eut la sage prévoyance d'ôter les bas-reliefs du soubassement, dans la crainte de les voir bientôt dégrader par les eaux qui devaient désormais tomber constamment par-dessus. Ces bas-reliefs ont été déposés au Musée, et ils devaient être remplacés par les mêmes reliefs coulés en plomb. Ce projet n'a point encore reçu son accomplissement.

On a mis plus d'empressement à rétablir l'inscription que Santeuil avait composée pour cette fontaine; elle y avait été placée en 1689, elle y fut gravée de nouveau en 1819. La voici:

QUOS DURO CERNIS SIMULATOS MARMORE FLUCTUS,
HUJUS NYMPHA LOCI CREDIDIT ESSE SUOS.

« La Nymphe de ces lieux a cru reconnaître les eaux de sa propre source dans celles que tu vois ici représentées en marbre. »

Les amateurs de latinité peuvent trouver dans ce distique un jeu de mots fort ingénieux ; les amis des arts n'y sauraient voir qu'une pensée très-fausse, et Jean Goujon se fût trouvé très-mortifié d'apprendre qu'on n'avait trouvé à louer dans ces admirables figures que la très-imparfaite imitation des eaux qui s'échappent de leurs urnes. Il eût préféré, avec raison, la simple inscription dont il avait fait choix et qu'on lit encore dans un cartouche de marbre noir placé en haut de chaque entre-pilastre :

FONTIUM NYMPHIS.

« Aux Nymphes des Fontaines. »

C'est parce que l'auteur de ce chef-d'œuvre de la renaissance des arts dans notre patrie a, lui-même, consacré ce monument aux Nymphes des Fontaines, que nous lui avons conservé le nom de sa destination primitive, et que nous ne l'avons pas appelée ici la Fontaine des Innocens, dénomination grossière qu'elle n'aurait jamais dû porter, ou qu'elle aurait dû perdre à l'époque où fut abattue l'église qui la lui avait fait donner.

De l'avis de tous les connaisseurs, les figures qui décorent ce monument sont celles où le talent de Jean Goujon s'est élevé le plus haut. Comme dans les bas-reliefs du rez-de-chaussée du Louvre et à l'imitation des bas-reliefs grecs et des camées antiques, les figures ont fort peu de saillie, mais elles n'en produisent pas moins d'effet à l'œil. C'est un nouveau pas que Jean Goujon avait fait faire à son art. Les bas-reliefs d'Ecouen, ceux d'Anet et de l'hôtel Carnavalet ne sont pas aussi parfaits que les cinq figures et les bas-reliefs dont nous allons offrir la description. L'artiste était alors dans toute la maturité de son talent.

DESCRIPTION DES PLANCHES.

PLANCHE XLV. — NYMPHE.

Les eaux qui alimentaient jadis la Fontaine des Nymphes, provenaient des sources qui s'échappent des côteaux de Belleville, Ménilmontant et les prés Saint-Gervais. De-là l'idée de consacrer aux Nymphes le monument où toutes ces sources se trouvaient réunies. Les campagnes à l'est de Paris étaient en partie couvertes de bois, et ce n'était pas pousser l'allégorie au-delà des bornes, que de supposer ces bois habités par des Naïades qui présidaient à la distribution de leurs eaux. Cette fiction mettait d'ailleurs l'artiste à l'aise. Comme ces figures idéales n'ont pour attributs qu'une urne et quelques roseaux, Jean Goujon pouvait se livrer à tous les caprices de son imagination, et il lui suffisait de créer des modèles gracieux pour en faire des Nymphes.

La figure gravée dans cette planche occupe l'entre-pilastre droit de la face septentrionale. Sa pose est pleine de naïveté ; de ses deux mains elle soutient l'urne qu'elle porte sur son épaule. L'eau s'en épanche et vient tomber à ses pieds. Quelques feuilles du roseau lui servent de coiffure, elle a pour vêtement un voile et une tunique relevée sur les genoux ; les plis charmans de ces draperies font merveilleusement valoir les nus des bras et des jambes dont le contour est plein de grâce.

PLANCHE XLVI. — JEUX D'ENFANS.

Le bas-relief, représenté ici, décore l'attique de la façade du même côté. Quelques enfans, placés sur de larges coquillages, se livrent aux plaisirs de leur âge : les uns se servent de leur écharpe comme d'une voile pour se guider sur l'onde ; les autres se laissent mollement aller au courant des eaux ; tous ont des attitudes variées et gracieuses.

Les artistes qui connaissent les camées et les arabesques du Vatican, peints par Raphaël, trouveront ici des réminiscences très-frappantes, nous dirions presque des imitations de ce grand peintre. A cette époque, les ouvrages de Raphaël jouissaient d'une grande célébrité en France et y faisaient l'objet des études particulières des amis de Jean Goujon. Bernard de Palissy et Jean Cousin en avaient reproduit sur émail et sur vitraux un grand nombre de compositions. Toute l'histoire de Psyché avait été copiée en grisailles pour la galerie d'Ecouen. Il n'est donc pas surprenant que Jean Goujon, qui partageait les travaux de ces deux artistes, en ait à son tour imité quelques sujets. Cette connaissance parfaite qu'il avait des ouvrages du peintre d'Urbin, s'explique ainsi naturellement et ne doit pas être comptée au nombre des indices qui ont donné à croire à quelques écrivains que Jean Goujon avait fait un voyage en Italie.

PLANCHE XLVII. — TRITON ET NAÏADE.

Ce bas-relief, qui occupait autrefois le soubassement d'une des façades de l'ancienne fontaine, est aujourd'hui précieusement conservé au Muséum. Il offre encore une imitation des arabesques de Raphaël. Cet excellent peintre a exécuté une foule de compositions de ce genre ; mais dans aucune il ne s'est montré plus gracieux que son imitateur. Ce sujet représente sans doute la jonction d'un fleuve et d'une rivière, peut-être de la Seine et de la Marne. La déesse est assise sur une conque et tient en main un aviron. Ses formes sont délicieuses. Il y a de la majesté dans la figure du fleuve, dont l'extrémité se termine en queue de poisson. Les deux figures d'enfans sont aussi tout-à-fait dans le style raphaélesque.

PLANCHES XLVIII ET XLIX. — NYMPHES.

On voit les figures de ces deux Nymphes sur la face occidentale ; l'une d'elles, celle de la planche XLVIII, offre le plus heureux contraste dans le mouvement du corps. Elle tient dans ses deux mains l'urne dont elle répand les eaux. La tête est, comme dans la précédente, coiffée de feuilles de roseaux.

La figure de la planche XLIX est d'un mouvement plus simple, mais non moins gracieux ; le bras qui repasse sur sa tête rend l'attitude charmante, Il y a, dans l'ajustement des draperies, quelque chose qui rappelle l'arrangement de celles des Caryatides du Louvre,

PLANCHE L.

Le bas-relief, comme celui de la planche xlvi, couronne l'attique et représente des jeux d'enfans sur les bords de la mer. Un dauphin enlacé dans un trident partage le milieu du sujet; de chaque côté, des enfans voguent sur des conques. Le souvenir de Raphaël est toujours à remarquer.

PLANCHES LI ET LII.

A la retombée des arcades, chacune des façades est ornée de deux Renommées. C'est le genre de figure que le ciseau de Jean Goujon a le plus souvent reproduit et toujours avec quelque variété; mais ici, comme s'il eût été las de refaire ce sujet tant de fois, il a répété les mêmes figures sur toutes les façades. Cette uniformité nous a engagés à graver seulement les deux que l'on voit ici. Chacune de ces figures, dont le mouvement est d'une grande légèreté, tient d'une main une couronne de laurier et une palme de l'autre.

PLANCHE LIII.

Amphitrite ou une Nymphe, tenant un voile qui sert de fond, est couchée sur une vaste conque. Elle est entièrement nue et vue de face, ce qui offrait de grandes difficultés dans l'exécution, à cause du peu de saillie du relief. Jean Goujon les a toutes surmontées avec le plus grand bonheur, et ce bas-relief n'est pas celui qui atteste le moins la supériorité de ce maître dans l'entente du jeu des ombres et de la lumière. L'enfant qui vient d'apporter des poissons aux pieds de la déesse est moins gracieux peut-être que ceux des autres bas-reliefs; mais le cheval marin sur lequel il est monté est du plus beau style.

Il y a dans ces deux figures une grande richesse de draperies. Leurs coiffures sont aussi pleines de goût. Mais pourquoi chercherions-nous à varier la forme de nos éloges ? Voltaire à qui l'on demandait un commentaire sur Racine, répondit qu'il fallait se borner à écrire au bas de chaque page, *beau*, *admirable*. Nous sommes réduits à suivre son conseil dans la description des reliefs de ce monument, et nous nous bornerons à dire qu'il est impossible de pousser plus loin la grâce et l'élégance.

La figure de la planche LIV tient dans ses mains une urne renversée, l'autre planche LV s'appuie sur un aviron, et l'eau sortant de son urne s'écoule à ses pieds ; ces deux figures occupent la face orientale du monument.

PLANCHE LVI. — JEUX D'ENFANS.

Ces sortes de bas-reliefs, qui ne sont en quelque façon qu'un ornement d'architecture, remplissent bien toutes les conditions du genre. Il y a dans leur composition une symétrie qui est obligée, mais que l'artiste a su déguiser par des attitudes pittoresques. Ici, par exemple, ces figures se balancent bien entre elles, soit par leur propre masse, soit par les draperies et les autres accessoires ; mais chacune est dans un mouvement particulier, ce qui rompt un peu ce que l'uniformité architecturale aurait de trop fastidieux. Ces figures ont été un peu noircies par le temps ; il est assez difficile d'en bien distinguer les contours, surtout dans les reliefs de l'attique ; mais nous qui les avons dessinées de près et reproduites avec fidélité, nous avons été à même d'en apprécier le mérite, et nous ne doutons pas que tous les amateurs des arts ne partagent notre admiration en en voyant l'image fidèle dans l'OEuvre de Jean Goujon.

PLANCHE LVII.

Ce bas-relief, qui décore le soubassement de la dernière façade du monument, est peut-être moins heureusement conçu que les précédens. Le mouvement de la figure principale a quelque chose d'anguleux, ce qui ne produit pas un meilleur effet en sculpture qu'en peinture. Le jeune enfant placé sur le dos d'un monstre marin offre aussi quelque chose de maniéré dans la pose du corps et dans l'ajustement des ailes. Mais, malgré ces imperfections, on reconnaît aisément le talent du maître dans ce bas-relief.

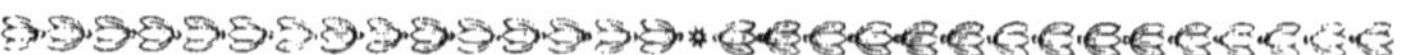

LE LOUVRE.

On n'a point à s'occuper ici de rechercher quelle a été l'origine du Louvre, quelle est l'étymologie de son nom. Des historiens font remonter l'une aux premiers temps de la monarchie, et regardent ce lieu comme un rendez-vous de chasse pour les plaisirs du roi. Des érudits font dériver l'autre de plusieurs mots qui ne paraissent avoir nul rapport entre eux. Laissons les uns et les autres se livrer à ces recherches, dont les résultats n'ont encore rien produit de positif ni de satisfaisant. Pour nous, le Louvre ne date guère que de François Ier, ou plutôt de Henri II, sous le règne duquel Jean Goujon fut employé à la décoration de ce palais.

Successivement agrandi sous Philippe-Auguste et Charles V, le Louvre présentait encore, sous François Ier, l'aspect d'un château fort flanqué de tourelles et garni d'un large fossé. On voit à la cathédrale de Saint-Denis un tableau du XIVe siècle, qu'on a long-temps conservé à l'abbaye Saint-Germain-des-Prés, et qui offre une vue perspective de ce château tel qu'il était sous Charles dit *le Sage*. Ce tableau, plusieurs fois reproduit par la gravure, a fourni à M. de Clarac le moyen de restituer le plan du Louvre avant l'époque communément appelée de la renaissance.

« Le sort de cet édifice, dit un historien du Louvre [1], a la plus grande » conformité avec le sort de la nation française. Il a pour ainsi dire » parcouru les mêmes périodes. Son berceau fut, comme celui des

[1] M. Amaury Duval, *Paris et ses Monumens*, gravés par M. Baltard.

» Francs, de sombres forêts, des marais fangeux. Que l'on se figure un
» groupe de chaumières qui servent d'asile à de pauvres bûcherons, à
» de misérables pêcheurs : bientôt transformé en château gothique
» défendu par de nombreuses tours, il inspira la terreur et l'effroi.
» Les arts et le goût ornèrent enfin ses dehors; il offrit aux yeux éton-
» nés de nobles portiques, de précieux bas-reliefs, des frises élégantes.
» Mais l'intérieur conserve encore quelques vestiges de l'ancienne bar-
» barie; on n'y voit rien d'uniforme, rien d'achevé. »

Telle fut la métamorphose que subit le Louvre, tel il se trouvait au milieu du XVIe siècle et long-temps après.

Au retour de ses premières campagnes dans le Milanais, François Ier, accoutumé à voir les fabriques élégantes de l'Italie, ne pouvait regarder qu'avec peine les vieux donjons du Louvre. Il résolut de les abattre, et de transformer cette forteresse en un palais enrichi de toutes les merveilles des arts. Mais les guerres continuelles où il était engagé, les dépenses qu'occasionait la construction des châteaux de Madrid et de Chambord, lui firent ajourner ses projets. On ne commença guère à les mettre à exécution qu'en 1528, ou plutôt en 1541. Dangerville établit, d'une manière très-vraisemblable, qu'à la première de ces époques, Pierre Lescot était trop jeune pour qu'on lui confiàt de pareils travaux, et qu'alors on se borna à des réparations urgentes et à des démolitions préparatoires.

On remit la main à l'œuvre, en 1539, moins encore pour réparer que pour reconstruire. Voici à quelle occasion. Vers la fin de cette année, Charles-Quint fit demander à François Ier passage à travers la France, pour aller châtier les Gantois révoltés. Connaissant l'esprit chevaleresque de son rival, l'empereur s'attendait à en être traité avec d'autant plus de magnificence et de loyauté, qu'il s'était montré peu loyal et peu généreux envers lui en le retenant captif à Madrid. Ses prévisions ne furent pas démenties par les événemens. Le roi saisit l'occasion de se montrer grand et magnifique envers son adversaire. Il crut l'humilier à force de bons procédés, et ne négligea rien pour lui rendre agréable le séjour de Paris. Son premier soin fut de le loger au Louvre; mais ce château était peu digne alors d'un pareil hôte. On y fit à la hâte, et à très-grands frais, toutes les dispositions nécessaires. « Il fallut, dit Sauval, faire quantité de réparations. On

» dora toutes les girouettes. Les armes de France, en plusieurs en-
» droits, furent peintes et arborées. On attacha contre le mur, tant des
» escaliers que des salles et des antichambres, des chandeliers de lai-
» ton; la plupart des croisées furent agrandies et les vitres peintes. De
» fait, on rendit le château si logeable, que Charles-Quint, le roi, la
» reine, le dauphin, la dauphine, le roi et la reine de Navarre, le car-
» dinal de Tournon, le connétable, et même la duchesse d'Étampes,
» maîtresse de François Ier, y eurent chacun des appartemens propor-
» tionnés à leur qualité. Aussi alors y fit-on tant de dépenses, qu'un
» registre entier des *OEuvres royaux* en est tout plein et ne contient
» autre chose. »

Ces réparations, qui, pour la plupart, ne consistaient qu'en distributions et décorations intérieures, ne durèrent pas long-temps. Elles
étaient tellement dégradées en 1548, que, quand Henri II fit réellement exécuter les plans qui n'avaient guère été que conçus et ébauchés
sous François Ier, tout tombait en ruine. Une inscription latine, placée dans la salle des Caryatides, constate l'état de dégradation où se
trouvait alors cette partie du palais (*vetustate collapsam*).

C'est à cette époque que l'on adjoignit Jean Goujon à Pierre Lescot.
Le premier était passé, l'année précédente, du service du connétable
de Montmorency à celui du roi, ainsi que nous l'avons établi en donnant la description du château d'Écouen (voyez page 6); le second
jouissait déjà de toute la confiance de François Ier, et avait, dès 1541,
présenté et fait adopter les plans du Louvre.

Plusieurs historiens racontent qu'avant d'agréer les plans qui lui furent soumis, François Ier voulut consulter sur leur mérite Serlio, célèbre architecte de Bologne qui se trouvait à sa cour. Le roi en avait
bien le droit, il en avait presque le devoir. Attiré en France par le désir
de dessiner les monumens antiques de nos provinces méridionales,
Serlio y fut retenu par les bienfaits du monarque, et bientôt il en reçut
la charge de surintendant des bâtimens de la couronne. A ces titres,
non moins qu'à celui d'habile architecte, ne devait-on pas prendre ses
conseils sur des travaux aussi importans que ceux que l'on avait dessein d'élever? Sa réponse, dit-on, fut à peu près la même que celle que
fit depuis le chevalier Bernin lorsqu'il fut consulté sur les plans de
Perrault.

Quoi qu'il en soit de l'authenticité de cette anecdote, toujours est-il vrai que le plan de Lescot ne fut pas mis immédiatement à exécution. Pendant les dernières années du règne de François Ier, on ne s'occupa guère que par intervalles de démolitions et de fondations. Dangerville prouve qu'en 1541 à peine quelques parties du bâtiment nouveau commençaient-elles à sortir de terre. Ce n'est que sous Henri II que les travaux furent poussés avec activité et persévérance.

Il serait très-curieux aujourd'hui de pouvoir consulter les dessins et les plans de Pierre Lescot ; mais on ne les a point conservés. Du temps de Sauval, ils n'existaient déjà plus. On les avait, dit cet auteur, « perdus par négligence, ou supprimés par malice. » On peut cependant se former, d'après ce qu'en dit Androuet du Cerceau, qui a succédé à Lescot, une idée du plan général que celui-ci avait conçu, et dont il n'exécuta qu'une partie. Le Louvre devait former un édifice carré, avec une cour intérieure un peu moins étendue que celle d'aujourd'hui, et avec d'autres dispositions architecturales. Il ne put achever qu'un quart de cet ensemble. La portion élevée par lui sous François Ier et Henri II est celle qui forme l'angle de la cour actuelle, à partir du vestibule du midi, faisant face au Pont-des-Arts, jusqu'au vestibule de l'Ouest, regardant les Tuileries. Cette partie est la seule aussi qui ait été embellie des sculptures de Jean Goujon. Encore, depuis l'achèvement du Louvre, ne reste-t-il plus d'intact dans la construction de cette époque que la moitié de la partie occidentale de l'édifice actuel. Dans la partie méridionale, on n'a pas touché, il est vrai, aux bas-reliefs du rez-de-chaussée, mais il n'est pas certain qu'ils soient de la main de Jean Goujon. Quant au premier étage, à l'étage supérieur, et à l'attique, ils ont été reconstruits sur les plans de Perrault.

« Le plan de Pierre Lescot, dit M. de Clarac dans son *Musée*, était sa-
» gement entendu, réunissait tout ce que demandaient les convenances.
» L'étage inférieur, et une partie du premier, étaient destinés à l'habi-
» tation du roi et de sa famille. On y avait réservé de grands apparte-
» mens pour les réceptions et les jours de représentation. L'élévation
» des deux ordres d'architecture, la richesse de leurs décorations, an-
» nonçaient cette destination. Pour ajouter à l'agrément et à la facilité
» des communications, un large balcon régnait au premier étage, tout
» autour de la cour, et formait aux grands appartemens une espèce de

» terrasse. Dans l'attique devaient loger les personnes qui faisaient le
» service auprès du roi : ayant moins de hauteur que les deux autres
» étages, il les amortissait bien ; l'édifice était juste dans les propor-
» tions et en harmonie dans les détails. »

Quelques artistes ont reproché à l'architecte d'avoir multiplié les ornemens et d'en avoir surchargé son édifice, dont l'ensemble aurait gagné s'il y eût eu plus de repos, et si l'on eût été plus sobre de détails. Ce reproche nous paraît peu fondé. Le luxe des décorations est le caractère distinctif de cette époque. On ne connaissait point, ou du moins on ne recherchait point alors l'effet des grandes lignes et des simples masses en architecture. L'architecte ne paraissait occupé que de former des cadres pour faire briller le talent du sculpteur et de l'ornemaniste. Écouen, Anet, et la plupart des châteaux de ce temps, offrent le même type.

Mais il faut le reconnaître, ces nombreux ornemens n'étaient point jetés au hasard et prodigués sans goût. Lescot ne les a multipliés qu'avec discernement. On en voit très-peu à l'extérieur des édifices qu'il a élevés ; il les réservait pour la décoration intérieure, qui doit toujours être plus riche en proportion de ce qu'elle est moins exposée aux intempéries des saisons et aux accidens de toutes sortes. C'était si bien là le principe d'après lequel cet architecte faisait la distribution de ses embellissemens, que la façade de la cour du Louvre, bien que couverte de sculptures, n'est point à comparer, pour la richesse et la surabondance des ornemens, aux parois des appartemens de ce palais. On conserve dans les magasins du Musée les boiseries qui ornaient les murs de la chambre à coucher de Henri II; ces boiseries, avec les frises, les plafonds et les cheminées, étaient tellement surchargées de moulures, de rinceaux, d'arabesques sculptés, qu'elles ne laissaient véritablement aucun repos à l'œil.

Pierre Lescot et Jean Goujon avaient combiné aussi avec beaucoup d'art l'effet de la décoration sculpturale dont ils ont orné la façade intérieure du Louvre. Les bas-reliefs des figures, aussi bien que tous les ornemens, ont plus de saillie à mesure de leur élévation et de leur éloignement. La sculpture, qui n'est guère marquée que par le contour au rez-de-chaussée, est presque de ronde-bosse dans l'attique. Cette différence ne provient pas seulement de la différence du *faire* de chacun des artistes employés dans ces diverses parties ; c'est le résultat d'une savante combinaison des deux maîtres qui ont dirigé les travaux.

Quelle que fût son habileté, Jean Goujon ne pouvait couvrir à lui seul une aussi grande page que celle qu'offraient les deux façades du Louvre. Il s'associa Paul Ponce, le statuaire le plus capable de le seconder. C'est ce dernier qui a exécuté la plupart des figures de l'attique ; mais, selon toute apparence, d'après les dessins ou au moins les idées de Jean Goujon, on retrouve dans les frontons cintrés, placés depuis sous le vestibule oriental, la manière de ce maître pour grouper les figures dans un espace étroit, et pour les draper avec ampleur et élégance.

On a remarqué qu'il s'est passé peu d'événemens politiques au Louvre pendant le règne de Henri II. Ce palais fut en effet inhabitable pendant une partie de cette période; plus tard ses approches étaient encore encombrées de pierres. Ce n'est que sous Charles IX que la portion du Louvre dont il est ici question devint la demeure de la cour. Les abords du palais furent déblayés, et il ne restait plus à faire que quelques travaux de détail ; Jean Goujon y était occupé. C'est lorsqu'il mettait la dernière main aux sculptures de ce monument qu'il périt, au milieu des massacres de la Saint-Barthélemy. Telle est du moins la tradition généralement admise; nous avons bien pu en deviner la source, ainsi qu'on l'a vu dans la Notice sur la vie et les ouvrages de ce maître, mais il nous a été impossible d'en acquérir la preuve. Jean Goujon était protestant. Moins heureux qu'Ambroise Paré, il ne trouva point comme lui protection dans le sein même du palais qu'il avait embelli de ses immortels ouvrages. Confondu dans la foule des victimes, il fut comme les autres immolé aux fureurs du fanatisme et aux combinaisons de la politique. C'est dans le Louvre qu'avait été conçue la pensée de ces exécrables attentats, c'est dans ce palais qu'ils reçurent d'abord un commencement d'exécution. Deux jours avant la fatale journée, l'amiral Coligny avait été blessé dans l'enceinte même du château.

« Dans la nuit du 24 août 1572, le palais du roi, dit Voltaire, fut » un des principaux théâtres du carnage, car le prince de Navarre lo- » geait au Louvre, et tous ses domestiques étaient protestans. Quel-

12

» ques-uns d'entre eux furent tués dans leur lit, avec leurs femmes;
» d'autres s'enfuyaient tout nus et étaient poursuivis sur tous les esca-
» liers du palais, et même jusqu'à l'antichambre du roi. La jeune
» femme de Henri de Navarre, éveillée par cet affreux tumulte, et
» craignant pour son époux et pour elle-même, saisie d'horreur et à
» demi morte, sauta brusquement de son lit pour aller se jeter aux
» pieds du roi son frère. A peine eut-elle ouvert la porte de la chambre,
» que quelques-uns des domestiques coururent s'y réfugier : les sol-
» dats entrèrent après eux et les poursuivirent en présence de la prin-
» cesse. L'un d'eux, qui s'était caché dans le lit, y fut tué; deux autres
» furent percés à coups de hallebarde à ses pieds. Elle fut elle-même
» couverte de sang. »

Si, à cause de ses travaux, Jean Goujon logeait, ce qui est fort
probable, dans quelque partie reculée du Louvre, il a dû, dans une
telle bagarre, tomber sous le fer des assassins, et son cadavre, préci-
pité par la croisée, aura été enlevé avec les autres sans que le meurtre
ait été constaté. « A mesure, dit le président de Thou, qu'on tuait ces
» infortunés, on jetait leurs corps devant le Louvre, sous les yeux du
» roi, de Catherine, et de toute la cour. Les femmes venaient en foule,
» avec plus d'impudence encore que de curiosité, considérer les cada-
» vres nus. On remarqua que plusieurs attachaient particulièrement
» les yeux sur le corps du baron de Pont, pour savoir si elles y recon-
» naîtraient la cause ou les marques d'impuissance qu'on lui repro-
» chait. »

Peut-être, échappé à ce premier massacre, Jean Goujon était-il du
nombre de ceux qui, cherchant leur salut dans la fuite, ont péri, en
traversant la rivière à la nage, sous les coups de carabine que
Charles IX tirait sur ses sujets par l'une des fenêtres d'un pavillon du
Vieux-Louvre, qui s'avançait jusque sur le bord de la Seine. Il n'est
pas impossible que telle ait été la récompense royale accordée à ses
admirables travaux.

Le fait est, comme nous l'avons déjà dit ailleurs, que la tradition
qui le place au nombre des martyrs de la Saint-Barthélemy est
fondée sur ce qu'il était protestant, qu'il habitait probablement le
Louvre, et qu'on ne connaît aucun ouvrage de lui postérieur à cette
époque.

On peut donc regarder les sculptures du Louvre comme les derniers
ouvrages sortis de son ciseau, et l'on verra, dans la description sui-
vante des planches, que ce sont ses ouvrages les plus parfaits et les
plus capitaux.

DESCRIPTION DES PLANCHES.

PLANCHES LVIII ET LIX. — L'HISTOIRE ET LA VICTOIRE.

Ces deux figures allégoriques décorent le dessus de la porte qui
servait autrefois d'entrée principale, et conduisait au grand escalier
du palais. Elles sont placées de chaque côté d'une ouverture circulaire
appelée lunette, servant à donner du jour dans un vestibule. La forme
cintrée autour de laquelle elles se groupent a déterminé l'inclinaison de
leur mouvement, mais n'a rien ôté au naturel et à la grâce de leur
pose.

L'Histoire, occupée à tracer sur ses tablettes les faits glorieux du
règne de Henri, est dans une attitude admirable de méditation. Elle est
bien supérieure, pour la vérité, la noblesse et l'élégance, à la belle figure qui a été si souvent imitée depuis, et qui, dans la colonne Trajane,
inscrit aussi sur des tablettes les exploits dont elle veut perpétuer le
souvenir. On ne croit pas que jamais le talent de Jean Goujon se soit
élevé plus haut que dans cette figure. L'expression de la tête est parfaite, les proportions du corps et le contour des membres sont admirables. Les nus sont accusés sous les draperies avec un art qui rappelle
la statue antique de Cérès. Les plis des étoffes sont fouillés avec un tel
soin, et la lumière s'y marie à certains momens du jour d'une manière
si étonnante, que l'œil trompé croit voir une draperie mobile agitée par
un léger souffle du vent.

Quoique très-belle aussi, *la Victoire* n'offre ni le même charme ni
la même illusion. La coiffure est cependant ajustée avec un goût remarquable : elle paraît combinée avec le système de la draperie, et jetée de
manière à faire valoir le nu du cou. Cette figure tient les emblèmes de la
gloire, une couronne de laurier et une palme.

PLANCHES LX ET LXI. — LA GLOIRE ET LA RENOMMÉE.

La première de ces figures tient encore d'une main la couronne de laurier et de l'autre la palme de la gloire. On remarque au milieu de sa coiffure un croissant, emblème de Diane et allusion à la duchesse de Valentinois. Plusieurs parties du Louvre, de ce coté, sont couvertes des chiffres de Henri II et de sa maîtresse. Rien de plus gracieux que l'ajustement de cette figure. Les draperies en sont attachées avec beaucoup d'art et de goût, et leurs ondulations sont disposées de manière à faire bien valoir les nus. On remarque dans l'attitude du corps, et dans l'expression de la tête, un air de modestie qui n'est pas le caractère ordinaire de la gloire ; peut-être le sculpteur a-t-il voulu rappeler ainsi quelque action particulière où Henri se montra à la fois grand et modeste.

Il y a plus de mouvement dans l'autre figure, et sous ce rapport elle convient mieux à l'allégorie qu'elle représente. C'est une Renommée ou une Victoire embouchant la trompette. La beauté de ce relief avait frappé Henri II. On rapporte qu'un jour Pierre Lescot, assistant au dîner du roi, fut interrogé par Sa Majesté sur la signification de cette figure : « Par la Renommée, répondit l'artiste, on a cherché » à caractériser Ronsard, et par la trompette l'éclat de ses vers, qui » font retentir dans le monde entier le nom de votre personne et les » merveilles de votre règne. »

Ces deux figures entourent la lunette de la troisième porte de cette façade du Louvre, porte qui communiquait au grand tribunal (aujourd'hui la salle des Caryatides). Non-seulement il se tint plus d'une fois dans l'enceinte du château une cour de justice, mais on y procéda à des exécutions. Outre ceux qu'on fit périr anciennement dans la grande tour du Louvre, le duc de Mayenne fit, en 1551, pendre dans une des salles basses du palais quatre des douze quarteniers de Paris, pour venger la mort du président Brisson.

PLANCHES LXII ET LXIII. — LA GUERRE DÉSARMÉE ET LA PAIX.

Ces deux bas-reliefs furent sans doute exécutés en 1556, à la suite de la paix qui fut signée à Vaucelles le 5 février de cette année, après les victoires de Metz et de Renti.

Une femme, dans une attitude noble et fière, tient dans une de ses mains quelques flèches brisées, de l'autre elle menace encore, et semble dire : N'y revenez plus. A ses pieds sont, près d'une urne où se voit la tête de Gorgone, d'autres traits rompus et des foudres éteints. Ces emblèmes indiquent bien la figure de *la Guerre* obligée de renoncer à ses goûts favoris. Les draperies de cette figure sont d'une grande richesse, et le travail en est précieux. Le péplon et la tunique sont ornés de broderies et de franges. L'ajustement de la coiffure est du meilleur goût. Il y a dans le mouvement de cette figure, qui est de profil, un contraste admirablement ménagé entre la partie inférieure et le haut du corps.

L'autre figure est vue de face. Elle porte d'une main un glaive dont elle montre qu'elle ne veut point faire usage ; elle tient de l'autre à la fois le gouvernail d'un navire et une palme dans laquelle sont entrelacés des lauriers et une couronne. A ses pieds est le globe vers lequel elle abaisse les yeux, et dont sa tunique couvre une partie. Sa pose est calme comme il convient d'être à la divinité qu'elle représente. Les draperies sont amples et bien jetées. Moins gracieuse que la figure à laquelle elle sert de pendant, elle est cependant remarquable par l'entente des plans. Les têtes de face dans les bas-reliefs ont toujours quelque chose d'ingrat au premier coup-d'œil : ici, les saillies sont si bien ménagées que la figure tourne comme si elle était de ronde-bosse ; c'est une grande difficulté que Jean Goujon a parfaitement vaincue.

Ces bas-reliefs sont du même temps à peu près que ceux de la fontaine des Nymphes ; ils doivent même leur être postérieurs de quelques années, aussi sont-ils conçus dans le même système. L'artiste n'a fait presque que dessiner le contour, et il a indiqué les parties saillantes par des méplats si bien combinés, que la lumière en s'y projetant leur donne le relief désirable. Sous ce rapport, autant que sous celui de la grâce et de l'élégance des figures, ce sont des modèles que Jean Goujon a laissés à tous ceux qui ont voulu depuis marcher sur ses traces.

Six autres figures ornent encore le dessus des portes de la façade méridionale du Louvre. Il est évident que Jean Goujon en a fourni les dessins, mais il est douteux qu'il se soit chargé lui-même de l'exécution. Ces figures sont bien inférieures à celles dont nous venons d'offrir la gravure et la description. Il y a même deux de ces figures qui ont été simplement ébauchées, et dont quelques parties inférieures sont à peine dégrossies.

PLANCHES LXIV. — DESSUS DES CROISÉES DU PREMIER ÉTAGE.

Ces bas-reliefs attestent ce que nous avons déjà eu l'occasion de remarquer, en parlant du château d'Anet et de l'hôtel de Carnavalet, combien Jean Goujon avait perfectionné son talent pour la représentation des animaux. Les chiens et les lions qui sont groupés ici auprès d'un buste, et qui servent d'ornement au dessus des croisées du premier étage, sont d'un mouvement vrai et d'un beau caractère. La tète qui se trouve entre les deux chiens est dans le style grec, et rappelle, aux nattes près qui retombent de chaque côté, les têtes de Junon, pour l'ajustement de la coiffure et l'expression de la physionomie. Selon toute apparence, les chiens sont ici l'emblème de la fidélité de Henri pour la duchesse de Valentinois ; à cette époque, tout était allégorie, et chaque objet faisait allusion à la passion du prince.

La pensée de l'artiste est mieux exprimée dans le second bas-relief. Les croissans, qui surmontent et entourent la tête placée entre les lions, ont pour objet de rappeler Diane de Poitiers ; la coiffure, toute composée de nattes, est dans le goût de la sculpture romaine du temps de Trajan, et a quelque analogie avec la coiffure des têtes de Plotine. Les lions qui sont de chaque côté sont l'emblème de la puissance qui protégeait la maîtresse du monarque.

Il ne paraît pas douteux que ces reliefs ne soient du ciseau de Jean Goujon ; on y retrouve la même manière que dans ceux de l'hôtel de Carnavalet, planche XLII, page 39.

PLANCHE LXV. — FRISE DU PREMIER ÉTAGE.

Cette frise, composée de jennes enfans et de guirlandes de fleurs, est un des ornemens les plus gracieux de la sculpture extérieure du

Louvre. Peut-être y a-t-il moins de naïveté dans la pose de ces enfans que dans ceux de François Flamand, mais il y a, comme dans ceux de Raphaël, un caractère de grâce et de noblesse qui charme. Les attitudes maniérées conviennent même jusqu'à un certain point à ce genre de sculpture architecturale. De distance en distance sont des colombes qui becquettent les fruits et les fleurs dont les guirlandes sont entrelacées ; à d'autres endroits, ce sont des lacs de rubans qui rattachent ces mêmes guirlandes à un croissant. Partout les mêmes emblêmes de l'amour du prince pour sa maîtresse.

PLANCHE LXVI.

L'escalier de Henri II, qui a une porte d'entrée sous le vestibule de l'horloge, et dont la porte principale est celle que surmontent les deux figures gravées dans les planches LVIII et LIX, est moins remarquable sous le rapport de l'architecture que sous celui de la décoration de ses voûtes et de ses plafonds. Jean Goujon les a enrichis des figures les plus pittoresques et des ornemens les plus variés. C'est là qu'on retrouve toute la fécondité de son imagination.

Les trois figures que reproduit cette planche ornent la voûte de l'escalier du premier étage. Celle du milieu offre les traits d'une femme avec les pieds de chèvre. Ce qui caractérise principalement ces reliefs, c'est le pittoresque des attitudes, si bien ménagées dans un cadre d'une forme étroite et ingrate. Tous les artistes s'accordent à reconnaître un véritable talent dans ces êtres fantastiques, dont le mouvement est aussi gracieux qu'animé.

PLANCHE LXVII.

La tête de lion surmontée d'un vase et accompagnée d'ailes, ainsi que la tête de Gorgone couronnée d'un vase de fruits, sont des ornemens qui sont reproduits dans plusieurs parties de cet escalier. Elles sont d'un bon style, et produisent un bel effet dans les compartimens où elles sont ajustées. C'est de la sculpture d'ornement, mais exécutée avec un grand soin.

PLANCHE LXVIII.

Ces deux figures de fantaisie participent de la manière de Michel-Ange. Elles ont, dans leur attitude et dans leur proportion, quelque chose qui sort du caractère habituel des reliefs de Jean Goujon, et montrent que ce maître pouvait prendre tous les styles avec une égale facilité.

PLANCHE LXIX.

Cette figure allégorique orne le plafond du premier pallier. Elle représente l'Amour parcourant le monde et semant sur son passage des traits et des flammes. Nous remarquerons dans ce bas-relief le même système d'apposition employé si souvent par Jean Goujon, et ayant pour objet de faire ressortir les nus au moyen du travail des draperies, des ailes et de la coiffure.-Le relief de cette figure est assez saillant et se dessine bien. L'amour est caractérisé par le foudre qu'il tient d'une main et les flammes qu'il tient de l'autre.

PLANCHE LXX.

Ces chiens sont dans un mouvement plein de vérité. Ils ornent plusieurs compartimens de la voûte qui va du premier pallier au second. Ils sont reproduits aussi dans d'autres endroits. Il pourrait très-bien se faire que ces animaux fussent des portraits. La flatterie était poussée bien loin à cette époque, et pour plaire à Henri, et à Diane surtout, il ne serait pas surprenant que l'artiste eût exécuté l'image de quelque chien favori de l'un et de l'autre.

PLANCHE LXXI.

On voit ici la figure du dessin qui est placé au milieu des encadremens de la même voûte. La déesse est représentée un arc à la main ; elle parcourt la terre d'un pas léger, et est accompagnée d'un chien qui est dans le mouvement de quêter. Cette figure est un peu lourde. Elle n'a pas les formes sveltes et gracieuses que Jean Goujon donne à ses reliefs; mais l'ajustement rappelle la manière du maître, les draperies volent avec grâce et légèreté, agitées avec l'air que Diane coupe dans sa course rapide. Tout est bien balancé aussi dans chacune des parties, et il y a une symétrie déguisée avec beaucoup d'art, mais assez marquée cependant pour satisfaire l'œil, qui cherche involontairement ce genre de mérite dans la sculpture d'ornement.

PLANCHE LXXII.

Ce sont ensuite deux figures de génie qui, les bras enlacés dans un croissant, font retentir les trompettes de la renommée pour célébrer la beauté de celle dont l'emblème les a enchaînés. Ils ornent la voûte du second escalier.

Viennent ensuite deux autres figures de femme dont les bras sont aussi rattachés à un croissant par une branche de laurier. Elles ornent la troisième partie de l'escalier.

PLANCHE LXXIII.

Des têtes de biches ajustées avec des têtes de Satyres, et surmontées d'une corbeille de fruits, forment un ornement qui se trouve reproduit plusieurs fois dans cet escalier, ainsi que celui qui se compose d'une tête de cerf enlacée de rubans et de guirlandes de fleurs. Ces emblèmes de la chasse étaient ceux que Henri préférait : ils lui rappelaient les souvenirs de son exercice favori et de son amour constant.

PLANCHE LXXIV.

Ces deux génies enlacés dans une guirlande de *fruitages*, et dans l'action d'épancher des urnes, décorent le plafond du second palier, au premier étage. Ils nous fournissent derechef l'occasion de signaler avec quelle réussite l'artiste symétrise son sujet, le dispose favorablement pour tous les points de vue, et lui fait prendre, sans contrainte et sans sacrifices, la forme du cadre étroit dans lequel il est circonscrit. Ces deux figures sont absolument sans draperies, particularité fort rare dans les compositions de Jean Gou-

14

jon, dont le ciseau facile aime tant à se jouer dans les plis ondu-
leux d'un vêtément agité. Une guirlande de fleurs et de fruits,
ornement un peu lourd peut-être, remplace cet accompagnement
obligé. Nous ne faisons cette remarque que pour saisir l'occasion de
faire admirer, une fois pour toutes, avec quelle habileté notre
sculpteur exécute ces riches décorations, caractéristiques de son
époque. C'est en effet l'art de la renaissance qui substitua aux
monotones festons de l'antique, à ces torsades cylindriques de
feuilles de chêne ou de laurier, moulées avec la régularité du produit de la filière, imbriquées avec la précision de l'enveloppe
écailleuse du reptile, ces luxuriantes guirlandes où viennent
s'entasser tous les trésors du règne végétal. Sans prétendre attribuer exclusivement au ciseau de notre artiste toutes celles qui
serpentent sous les voûtes de l'escalier de Diane, ou qui se marient
si heureusement à ses autres compositions, on ne peut se refuser à
croire qu'il en ait exécuté une grande partie. Goujon fut ornemaniste, modeste ouvrier *foliagier*, comme on disait alors, avant de
s'élever aux plus hautes parties de son art. Il n'est donc point étonnant qu'il ait conservé un goût décidé, une merveilleuse facilité
pour ces rinceaux abondans, ces fécondes guirlandes qu'il suspend
à ses ouvrages, avec cette prodigalité qui ne tient aucun compte
de la lenteur ou de la difficulté du travail. A la frise composite du
Louvre, à la voûte de l'escalier de Diane, aux cartouches de la
tribune des Caryatides, l'œil le plus inattentif ne peut s'empêcher
d'être frappé de l'exquise finesse, de la patience laborieuse avec
lesquelles sont modelés, évidés, fouillés, ces ornemens dont l'effet est
cependant destiné à se perdre dans l'ensemble. C'est encore un
genre de supériorité dont il convenait d'autant plus de restituer la
gloire à Jean Goujon, qu'à sa venue il ne trouva point de modèles,
même dans les minutieuses dissections des sculpteurs du moyen âge,
et qu'il n'a point été surpassé depuis.

PLANCHE LXXV.

Ces deux figures fantastiques, bizarrement accouplées, à tête de
jeune Satyre, et dont la partie inférieure du corps s'enroule en queue

de Triton, ornent le plafond du troisième palier, entre le premier et le second étage. C'est encore une création nouvelle de l'imagination de l'artiste, une application, en quelque sorte, du *quidlibet pictoribus* d'Horace. Ici la symétrie du sujet est presque poussée jusqu'à la contre-épreuve. Ce serait un défaut si ce groupe était autre chose qu'un capricieux ornement.

PLANCHE LXXVI.

La même similitude, quoique avec des variantes plus marquées dans les détails, qui prouvent que rarement l'artiste est descendu jusqu'à se copier lui-même, se remarque dans les deux cartouches opposés qui décorent les murs du même palier. Cette raison nous a décidés à ne donner qu'un seul de ces cartouches. Le milieu, destiné à recevoir des armoiries, des inscriptions ou des emblèmes, est resté brut et paraît n'avoir jamais été sculpté. On voit avec étonnement surgir, d'entre les têtes de Satyres, un faisceau, accoté de haches et surmonté d'une pique. C'est une moderne superfétation, sans doute le premier essai d'un projet de républicaniser les emblèmes de cet escalier; tentative qui, heureusement pour l'art, n'a point eu de plus funestes suites.

PLANCHE LXXVII, LXXVIII, LXXIX. — TRIBUNE DES CARYATIDES.

Les quatre Caryatides colossales, supportant une tribune, dans la grande salle des Antiques, au Louvre, sont à juste titre considérées comme le chef-d'œuvre de Jean Goujon, et même comme l'une des plus belles productions de l'art chez les modernes. C'est également, de tous les ouvrages de notre artiste, celui dont l'authenticité est la plus incontestable, puisque Sauval [1] nous a conservé les conditions du marché relatif à son exécution. Il résulte du passage mentionné que, *par arrangement fait avec Goujon, le 5 septembre* 155o, ces Caryatides, sculptées en pierre dite de

---

[1] Antiquités de Paris, Tome II, page 33.

Trossy, coûtèrent 737 *livres tournois, à raison de* 46 *livres pour un modèle en plâtre qu'on lui fit faire, et de* 80 *écus sol pour chaque figure* [1].

Ce témoignage historique est pour nous d'une haute importance; en constatant d'une manière irrécusable la coopération de Jean Goujon, il forme une espèce de titre authentique d'autant plus rare dans l'histoire de cet artiste, que, pour opérer la distinction des ouvrages qui lui sont attribués, on doit la plupart du temps se déterminer d'après des traditions vagues et incertaines, ou des comparaisons sujettes à l'erreur. Il fournit en outre, par le rapprochement de sa date avec celle de l'achèvement de la fontaine des Innocens, la preuve que ces deux monumens, presque simultanément exécutés, sont d'une époque où le génie de l'artiste avait atteint son plus haut développement. C'est donc à ces deux productions, les seules incontestées peut-être, qu'on devra, comme à un type commun, rapporter toutes les autres, pour établir leur degré proportionnel de mérite et d'authenticité.

Il existe tant d'inexactitude causée par le silence des écrivains contemporains, sur les monumens de cette époque, qu'il n'est point étonnant que la plupart 'de ceux qui ont décrit cette tribune soient tombés dans une grave erreur. Ils ont supposé qu'elle avait été primitivement élevée sur un autre emplacement, et depuis réédifiée à l'endroit qu'elle occupe. Cicognara, le plus récent et le plus important de ces auteurs, dit positivement, dans son *Histoire de la Sculpture*, que cette tribune avait été, depuis peu d'années, transportée de la salle de l'Institut dans celle des Antiques. Cepen-

---

[1] Il nous a paru intéressant d'évaluer en monnaie actuelle cette somme de 737 livres; nous avons trouvé qu'elle produirait à peu près 2,500 francs. Voici d'après quelles données nous avons établi ce calcul : le marc d'argent, d'après les tables de Dupré de Saint-Maur, valait en 1550, valeur moyenne, 15 livres. L'ouvrage de Jean Goujon fut donc payé une valeur équivalente à 49 marcs d'argent, nombre de fois que la somme de 15 livres se trouve contenue dans celle de 737, plus une fraction qu'on néglige ; or, le marc d'argent étant actuellement au prix de 51 fr., il s'ensuit qu'en multipliant cette dernière valeur par le nombre 49, on obtiendra la somme de 2,500 fr., pour résultat. On peut établir, par une opération analogue, que le modèle fut payé à l'artiste sur le pied de 156 fr. Ces prix sont certainement inférieurs, au moins des quatre cinquièmes, à ceux que coûteraient aujourd'hui les mêmes ouvrages.

dant il eût suffit de quelques recherches, sur les noms variés et les destinations diverses qu'a successivement reçus cette salle, pour éviter ces erreurs; on se fût facilement convaincu que, sous des qualifications différentes, il ne s'agissait que d'une même chose, et que la mutation prétendue n'existait que dans les mots. Ainsi, par exemple, Ducerceau appelle cette pièce le *Grand tribunal du Louvre*; Sauval, qui vient immédiatement après, la qualifie de *salle des Suisses*, et, quelques lignes plus bas, de *salle des gardes de la reine régente*. Il rappelle que c'était là que Catherine de Médicis donnait des festins et faisait représenter des comédies et des ballets; il ajoute même qu'au moment où il écrit la tribune est encore masquée par un théâtre. Quelques années plus tard, Germain Brice mentionnait expressément que la *salle des Suisses*, *où est la tribune de Jean Goujon*, servait à renfermer les antiques du roi. On ignore combien de temps elle conserva cet emploi; mais c'est sans fondement que quelques personnes ont avancé que, depuis cette époque, elle servit aux séances de l'Académie française. La salle de l'Académie était située de l'autre côté du gros pavillon, au rez-de-chaussée; c'est celle qu'on a depuis peu consacrée à la mémoire de notre grand sculpteur, et décorée du nom de *salle de Jean Goujon*. Lors de la création de l'Institut, la salle des Caryatides fut affectée à ses séances, et elle prit le nom de ce corps savant; enfin, après l'installation de l'Institut aux Quatre-Nations, elle fut de nouveau consacrée aux antiques, et, après tant de vicissitudes, il est permis d'espérer que ce sera désormais sa perpétuelle destination.

On n'est pas certain des changemens qu'a pu subir cette tribune, dans son plan et ses détails, soit que Jean Goujon l'ait laissée imparfaite, soit que le caprice de ses successeurs en ait changé la disposition. On serait porté à conclure, d'après la description de Sauval, que ce portique était autrefois chargé de beaucoup plus d'ornemens qu'à présent. On a même conservé le souvenir qu'une frise d'enfans avait été projetée, dans le premier plan, pour l'ornement de la balustrade et n'a point été exécutée. Peut-être les deux cartouches, surmontés chacun d'un génie de la Renommée, qu'on trouvera gravés à la planche LXXIX, et qu'on a visiblement rapportés et encastrés dans le mur de fond de cette tribune, formaient-ils partie de l'ordonnance primitive de la balustrade, dont les ornemens actuels sont plus modernes que les figures principales.

On n'est pas moins incertain de l'usage auquel l'architecte destina ce monument dans la distribution des parties de son édifice. Était-ce simplement une décoration, comme on les prodiguait alors, ou le siége du roi, présidant une cour souveraine de justice, comme on pourrait l'induire des termes de Ducerceau, ou bien encore une loge d'apparat, d'où quelques principaux personnages pouvaient jouir de la vue des spectacles qu'on représentait dans cette salle, ou enfin une place ménagée pour des musiciens : on peut choisir entre ces destinations également probables. On dit qu'Henri IV, porté en triomphe, y reçut une espèce d'intronisation ; si ce fait est certain, c'est là sans doute le plus beau titre de gloire de ce monument.

Il est plus difficile qu'on ne pense d'analyser le mérite de cette production. Dans ce seul cas peut-être, Jean Goujon, dont le style est plus gracieux que grandiose, sans cependant perdre aucun des caractères essentiels de sa grâce, s'est élevé à la majesté du sublime. Dignité imposante, expression fière, et même, sous quelques aspects, hautaine et terrible, dans les têtes, suavité inexprimable dans les contours, ajustement heureux dans les draperies qui partout dessinent le nu, sans perdre de leur noblesse et de leur ampleur, telles sont les qualités qui caractérisent particulièrement ces nobles figures. Leur beauté est tellement frappante, elle est tellement au-dessus des vicissitudes d'opinion et des préjugés d'école, qu'elle les a fait admirer même dans ces temps où le style naïf et vrai, qui fit la gloire des productions du seizième siècle, avait dû céder la place à l'exagération. Ainsi, sous le règne de Louis XIV, Perrault faisant graver les Caryatides dans son édition de Vitruve, les jugeait dignes de soutenir la comparaison avec tout ce que l'antiquité nous a légué de plus parfait.

On a dit ailleurs, en décrivant le bas-relief de bronze placé depuis peu au-dessus de la tribune, qu'il était de Benvenuto

Cellini, et qu'il provenait du château d'Anet; nous ajouterons que la porte qui s'ouvre au-dessous est ornée de huit bas-reliefs de bronze, représentant les vicissitudes de la vie humaine; excellent ouvrage d'André Riccio de Padoue, architecte et sculpteur en bronze du seizième siècle.

En terminant ce que nous avions à dire sur les Caryatides, signalons une dernière erreur. Tous ceux qui, depuis Sauval jusqu'à l'auteur de l'article sur Jean Goujon, dans la *Biographie univer-selle*, se sont successivement copiés, ont avancé que Sarrazin, ne jugeant pouvoir mieux faire, prit pour modèles de ses Caryatides du gros pavillon du Louvre, celles de la tribune. Une assertion aussi inconsidérée, transmise de livre en livre, et jamais vérifiée par la plus légère comparaison des monumens en question, n'a pas besoin d'être réfutée. Les Caryatides, dites de Sarrazin, quoique exécutées par d'autres artistes, mais sur ses modèles, ont un haut degré de mérite, sans doute; mais qui n'a remarqué qu'elles n'ont aucun rapport de style, de caractère, d'agencement et de détails avec celles de Jean Goujon?

PLANCHE LXXX, LXXXI. — ZÉPHYRE OU BACCHUS, FLORE OU CÉRÈS.

La première question qui se présente à résoudre, relativement aux deux figures adossées au mur de la cheminée, à l'autre bout de la salle des Caryatides, c'est celle de leur qualification. Leurs attributs sont en effet si peu caractéristiques, qu'il est bien difficile de leur imposer une dénomination convenable. Le célèbre Visconti les appelait Bacchus et Cérès, quoique la figure d'homme n'ait aucun des accessoires du dieu des vendanges; on les nomme plus généralement Zéphire et Flore, quoique cette même figure, avec ses formes un peu lourdes et massives, rappelle encore moins la svelte élégance du Zéphire des anciens. Malgré l'impropriété évidente de ces titres, il serait oiseux de leur en chercher de nouveaux qui ne s'accorderaient peut-être pas davantage avec leurs équivoques attributs. Une autre question, bien plus importante à résoudre, serait celle de leur authenticité. Quelques critiques les ont en effet rapportées à Paul Ponce, et même à Pierre Bontemps. La figure de femme a cependant toute la finesse, toute la grâce de celles de Jean Goujon; mais peut-être a-t-elle un certain air d'étrangeté au milieu de la nombreuse famille des nymphes et déités, nées du ciseau de cet artiste. La figure d'homme elle-même, par son galbe un peu trop nourri peut-être, rappellerait d'autant mieux que Jean Goujon réussissait moins bien dans les figures masculines. Quant à la prétention en faveur de Paul Ponce, elle ne pourrait être soutenue que par des témoignages historiques; car les ouvrages qu'on lui attribue sont trop douteux, trop contestés, pour qu'on puisse se former d'après eux une idée positive du caractère de son style. En supposant Jean Goujon dépossédé de ses droits à cet ouvrage, l'hypothèse la plus plausible serait peut-être alors celle qui l'attribue à Pierre Bontemps. En effet, on croit retrouver dans la figure de l'homme, l'exécution large et grasse, et le style quelque peu flamand de ce sculpteur.

Comme si tout devait être matière à contestation dans ce monument, on n'est pas même bien certain de sa situation primitive. Tandis que beaucoup de personnes croient qu'il a toujours occupé la même place, d'autres affirment qu'il a été déplacé. MM. Percier et Fontaine, en parlant de ces figures, dans leur *Recueil de décorations intérieures*, disent qu'elles ornaient autrefois la cheminée de la *salle des Gardes*. Comme nous avons établi, il n'y a qu'un instant, que la salle des Caryatides avait autrefois porté ce nom, il se pourrait encore une fois que le changement supposé n'existât que dans les termes. Mais il est vrai, d'un autre côté, que la grande salle située au premier étage, précisément au-dessus de cette dernière, a également porté le nom de *salle des Gardes du roi*; il se pourrait donc que ces figures y aient fait partie d'une décoration primitive qui a totalement disparu. Au reste, elles ont subi, dans leurs extrémités inférieures, d'assez notables restaurations, pour autoriser la supposition d'un déplacement.

MONUMENS DÉTACHÉS.

Il n'existe point d'incertitude sur la provenance de ces deux
figures assises que l'on dit représenter la Seine et la Marne, l'une
sous la figure d'un vieux fleuve barbu, et l'autre sous celle d'une
nymphe ; elles faisaient partie de la décoration primitive de la
porte Saint-Antoine, où elles étaient placées du côté du faubourg,
au-dessus du premier fronton qui couronnait la porte centrale.
Les dessins et gravures de ce monument localisent parfaitement
cette situation.

La question de leur authenticité est plus difficile à éclaircir; elles
ne pourraient être de Jean Goujon, s'il était vrai que l'époque de
la construction de cette porte, dont l'origine remonte à Charles V,
fût absolument incertaine, ou qu'une inscription en rapportât la
date à l'année 1585; car, dans ce cas, Jean Goujon, mort suivant
l'opinion commune en 1572, n'aurait pu y travailler. (*Cabinet des
Est. de la Bibl. roy. Monum. de Paris*, vol. 36.)

Cependant d'autres traditions non moins probables reportent
plus haut la construction de cette porte. Germain Brice, qui écrivait
en 1635, dit qu'elle fut rebâtie sous le règne de Henri II, *pour
servir d'arc de triomphe à ce monarque ;* il mentionne également
ces deux figures, qu'il désigne ainsi : *Deux fleuves couchés sur une
espèce de fronton arasé, qui sont de Jean Goujon.*

Il serait inutile de rapporter le témoignage d'écrivains postérieurs
qui tous paraissent avoir copié Germain Brice; cependant nous ne
saurions passer sous silence celui de l'architecte Blondel, qui, chargé
en 1670 de faire des augmentations et des rajustemens à cette
porte, dit dans son ouvrage avoir conservé les sculptures de
Jean Goujon.

Cet accord des historiens et des artistes ne saurait être détruit
par l'assertion de Watelet, qui, dans son *Dictionnaire de peinture*,
avance que le nom d'*Étienne Matesson* se lisait au bas des figures

15

de la Seine et de la Marne. Les erreurs dans lesquelles tombe à chaque instant cet auteur rendent son sentiment de nul poids.

Mais, à défaut de renseignemens positifs, il est d'autres autorités que le critique peut invoquer à son aide ; savoir : la considération du style, et la comparaison des monumens. Or, l'œil habitué aux formes préférées par notre artiste, aux habitudes de son ciseau, ne pourra méconnaître, dans cette figure de nymphe, la molle élégance, l'abandon souple et gracieux, la finesse des extrémités qui caractérisent ses diverses créations féminines.

La porte Saint-Antoine ayant été démolie en 1778, ce fut sans doute à cette époque que les deux figures de Jean Goujon furent recueillies par Beaumarchais, qui les fit entrer dans la décoration de la porte située à l'extrémité de son jardin, où on les voit encore quoique le jardin ait été détruit. Espérons que l'autorité prendra enfin quelques mesures pour assurer la conservation de ces deux précieux fragmens, exposés maintenant à toutes les intempéries, à tous les outrages, auxquels chaque jour le temps imprime une ride nouvelle, et l'ignorance inflige quelque brutale mutilation.

PLANCHES LXXXIV, LXXXV, LXXXVI ET LXXXVII. — QUATRE PETITES NYMPHES ; BAS-RELIEFS EN PIERRE.

La révolution, qui engloutit dans son immense naufrage tant de monumens précieux, en rendit cependant à la lumière quelques-uns qui sans elle seraient probablement restés inconnus. C'est sans doute à l'une de ses vicissitudes que nous devons ces charmantes figures, sorties on ne sait d'où, et rencontrées un jour sur l'étalage d'un brocanteur. M. A. Lenoir, à l'heureux discernement duquel il faut applaudir en cette occasion, les remarqua, proclama leur excellence et leur authenticité, et s'empressa d'en faire l'acquisition pour son musée [1].

---

[1] Une méprise singulière faillit replonger ces gracieux monumens dans l'obscurité dont ils venaient à peine de sortir. Le marchand qui les possédait voulait les faire entrer comme appoint dans un marché de peu de valeur qu'il concluait avec un étranger ; celui-ci ne se souciait même pas de les prendre à cette condition. Le cri d'admiration que leur vue arracha à M. Lenoir révéla au marchand toute sa bévue ; il revint brusquement sur sa proposition, et ne

Depuis la destruction de cet établissement elles ont passé dans celui du Louvre, où on les conserve, sans que jusqu'à ce jour on ait encore fait jouir le public de leur vue.

Il règne sur ces petits monumens une opinion à l'origine de laquelle il nous a été impossible de remonter. On suppose qu'accessoires presque imperceptibles de sujets beaucoup plus vastes, ils figuraient sur des avirons, de la même manière que sur la rame tenue par l'une de ces nymphes on voit figurer des dauphins. On ajoute que ces sujets, maintenant détruits, décoraient la porte Saint-Antoine.

Une circonstance tendrait à confirmer la première partie de cette supposition. Il est facile de voir par l'inégalité des bords de ces bas-reliefs qu'ils ont été sciés et extraits de fragmens plus considérables. Mais, en examinant la porte Saint-Antoine sur les dessins imparfaits qui nous en restent, on ne voit pas où ces sujets auraient pu être placés. En effet, la façade, du côté de la ville, était entièrement moderne, du dessin de Blondel; et, du côté du faubourg, la partie centrale, seule, composée d'une porte et de quatre pilastres, était du temps de Henri II. Encore cette partie avait-elle subi de nombreuses modifications lors de la restauration de Blondel. Ainsi, deux statues placées dans des niches, entre les pilastres, étaient d'Anguier, et les figures assises, du comble, étaient de Van-Opstal. Il ne restait donc comme pouvant être de Jean Goujon que les figures de la Seine et de la Marne, qu'en effet on lui attribue, et deux vaisseaux (armes de la ville de Paris), placés entre les pilastres au-dessous du fronton. Nos quatre petites figures auraient-elles décoré le gouvernail ou les avirons qui souvent accompagnent ces vaisseaux de forme antique? Jean Goujon, souvent forcé de ravaler son ciseau jusqu'à des travaux de pur ornement, aurait-il cependant trouvé le moyen d'imprimer sur ces accessoires insignifians le cachet de son talent supérieur?... C'est une supposition, uniquement formée dans le but d'accorder ensemble la tradition et les faits, que nous émettons avec toute la défiance qu'elle doit inspirer, puisqu'aucun témoignage positif ne l'appuie.

les céda au fondateur du Musée des monumens français qu'au prix de mille francs.

Au reste, quoique l'origine douteuse ou inconnue de ces bas-reliefs ne permette pas de prouver directement leur authenticité, nous n'hésitons point à l'admettre. La svelte élégance du style, la chasteté, la grâce incomparable de la composition, la finesse de l'exécution, l'entente si parfaite du bas-relief; toutes ces qualités qui appartiennent essentiellement à Jean Goujon, s'y remarquent à un haut degré. On y retrouve même cette teinte d'affectation, cette souplesse exagérée des extrémités d'où résulte l'écarquillement des doigts; défauts légers, dans lesquels tombait volontiers cet artiste, et qui, loin de décréditer aujourd'hui ses ouvrages, semblent y ajouter un attrait de plus, puisqu'elles en forment en quelque sorte le trait caractéristique.

Les quatre petites nymphes sont peut-être, de tous les ouvrages de Jean Goujon, ceux dont les plâtres sont les plus répandus et les plus recherchés, parce que l'exiguité de leurs dimensions a permis aux mouleurs de les multiplier à peu de frais. Comme ces reproductions sont beaucoup plus connues que les originaux, nous croyons devoir mettre les amateurs à portée de distinguer le véritable ouvrage de l'artiste d'avec celui des restaurateurs. Ainsi, il existe deux épreuves distinctes de ces nymphes; les unes, retouchées par quelque sculpteur, ont recouvré ce poli des surfaces, cette fraîcheur d'exécution achevée que le temps leur avait fait perdre; mais, avec quelque délicatesse, quelque mesure qu'ait été opéré ce rajeunissement, il est cependant possible qu'il ait altéré le caractère primitif. Les autres sont exactement moulées sur les originaux. On les reconnait facilement à leur surface un peu fruste et à un cordon perlé qui les entoure. Un autre arrangeur s'est emparé de la nymphe qui paraît imitée de la Vénus Anadyomène, et, en étendant le champ de la figure, en accompagnant celle-ci de deux petits amours assez spirituellement dessinés dans le style du maître, et en couronnant le tout d'un zodiaque, il a fait un pastiche sur l'origine duquel nous avons vu quelquefois des amateurs embarrassés; c'est pour servir à fixer leurs idées que nous avons jugé utile de consigner ici ces indications.

PLANCHE LXXXVIII. — DIANE CARESSANT SON CERF FAVORI ; BAS-RELIEF
EN MARBRE.

Même incertitude que pour les figures précédentes, sur la provenance de ce bas-relief ; même impossibilité d'en démontrer l'authenticité, si ce n'est par comparaison. La difficulté se complique
même ici par l'existence simultanée de deux originaux. Tous deux
sont supposés provenir du château d'Anet, dans les ornemens duquel ils étaient encadrés. Mais c'est là une de ces traditions sans
autorité, auxquelles il ne faut ajouter qu'une foi restrictive ; les
marchands par les mains desquels passèrent d'abord ces monumens
pouvant seuls donner des renseignemens probables sur leur origine,
et ayant toujours refusé de s'en expliquer catégoriquement. Quoi
qu'il en soit, l'un de ces bas-reliefs, celui qui a servi de modèle à
notre gravure, fut acheté par M. A. Lenoir, dans le précieux cabinet
duquel on le voit actuellement, et l'autre par M. Willemin, auteur
de plusieurs grands ouvrages sur les costumes de l'antiquité et du
moyen âge. Ce dernier est passé depuis en la possession de M. Vialart de Saint-Morys, et il décore aujourd'hui la cheminée principale
du château de Hondainville, résidence que cet amateur avait fait
richement décorer dans le goût du seizième siècle.

Les deux premiers possesseurs de ces bas-reliefs, qui les avaient
comparés, s'accordent à dire qu'on remarquait entre eux de légères
différences de style et de détails ; que l'un, celui de M. A. Lenoir,
beaucoup plus fin et d'une exécution plus soignée, pouvait être
considéré comme original de Jean Goujon, tandis que l'autre,
dont le *faire* rappelait plutôt la fin du seizième siècle que l'époque
antérieure, pouvait passer pour une copie. M. Willemin, dont le
diagnostic sûr peut faire autorité en cette matière, se fondait sur ces
différences et sur la connaissance approfondie qu'il a du style distinctif des divers artistes de la renaissance, pour attribuer son
bas-relief à Pierre Bontemps, élève de Jean Goujon.

Nous laisserons la discussion à ce point, faute des documens nécessaires pour la conduire plus loin, et nous aborderons l'examen
d'une autre question dont le résultat va nous montrer Jean Goujon

imitateur direct des monumens antiques. Déjà une tradition, aussi incertaine que toutes celles sur lesquelles nous nous appuyons à chaque pas, avait répandu l'opinion que ce sculpteur composa ce bas-relief d'après un antique, cité depuis par Winkelman. A la vérité, il ne serait point étonnant qu'une tradition, remontant même au vivant de notre artiste, eût transmis que ce sujet avait été sculpté d'après l'antique, car c'était la manie universelle à cette époque, où les monumens de l'antiquité venaient d'être rendus à la lumière, de prétendre toujours travailler d'après les anciens. Germain Brice dit également que Jean Goujon avait sculpté les quatorze masques placés sous l'arcade de la rue Notre-Dame-de-Nazareth, d'après l'antique. Il ne faudrait donc faire qu'une médiocre attention à cette tradition, s'il n'existait réellement un bas-relief antique, présentant le même sujet, traité absolument de la même manière.

Ainsi, à une époque déjà reculée, il fut trouvé au village de Grozon (1), près de Poligny, département du Jura, lieu remarquable par les découvertes d'antiquités qu'on y a faites à diverses époques, un bas-relief en marbre, représentant Diane couchée près de son cerf favori, sujet qui présente, abstraction faite des différences de style et de détails, inséparables de la distance des temps, des analogies si frappantes avec celui de Jean Goujon, qu'il est impossible que cet artiste n'ait pas eu cet ouvrage en vue lorsqu'il exécutait le sien. La composition est absolument la même; Diane, dans la même attitude, entoure de son bras le cou du cerf, tandis que l'autre bras, différence légère, passant par-dessus la tête du chien, pend jusqu'à terre. Le dard, le collier et le léger baudrier, accessoires qu'on multipliait peut-être trop à l'époque de la renaissance, mais que ménageait beaucoup plus la rigoureuse simplicité de l'art antique, ne se retrouvent point dans le bas-relief précité.

On ne pourrait faire valoir, contre l'imitation alléguée, l'objection qu'à l'époque où vivait notre artiste la terre recélait probable-

---

(1) Dunod de Charnage, *Histoire de l'église et du diocèse de Besançon*, t. II, p. 353. Ce bas-relief très-bien gravé, a été inséré dans l'*Annuaire du département du Jura*, pour l'année 1814, et dans quelques autres ouvrages sur les antiquités du même département.

ment encore le bas-relief de Grozon. Personne n'ignore que presqu'aucun monument antique n'est unique de son espèce : presque tous sont des types consacrés, reproduits mille fois, sur toutes les dimensions et dans toutes les matières. Qui ne connaît toutes ces figures identiques de Vénus, de Mercure, de Jupiter, d'Apollon, qu'on conserve dans les cabinets, et qu'on découvre chaque jour ? Il suffit donc de l'existence constatée d'un monument antique pour être autorisé à préjuger celle de plusieurs autres de même forme, et c'est sans doute l'une de ces reproductions qu'aura imitées Jean Goujon.

Au reste, il a su s'approprier ce sujet par la manière originale dont il l'a traité ; autant la Diane antique, d'une haute beauté de formes, est froide, sévère et dépourvue de grâces, autant la sienne respire ce mol abandon, cette suave élégance qu'il imprimait à toutes ses productions. Aussi Cicognara, presque toujours injuste envers notre grand artiste, n'hésite point à classer ce bas - relief parmi ses plus gracieux ouvrages.

PLANCHES LXXXIX ET LXC. — LA DÉPOSITION.

Ce bas-relief en pierre de liais, conservé au Musée de sculpture moderne, au Louvre, orne la cheminée de la salle dédiée à la mémoire de Germain Pilon, l'émule et l'ami de Jean Goujon ; il était précédemment au Musée des Petits-Augustins où il décorait le soubassement du mausolée du cardinal de Bourbon, quoiqu'il fût impossible qu'il eût anciennement fait partie de ce monument, dans l'église de Saint-Denis, puisque Charles de Bourbon, surnommé le *roi de la Ligue*, mourut en 1590, près de vingt ans après l'époque présumée de la mort de notre artiste. D'ailleurs, une tradition, dont à la vérité il nous a été impossible de vérifier l'exactitude, les anciens auteurs de descriptions et de catalogues gardant tous le silence sur cet objet, assure que ce bas-relief était primitivement placé dans l'église des Cordeliers, près la rue de la Harpe. Il ne serait point étonnant que là il eût échappé aux recherches tant soit peu superficielles des Piganiol et des d'Argenville, sous l'épaisse couche de coloriage avec laquelle il s'offrit d'abord à M. Lenoir, qui l'en fit débarrasser.

De l'incertitude sur l'origine de ce bas-relief, de l'absence de documens positifs propres à la constater, résulte l'impossibilité d'établir son authenticité. Mais si, mettant en usage ces règles d'analogie que nous avons posées, l'on rapproche cette production des ouvrages typiques de notre sculpteur; ou même, en s'en tenant à ces caractères matériels qui frappent les yeux les moins clairvoyans, si l'on considère l'ajustement des têtes de femme, l'agencement des draperies, à plis trop multipliés peut-être, mais dont la disposition toujours heureuse, les jets parfaitement motivés, accompagnent et accusent si bien les contours des figures; si l'on tient compte de cette particularité que nous avons signalée plusieurs fois, de détacher les profils du fond, au moyen d'une draperie ou de toute autre partie travaillée; enfin si, d'après le monument lui-même, on apprécie cette merveilleuse entente du bas-relief que personne à son époque ne posséda à un aussi haut degré, on ne pourra douter de la participation de Jean Goujon à cet ouvrage.

Indépendamment de son mérite intrinsèque, ce bas-relief possède un titre particulier à notre attention; c'est la seule composition un peu compliquée que nous possédions de notre artiste. Soit que son goût spécial l'entraînât vers la sculpture d'ornement, soit plutôt que les préjugés de ses contemporains, la jalousie de ses rivaux, l'aveugle discernement de ses Mécènes lui aient laissé prodiguer sur les murs extérieurs des édifices, et en figures insignifiantes inutilement reproduites, un talent capable d'embrasser tout le domaine de la sculpture; toujours est-il cependant qu'à peine possédons-nous de lui deux ou trois figures de ronde bosse bien authentiques, et une seule composition un peu étendue. Nous ne pouvons donc qu'entrevoir par conjecture les succès qu'il eût obtenus dans cette partie de son art.

Quant à la composition qui nous occupe, elle n'est point absolument sans défauts, et ce serait se montrer maladroit admirateur du talent de Jean Goujon, que de dissimuler ceux-ci, comme l'ont fait quelques écrivains, jusqu'au point de les transformer en qualités. Cicognara n'a probablement traité cet ouvrage avec tant de sévérité qu'indisposé par cet éloge emphatique de M. Lenoir : *Que les Grecs n'ont rien produit de plus parfait*. Entre ces deux extrêmes tâchons de saisir la vérité : il est d'abord malheureux que la forme allongée et surbaissée du cadre, motivée sans doute par la destination du sujet, celle d'orner un devant d'autel, ait forcé le sculpteur d'emprisonner ses figures dans un espace où elles ne pourraient se tenir debout. Cette licence, de circonscrire un sujet outre mesure, qu'on tolère, lorsqu'il s'agit de représenter une figure couchée, un groupe de pur ornement, ne peut être excusée lorsqu'il s'agit d'une grande composition. Ici l'œil est gêné de sentir que les personnages ne peuvent se mouvoir pour accomplir leur pieux devoir qu'en se traînant à genoux. Mais, cette irrégularité admise, on reconnaît que Jean Goujon, habitué à inscrire ses figures dans les espaces les plus gênans, à leur faire suivre sans efforts la courbe d'une arcade, d'une lucarne circulaire ou d'un fronton surbaissé, s'est tiré avec le même bonheur de la difficulté qu'il s'était créée ; aucune de ses figures n'est à l'étroit dans ce cadre rétréci, et leurs attitudes, leurs mouvemens, sont aussi naturels que si toutes n'étaient pas réduites aux deux tiers de leur hauteur.

Il serait injuste de reprocher trop sévèrement à l'artiste le défaut de la composition, un peu lâche et disloquée, lorsque c'est une conséquence forcée de l'allongement du cadre dont quelque nécessité lui imposa sans doute la forme. Admirons plutôt le talent avec lequel, malgré cette circonstance défavorable, il a su lier les deux groupes principaux, et les rattacher l'un à l'autre, au moyen de cette figure de sainte femme, remplie de noblesse et de grâces, qui encadre le groupe du second plan dans celui du premier. La douleur de la Vierge, dans l'excès même auquel elle semble portée, est pleine de dignité et de résignation ; celle des saintes femmes suit une gradation remarquable qui sert à en varier les effets. La tête, le corps, les membres supérieurs du Christ, de la plus grande beauté de formes, du plus haut de caractère de dessin, présentent un des plus précieux modèles de l'art de dessiner les plans, et de donner aux bas-reliefs tout leur effet avec la plus petite saillie possible.

Il est fâcheux que les membres inférieurs, quoique d'un dessin non moins correct, soient frappés de cette rigidité cadavérique qu'on observe effectivement pendant un certain temps après la mort, mais qui, témoignant des douloureux combats de l'agonie, est opposée à ce calme profond, à ce flexible abandon que nécessitent ici le caractère et la noblesse du sujet. Ce fut une erreur commune à presque tous les artistes de la renaissance, qui représentèrent, suivant l'usage de ce temps, des figures nues et privées de vie, sur les tombeaux ; trop rigoureux imitateurs de la nature, dans l'expression du corps, ils le figuraient encore crispé par les dernières étreintes de l'agonie, tandis qu'idéalisant le visage ils s'efforçaient de l'empreindre de tout le calme moral de la béatitude. Dans le *Christ déposé* qui nous occupe, indépendamment du contre-sens qu'on peut saisir entre la douce sérénité du visage, et la tension pénible des extrémités inférieures, on remarque encore, par suite de la même contraction, une continuité de rencontres anguleuses, au bas du tronc, aux genoux, et aux talons, qui produisent un effet aussi ingrat que désagréable.

Louer avec détail les draperies, ce serait répéter des formules déjà cent fois redites ; ici, traitées peut-être avec encore plus de soin que Jean Goujon n'en mit jamais dans cette partie, on peut les considérer comme le type de ce style qu'il s'était fait, dont il n'avait point trouvé le modèle dans l'antique, et que ses contemporains ne surent pas tous préférer à une exécution plus maniérée

MONUMENS DOUTEUX, CONTROUVÉS ET DÉTRUITS.

Notre travail serait incomplet si , après avoir figuré et décrit tous les monumens qui , parmi ceux attribués à Jean Goujon , nous ont paru d'une authenticité incontestable, nous omettions de faire une briève mention de ceux qui , quoique généralement attribués à ce maître , n'ont cependant , pour soutenir ce titre glorieux , ni l'appui des témoignages historiques, ni la sanction des artistes éclairés. Car, bien que l'histoire n'ait point transmis de souvenir positif de ce fait , il est certain que Jean Goujon dut, de son temps , faire école. Déjà on sait obscurément que Barthélemy Prieur fut son élève, et il est peu d'édifices du beau temps de la renaissance qui n'offrent des sculptures qu'on est toujours tenté de lui attribuer. Bas-reliefs , meubles , armures , tout est empreint de son génie , de sa touche et de sa grâce. D'un autre côté, il n'est point de ville , jusqu'à trente ou quarante lieues de rayon autour de Paris, qui ne se vante de posséder quelque monument de cet habile artiste ; mais comme il n'a pu tout faire , ni être partout, il est évident que la plupart de ces monumens doivent être de ses imitateurs ou de ses élèves.

Qu'on ne croie point cependant que l'élimination que nous allons prononcer soit irrévocable ; il se pourrait que des renseignemens encore inconnus, et rendus tout à coup à la lumière, réhabilitassent quelques-uns de ces morceaux ; bien plus , notre opinion particulière sur quelques-uns d'entre eux est tout-à-fait favorable à leur authenticité, mais nous avons dû céder à des jugemens auxquels nous soumettons les nôtres. Enfin , il en est quelques-uns dont l'authenticité est parfaitement démontrée , mais dont le genre ou les dimensions ne cadraient point avec la forme de ce recueil , et que nous avons jugé à propos de citer sans les figurer.

A la suite de cette liste de monumens douteux, viendra celle des morceaux que des mentions plus ou moins anciennes , plus ou moins dignes de foi, autorisaient à classer parmi les œuvres de Jean Goujon , mais que le vandalisme a détruits, ou que l'indifférence a laissé s'anéantir.

PORTES ET SCULPTURES DIVERSES DE L'ÉGLISE SAINT-MACLOU, A ROUEN. Depuis long-temps une tradition aussi obscure qu'incertaine attribuait à Jean Goujon ces admirables portes, au nombre de trois, formant cinq vantaux, ornés de bas-reliefs, d'arabesques et de bronzes, du fini le plus précieux. La découverte de documens positifs est venue donner à cette tradition presque l'autorité d'une vérité historique démontrée. M. A. Deville a retrouvé dans les archives du département de la Seine-Inférieure, dépôt confus des anciens titres, chartres et cartulaires d'une partie de la Normandie, les registres de la fabrique de Saint-Maclou, desquels il appert que *maistre Jehan Goujon,* qualifié *masson* et *tailleur de pierre,* travaillait en 1541 pour cette église. Il fit, entre autres ouvrages, le dessin des deux colonnes de marbre noir, à chapiteaux corinthiens dorés, qui supportent l'orgue, et exécuta ces deux colonnes ; ce dessin lui fut payé 5o sols 6 deniers. Il fit également, pour la somme de 3o sols, le devis pour la peinture du même orgue. D'autres titres lui attribuent l'exécution d'une charmante fontaine, qui se voit encore dans un état complet de dégradation à l'angle nord-ouest de cette église. Cette fontaine est remarquable par la bizarrerie de sa composition : deux anges y remplissaient l'office burlesque que remplit encore si imperturbablement, depuis des siècles, à Bruxelles, le célèbre *Manneken-pis.* A la vérité on n'a encore rien trouvé de relatif aux portes, parce que les registres de la fabrique manquent depuis l'année 1541 jusqu'à l'année 1553 ; mais il n'y a point de doute que Jean Goujon, dont la présence à Rouen dans cet intervalle est d'ailleurs constatée par d'autres titres, ne les ait exécutées ; d'autant plus qu'elles présentent d'une manière incontestable l'empreinte de sa touche et le caractère de son talent.

SCULPTURES EXTÉRIEURES ET INTÉRIEURES DU LOUVRE. Dans le choix des sculptures du Louvre destinées à composer l'œuvre de notre artiste, la prudence nous conseillait de rester en deçà de la tradition, plutôt que de l'adopter toute entière. En effet, s'il est des écrivains, tels que Germain Brice, qui attribuent à Goujon *toutes* les sculptures de cet édifice, à l'exception de quelques détails de l'attique ; si Sauval va jusqu'à lui faire honneur de l'exécution des chapiteaux, une opinion qui a généralement prévalu suppose qu'il fut aidé dans ce vaste travail par Paul Ponce ; mais personne n'a osé préciser la part de chaque artiste. Écho des opinions généralement reçues, nous croyons

utile de consigner ici, qu'on attribue quelquefois à J. Goujon, mais
sans fondement probable, les *figures des trois lunettes* du côté méridional du Louvre, ainsi que les *deux figures* placées sous le vestibule
oriental, mais qui décoraient autrefois deux frontons maintenant détruits. *Deux dessus de porte* au premier étage de l'escalier de Diane,
représentant l'écusson de Henri II, entouré de Génies, rappellent trop
le style du maître, pour qu'on ne soit pas tenté de les lui restituer;
et les *sculptures, décorant la voûte de la salle des Caryatides,* offrent,
avec celle de l'escalier déjà cité, des identités trop frappantes pour
qu'on ne les suppose pas sorties de la même main. Il existait autrefois, dans la partie ancienne du Louvre, une pièce magnifiquement
décorée de scuptures en bois et qu'on appelait la *Chambre de Pa-
rade :* « On ne convient point, dit Sauval, de celui qui en a donné le
» dessin; les uns veulent que ce soit Clagny (Pierre Lescot), les autres
» tiennent que ce soit Primatiche, abbé de Saint-Martin, intendant
» des bâtimens. Rolland-Maillard, Biard grand-père, les Hardoyns,
» Francisque et maître Ponce, ont contribué à la perfection de cette
» chambre. » Quoique Goujon ne soit point nommé dans cette énumé-
ration, tout porte à croire cependant qu'il ne fut point étranger à
la décoration de ce magnifique appartement. On retrouve en effet
dans ces sculptures, qu'on replace maintenant dans des salles derrière la
colonnade, une foule de détails, de figures, de génies, de renommées ,
exactement empruntés aux ouvrages de notre sculpteur.

SCULPTURES EN BOIS, DU CHATEAU D'ANET. Il n'y a point de doute qu'indépendamment du petit nombre de sculptures, toutes extérieures, que l'on a sau-
vées de la destruction du château d'Anet, l'intérieur de cet édifice n'en
présentât un grand nombre que leur date et leur mérite pouvaient faire
rapporter au ciseau de notre artiste. Aussi, trouvons-nous indiqués sous
son nom le *plafond en bois* et les *lambris sculptés* de la chambre à coucher
de Diane de Poitiers. M. Lenoir nous apprend, dans son ouvrage, qu'il
acheta ces sculptures, et qu'il les fit transporter au musée des Petits-
Augustins. Nous espérons que la ruine de cet établissement n'aura
pas été pour ces précieuses reliques l'occasion d'une nouvelle disper-
sion, mais nous ne pouvons indiquer ce qu'elles sont devenues.

CERF EN BRONZE, *du château d'Anet.* Au chapitre d'Anet, nous
avions supposé détruit ce cerf, qui, sur la porte principale du

château, avec quatre limiers dont il était entouré, servait à frapper les heures; nous avons appris depuis qu'en effet les chiens avaient été fondus, mais que le cerf avait été transporté à Neuilly.

Quatorze mascarons, *sous l'arcade de la rue de Nazareth.* C'est Germain Brice qui attribue à Jean Goujon cet ouvrage, *copié*, dit-il, *d'après les antiques de Rome les plus renommées.* S'il est permis de douter de la dernière partie de cette assertion, on peut au moins sans difficulté admettre la première; ces mascarons sont de très-bon goût, d'une exécution fine; et, sous les petits soffites qu'ils séparent, se voient des chiffres et des emblèmes de Henri II, d'une délicatesse exquise.

Buste de l'amiral Coligny. Ce buste qu'on a fait entrer dans l'ajustement de la célèbre cheminée du château de Villeroy, au Musée de sculpture moderne, est dit, dans le catalogue, provenir du monument de Coligny. Dans ce cas, il serait difficile que le tombeau de ce grand homme, par l'assassinat duquel commença le massacre de la Saint-Barthélemy, eût été orné de sculptures de la main de Jean Goujon qu'on suppose avoir été tué le même jour. Mais il faut qu'il y ait erreur dans cette indication. Les contemporains de l'Amiral ne lui élevèrent point de mausolée; son cadavre, porté à Montfaucon, fut recueilli secrètement par ses serviteurs, qui, après l'avoir enfermé dans une caisse de plomb, le déposèrent dans les caves du château de Châtillon, ancienne demeure de Coligny. Là, ses cendres restèrent dans l'oubli jusqu'en 1786, époque où M. de Montesquiou les fit transporter à Maupertuis, et leur fit élever une chapelle sépulcrale, réédifiée depuis dans le jardin du Musée des Monumens français. Le buset en question est donc nécessairement antérieur à la mort de Coligny, et il n'y a pas d'impossibilité à ce que Jean Goujon en soit reconnu l'auteur.

Les douze mois, *sculptures en bois, à l'Hôtel-de-Ville.* Ces sculptures se voient maintenant dans le cabinet du secrétaire général; on les trouve indiquées dans d'anciennes descriptions comme décorant le *salon du roi*, ou encore la *chambre à côté de la grande salle.* Nous n'avons point vérifié, et il est peu utile de savoir, si ces trois désignations ne se rapporteraient pas à une seule et même pièce. C'est Germain Brice qui attribue ces figures à notre sculpteur, et il ajoute que la

célébrité de celui-ci engageait, de son temps, les curieux à aller les
visiter. De quelque poids que soit auprès de nous l'assertion de Germain
Brice, qui nous a transmis une foule de renseignemens utiles sur les
artistes de la renaissance, et quoiqu'il n'y ait point d'impossibilité
chronologique à ce que Jean Goujon ait exécuté ces sculptures, puisque
l'Hôtel - de - Ville, commencé par François Ier., fut continué sous
Henri II et ses successeurs, et qu'on trouve des dates de 1542 parmi
ses décorations intérieures, cependant, nous n'hésitons point à les
rejeter de l'œuvre de notre artiste. Ces figures sont courtes, lourdes,
empaquetées. Les draperies, ou lieu d'être dans ce style fin, étudié,
plein de détails précieux, qui caractérise ses ouvrages, sont par grandes
masses et d'un haut relief; enfin, on y cherche en vain quelques traces
de cette grâce qui a rendu son nom immortel. Une de ces figures,
celle d'un des Mois de l'automne ayant été détruite, a été refaite
par Mézières.

La statue couchée de François Ier, *au tombeau de ce roi, à Saint-
Denis*. Quelques artistes, guidés plutôt par un goût délicat et un tact
exercé que fondés sur une autorité positive, avaient attribué cette
figure à notre grand artiste; d'un autre côté des écrivains ayant exhumé
de la poussière des archives, des articles de comptes, relatifs à l'exécution de ce monument, et ayant tiré de leur contenu des conclusions
fausses, ont fait honneur de cet ouvrage à Pierre Bontemps. Nous
regrettons de ne pouvoir entamer à ce propos une discussion qui nous
mènerait trop loin; mais nous prions ceux que ce sujet pourrait inté-
resser, et qui seraient satisfaits d'entrevoir seulement la possibilité de
restituer à Jean Goujon son plus admirable ouvrage peut-être, de
relire ces comptes [1] avec attention, et de se demander si l'on peut en
tirer, relativement à la figure couchée, la moindre induction favorable
à Pierre Bontemps. A la vérité il n'y est également point fait mention de Jean Goujon; mais l'on s'aperçoit facilement que ces articles de
comptes, mentionnant à peine la moitié des travaux du monument, et
laissant entre eux des lacunes de près de dix années, ne sont que des
lambeaux décousus, dont la plupart ont péri, et avec eux les noms des
artistes et la mention de leurs ouvrages. Rien ne s'oppose donc à ce
qu'on revendique au moins une probabilité en faveur de Jean Goujon.

---

[1] Lenoir, Musée des monumens français. — Imbard, tombeau de François Ier.

Diane chasseresse, *au château de la Malmaison*. C'est la *Biographie universelle*, article Jean Goujon, qui nous révèle l'existence de cette statue. « Elle est, dit l'auteur, debout, tenant son arc à la main, et » dans l'attitude de s'élancer sur un animal ; elle est remarquable par » la beauté de la pose, la souplesse des membres et la légèreté extra- » ordinaire de la draperie. Quelque peu de confiance que nous inspirât ce renseignement, extrait d'un article très-inexact et absolument dé- pourvu de critique, nous nous proposions de le vérifier par l'inspec- tion du monument ; mais on nous a assuré que c'était un antique dont on supposait que Jean Goujon avait refait la tête.

Portes de la cathédrale de Beauvais. M. Gilbert a recueilli, dans son opuscule sur cette basilique, la tradition qui attribue le dessin des deux vantaux s'ouvrant sous le portail méridional, au Primatice, et l'exécution de leurs sculptures à Jean Goujon. Ce monument ne nous étant connu que par des dessins, nous n'appuierons ni ne contesterons l'opinion qui le concerne ; nous nous bornerons à faire observer que sous le rapport des dates il n'y aurait point impossibilité, puisque les salamandres qui décorent ces portes témoignent qu'elles furent exécu- tées au plus tard vers l'année 1546.

Sculptures dans l'église de Gisors. L'église paroissiale de Gisors, curieux monument du style de transition qui signala le commencement du scizième siècle, se vante aussi de posséder des ouvrages de notre artiste, et en effet on rencontre parmi ses nombreuses sculptures quel- ques reliefs qui ne seraient point indignes de son ciseau. Mais ce que les *Cicerone* de l'endroit s'obstinent à lui attribuer, depuis le père Du- plessis qui le premier consigna cette erreur dans sa Description de la haute Normandie, c'est une pierre taillée en évier, sur laquelle est re- présenté un cadavre presque décharné. Le génie qui créa tant de sédui- santes compositions, qui dans ses ouvrages parut mettre la grâce avant tout, se fût refusé à exprimer une aussi hideuse allégorie.

Statue couchée de Louis de Brézé, *au tombeau de ce seigneur, dans la cathédrale de Rouen*. Nous ne pouvons mieux faire pour apprécier à sa valeur la tradition qui attribue cette statue à notre artiste, que de rapporter l'extrait d'une lettre de M E.-H. Langlois, que nous

avions consulté à ce sujet : « Je ne crois pas que la statue couchée de
» Louis de Brézé soit de Jean Goujon, et s'il fallait hasarder un doute
» à cet égard, je la supposerais plutôt du *Bourgeois de Paris*, Pierre
» Bontemps, que je soupçonne un peu plus rond de formes que Goujon,
» même dans les figures masculines. Les seules choses qui me paraissent
» rappeler réellement le style et l'extrême élégance de dessin de l'au-
» teur de la fontaine des Innocents, dans le tombeau de Brézé, sont
» deux charmantes figurines en bas-relief qui décorent le fond de la
» partie inférieure de ce monument. » Espérons que M. A. Deville, qui
nous a déjà révélé la participation de Jean Goujon aux sculptures de
l'église Saint-Maclou, et qui prépare un ouvrage sur les magnifiques
tombeaux des Rollon, des Guillaume Longue-Épée, des d'Amboise, des
Brézé et des Flavacourt, conservés jusqu'à ce jour dans la cathédrale
de Rouen, achèvera de lever le voile qui couvre encore les auteurs de
quelques-uns de ces glorieux monumens.

PETITE STATUE DE FEMME COUCHÉE, *dans le cabinet de M. Dusommerard*.
L'amateur qui a conservé cette figure dans son riche cabinet, s'étant cru
autorisé à la faire passer pour un ouvrage de Jean Goujon, ce témoignage nous avait décidé à l'admettre dans l'œuvre de ce maître, et nous
avions été jusqu'à la faire graver sur deux faces; mais un examen plus
approfondi nous ayant inspiré des doutes, et l'opinion unanime des artistes étant opposée à cette prétention, qui n'est d'ailleurs appuyée
d'aucune raison valable, nous avons préféré, par amour pour l'exactitude, faire le sacrifice de nos gravures, comme nous l'avons déjà fait
pour plusieurs autres, et rejeter cette figure dans les monumens controuvés.

SCÈNE PASTORALE ; *des Nymphes sont réveillées par des Faunes, des
Amours*, etc. Nous pensons que ce bas-relief, dont quelques têtes, quelques détails rappellent le style du maître, mais dont beaucoup de parties sont d'une extrême faiblesse, a été attribué à tort à Jean Goujon.
Il est tout au plus de son école. M. Lenoir, qui l'avait fait entrer dans le
soubassement de la colonne commémorative de Henri II, l'a décrit
comme une profonde allégorie de la *mort* et de la *résurrection*, voire
même comme un symbole de la *fécondité*, de la *régénération*, de l'*immortalité*, etc. Nous ne nous amuserons point à réfuter cette ridicule ex-
plication qui tendrait à faire, des gracieux artistes du seizième siècle, de
prétentieux précurseurs des Dupuis et des Volney. Jean Goujon, comme

tous ses contemporains, prodigua des allégories sans doute, mais les siennes étaient plus riantes et surtout plus intelligibles.

Buffet en ébène, *au garde-meuble.* L'intendance du garde-meuble de la couronne acheta, il y a peu d'années, d'une famille d'Alençon et sur la haute recommandation du nom de Jean Goujon, un magnifique meuble en ébène, enrichi de reliefs qu'on attribuait à ce sculpteur. Sans prétendre contester le mérite de ce meuble enfoui dans des magasins, nous émettons cependant le doute que Goujon, occupé de tant de travaux importants, ait dépensé un temps précieux à l'enjolivement d'un buffet. D'ailleurs n'a-t-on point vu passer dans les ventes publiques cent meubles de ce genre, annoncés comme ouvrages de ce maître, parce qu'ils étaient empreints du style de son temps.

Terre cuite *représentant une divinité sur un char ; peut-être l'Aurore enlevant Céphale.* Tout ce que nous dirons de ce bas-relief dont on trouve des plâtres chez les mouleurs, c'est qu'il passa à la vente de Talma pour l'ouvrage de Jean Goujon, et que le goût de certains détails donne quelque poids à cette assertion, sans cependant la mettre hors de doute.

Médaille de Catherine de Médicis. On trouve indiquée dans Watelet, comme ayant été *gravée* par Jean Goujon, une médaille à l'effigie de Catherine de Médicis. Malheureusement cette indication est insuffisante pour nous aider à retrouver le monument en question. On trouve ailleurs qu'au nombre des témoignages d'adulation qu'on prodigua à cette reine, on fit frapper une médaille qui la représentait accompagnée des trois Grâces. Comme la composition d'un pareil sujet convenait assez au talent de notre sculpteur, il se pourrait que ces deux indications se rapportassent au même monument.

Le Christ en croix, *bas-relief.* Nous mentionnerons ici, pour mémoire et jusqu'à vérification, cette importante composition que des artistes éclairés nous ont assuré exister à Paris, dans l'atelier d'un sculpteur actuellement en Italie, et posséder tous les caractères du style de Jean Goujon.

MONUMENS PERDUS.

La Croix Gastine. C'était une pyramide élevée sur l'emplacement d'une maison, appartenant à Philippe de Gastine, pendu en 1571, pour avoir tenu chez lui des assemblées de calvinistes. Elle fut depuis transportée dans le cimetière des Innocens, et enfin dans les fameux jardins de Betz, où la révolution la trouva et la renversa. Les bronzes qui la décoraient, savoir : quatre évangélistes de 18 pouces de hauteur, et un bas-relief représentant le triomphe du Saint-Sacrement, n'auront sans doute pas échappé au creuset révolutionnaire; il nous a été impossible d'en retrouver la moindre trace. Plusieurs auteurs se sont accordés pour attribuer ces sculptures à Jean Goujon. Cependant, comment se peut-il que Gastine, ayant été pendu en 1571, sa maison n'ayant pu être rasée qu'après l'exécution du jugement, et le monument élevé que sur l'emplacement déblayé, le tout ait pu être terminé avant le 24 août 1572, jour de la Saint-Barthélemy ? On allait donc plus vite à cette époque que de nos jours, en monumens publics. D'un autre côté, comment peut-on supposer que Jean Goujon, protestant, et presque au moment de sceller sa foi religieuse de son sang, ait prêté son ciseau pour décorer un monument qui consacrait le souvenir du supplice infâme subi par l'un de ses frères ? Nous nous contenterons de soulever ces difficultés sans essayer de les résoudre.

Le Jubé *de Saint-Germain-l'Auxerrois* élevé sur les dessins de Pierre Lescot, était orné de sculptures que quelques auteurs attribuent à Jean Goujon, et d'autres, notamment G. Brice, à Germain Pilon. Ce morceau d'architecture, très-remarquable, fut détruit en 1745, sous le prétexte d'embellir l'intérieur de l'édifice, et de substituer, aux formes gothiques du chœur, les formes modernes.

Deux Naïades, *à Sainte-Geneviève-des-Bois.* C'est Watelet qui mentionne ces sculptures dont on n'a plus connaissance.

Deux Tritons *embouchant la trompe marine, autrefois sur la porte de la Poissonnerie, au Marché-Neuf.* Sauval a, le premier, fait mention de ces bas-reliefs : « Il ne se peut, dit-il , rien voir de mieux » fait , c'est un des bons ouvrages de Jean Goujon. » Un petit ouvrage, daté de 1803, citait ces bas-reliefs comme existant encore au même endroit, et cependant, depuis ce temps , ils ont disparu sans laisser de traces.

Un Fleuve et une Naïade , *autrefois sur la porte de la pompe Notre-Dame.* Germain Brice mentionne ces sculptures , qu'il dit avoir été extraites d'un autre monument ; elles paraissent également perdues sans retour.

Sculptures *sur la porte de la deuxième cour de l'Arsenal.* C'est encore Germain Brice qui attribue à Jean Goujon ces sculptures que nous avons inutilement cherchées.

Vénus couchée , *en marbre , autrefois à l'hôtel de Soissons.* Nous ne connaissons de ce monument que cette indication.

Un Fluteur et une Femme tenant une lyre. Cicognara a fait graver, dans son *Histoire de la Sculpture ,* comme étant de Jean Goujon, ce bas-relief qui ne possède aucun des caractères du style de cet artiste. Il nous a été impossible de conjecturer d'où l'auteur italien avait tiré ce monument.

FIN.

ESSAI

SUR LA VIE ET LES OUVRAGES

DE

JEAN GOUJON.

Ce n'est pas sans hésitation que nous nous sommes décidé à présenter à nos lecteurs quelques pages sur les œuvres et la vie d'un artiste
dont la France s'honore à juste titre, après l'avoir mis en oubli pendant
près de trois siècles. En nous livrant à ce travail, nous nous sommes involontairement demandé si nous ne nous imposions pas une tâche en
quelque sorte paradoxale, et si nous ne courions pas risque de nous voir
comparer, avec tout le désavantage d'une immense infériorité d'érudition et de talent, à Godwin, ce spirituel historien du poète Chaucer,
qui a consacré quatre volumes pour apprendre au public qu'on ne savait rien de précis sur le père de la poésie anglaise.

Cependant, toujours ramené vers le but que nous nous sommes pro-
posé, en publiant ce recueil, nous avons pensé que la biographie d'un
grand sculpteur était non moins écrite dans les productions de son génie,
que dans les incidents d'une vie uniformément laborieuse, et qu'il n'é-
tait pas sans intérêt d'aider, par des rapprochemens et des explications,

les amis des arts à pénétrer une partie de l'énigme que nous a laissée l'indifférence des contemporains de Jean Goujon.

S'il est vrai que la collection des ouvrages qui nous restent encore de ce maître, renferme l'expression artistique la plus exacte, la plus nettement formulée de son temps; si dans ses productions se résument, comme dans un type caractéristique, la puissance, la faiblesse et les défauts de cette période; si d'un autre côté des présomptions moins victorieusement établies que restées jusqu'ici sans contestation, peuvent autoriser telle ou telle province à réclamer l'honneur d'avoir donné le jour à ce grand artiste; si enfin, à défaut de titres irrécusables de cette origine, de probables indices semblent constater qu'il exécuta dans telle ou telle ville, à Rouen, par exemple, ses premiers travaux connus, peut-être alors ne regardera-t-on pas nos recherches et nos conjectures comme entièrement superflues.

Il y aurait sans doute un ouvrage important à faire sur Jean Goujon. A défaut de matériaux officiels, de faits constants, de dates positives, ce serait de grouper les événemens historiques de son temps, d'en rechercher les causes et d'en suivre les effets, de mettre en relief les hauts personnages et les habiles artistes qui ont gravité autour de son nom, et de tirer de cet ensemble de choses et de personnes, sinon une froide et chronologique biographie, du moins un tableau animé de l'état des arts à l'époque illustree par notre célèbre sculpteur.

L'histoire des arts et des artistes n'est-elle pas liée en effet à celle de la période qui les précède et les voit florir? Un homme de génie, dans quelque genre que ce soit, est rarement un fait instantané. Il est plutôt le produit d'une foule de causes, souvent inaperçues et inappréciées, qui se sont réunies pour le féconder. Sans les essais de ses prédécesseurs et la disposition d'esprit de ses contemporains, il aurait peut-être suivi une autre direction que celle où il marche, où il s'élève. Né au milieu de la décadence du Xe siècle, Raphaël fût-il devenu l'angélique peintre qui apparut cinq siècles plus tard; ne serait-il pas resté dans la classe des miniaturistes plus ou moins obscurs?

A de plus habiles que nous le soin d'une telle entreprise! Le cadre dans lequel nous devons nous renfermer ne nous permet pas d'ailleurs d'essayer notre vol vers un si noble but. Notre allure doit être plus modeste, il faut nous borner à l'exposition des faits plus ou moins certains qu'on a recueillis jusqu'à ce jour, à l'examen critique de quelques traditions populaires, à la discussion enfin des questions suivantes que nous nous sommes posées dans la vue de procéder avec plus d'ordre aux observations qu'il nous reste à présenter.

1° Quelle ville a vu naître Jean Goujon.

2° Quels étaient ses parens? Quelle religion professaient-ils, et lui-même était-il catholique ou huguenot?

3° Quels ont été ses premiers et ses derniers maîtres? N'a-t-il pas dû imprimer à ses ouvrages le cachet de l'école florentine dont plusieurs artistes avaient été appelés en France?

4° Quels sont les lieux qu'il a parcourus, quels sont ceux qu'il a illustrés par ses travaux?

5° A quel âge Jean Goujon a-t-il terminé sa laborieuse carrière?

6° Dans quel lieu reçut-il la mort?

7° Ses traits nous ont-ils été conservés?

Iʳᵉ QUESTION.

Quelle a été la patrie de Jean Goujon?

Les ouvrages qui honorent le plus le ciseau français sont ceux qu'on attribue à Jean Goujon; on ignore la patrie de cet artiste, dit Cicognara, et l'époque de sa naissance, quoique tous ses ouvrages appartiennent au XVIᵉ siècle.

La Biographie universelle, dans son article qui n'apprend rien de nouveau, dit simplement que J. Goujon naquit vers le milieu du XVIᵉ siècle.

On a supposé que le célèbre artiste était né à Alençon. Animé d'un saint zèle, nous courûmes après les renseignements, et nous obtînmes, par l'entremise d'une tierce personne, les détails qu'on va lire dans la lettre écrite par M. Godard, habile graveur à Alençon, à M. Soyer, gendre de M. Landon. Voici cette lettre, à laquelle nous ajoutons les notes explicatives :

Alençon, le 6 novembre 18

« Si je n'ai pas répondu aussitôt à votre lettre du 15 septembre, je n'ai pas été sans m'occuper de la demande que vous m'avez faite relativement au célèbre Jean Goujon. N'ayant par moi-même aucune notion sur la naissance de cet artiste, j'ai fait compulser un grand nombre de

Mémoires laissés par un historien de notre ville (1), dans lesquels il parle des auteurs et non des artistes. J'ai aussi écrit à Caen à un homme de lettres (2), qui a beaucoup écrit sur la Normandie, et qui lui-même a fait de nombreuses recherches pour découvrir le lieu de naissance de Jean Goujon. Il m'a répondu que ses recherches avaient été sans succès ; il en a été de même d'une famille que j'ai consultée (3), qui a bien une idée vague d'avoir entendu parler de ce sculpteur et de ses ouvrages, mais sans pouvoir donner des preuves certaines qu'il était leur ancêtre. Il en est une autre (4) qui est éteinte dans notre ville, que M. Landon, peintre, m'avait désignée positivement être descendue de Jean Goujon ; il m'en avait fait la généalogie dans une lettre qu'il m'écrivait et que j'ai eu le malheur de perdre, pour me remercier de quatre dessins que j'avais faits d'après quatre bas-reliefs qui ornaient les piédestaux des colonnes de l'autel des Capucins de notre ville (5). C'est tout ce qu'on a pu sauver de cet autel qui était fort beau. La révolution a détruit aussi de fort belles sculptures dans l'église bâtie par les Jésuites (6), et qui pourraient bien être de son ciseau. Des amateurs de notre ville ont cru le reconnaître aussi dans un buffet d'ébène qui a été trouvé dans un grenier, en faisant la vente d'une maison riche (7). Ce buffet antique était supporté par quatre colonnes, qui étaient, ainsi que les faces extérieures et intérieures, chargées de sculptures du fini le plus précieux. L'héritier de ce meuble (8) a jugé à propos de l'envoyer à Paris pour le vendre ; les

(1) M. Odolant-Desnos, auteur des *Mémoires historiques sur la ville d'Alençon*, etc., imprimés à Paris en 1787, en 2 vol. in-8. M. Desnos est mort en 1801. Il a laissé beaucoup de manuscrits, qui sont tous entre les mains de M. Libert fils, médecin à Alençon : celui-ci, a la prière de M. Godard, les a de nouveau consultés, sans y avoir rien découvert sur Jean Goujon.

(2) M. Godard n'a pu me le nommer ; peut-être est-ce M. Lair ou M. Léchaudé d'Anisy.

(3) M. Goujon de Cérisay.

(4) M. Godard ne se rappelle aucune des indications que lui transmettait M. Landon dans la lettre qu'il a perdue.

(5) Ces bas-reliefs, qui représentent les quatre Évangélistes, sont en bois ; ils ornent maintenant la bibliothèque publique d'Alençon, qui est placée dans l'ancien collége des Jésuites, où est aujourd'hui le collége communal.

(6) M. Godard croit se rappeler que ces sculptures, dont la perte excite ses regrets, congsistaient en deux confessionnaux et une chaire à prêcher.

(7) M. Godard veut parler de la maison de Mme de Blesbourg, où, après le décès de cette dame, on trouva ce meuble, dont elle avait hérité de la marquise de Lisle, sa sœur.

(8) L'héritier ici désigné est M. le chevalier Boulley de Blesbourg, ancien sous-lieutenant des gardes-du-corps du roi, qui a fait acheter il y a peu d'années, sous l'administration de M. le vicomte de Larochefoucauld, pour la somme de 4,000 francs, ce buffet par le arde meuble de la couronne.

journaux en ont parlé avec éloge, et comme d'un ouvrage produit par le savant sculpteur dont je vous entretiens. J'aurais eu le plus grand plaisir de découvrir et de prouver d'une manière incontestable que le Corrége de la sculpture est né dans notre ville ; mais ce qu'il y a de certain, c'est qu'elle renferme des ouvrages qui n'ont pu être produits que par la savante main de Jean Goujon. »

Telle est la lettre de M. Godard ; le peu de jour qu'elle jette sur la question fait regretter d'autant plus la perte de la correspondance où M. Landon, homme très-versé dans les arts, semblait préciser ses demandes au graveur d'Alençon. Les quatre dessins étaient dans les mains de M. Godard fils ; nous ne les jugeâmes pas dignes de figurer dans l'œuvre, d'autant qu'il s'est trouvé beaucoup de bullets dans le commerce qui passent pour être de Jean Goujon, et qui ne lui appartiennent pas bien certainement.

II° QUESTION.

Quels étaient ses parens, de quelle religion étaient-ils, et lui-même était-il catholique ou huguenot ?

« Il existe un abrégé des Vies des hommes illustres de Plutarque avec leurs portraits. Chaque page est ornée et entourée d'une bordure, le tout gravé en bois. Les figures sont d'un dessin charmant, et du même goût que les belles Naïades de la fontaine des Innocens de notre Jean Goujon. Dans une des bordures, se trouve la date de 1568. Il y a tout lieu de croire que quelque élève de ce grand maître a dessiné ces belles figures aussi bien que celles de la plupart des gravures anciennes que les ancêtres des imprimeurs Ballard, imprimeurs de la musique du roi, ont fait graver. Grand nombre d'estampes des livres qu'ils vendent sont toutes dans le même goût, ce qui ferait penser que peut-être Jean Goujon a dessiné ou gravé ces bois, ou bien qu'elles sont de la main de O. Goujon, graveur en bois, qui pouvait être son parent, car elles sont gravées dans la même coupe que les cartes d'André Thevet, gravées par ce dernier artiste.

« La Cosmographie in-fol. d'André Thevet, Paris, 1575, chez P. L'huissier, où se trouvent un grand nombre de gravures en bois de P. Raelus ou Raefe de Paris, qui florissait sous les règnes de Charles IX et de Henri III, contient quelques estampes dessinées dans le goût de J. Goujon. Mais ce qui mérite le plus d'attention, ce sont les cartes qui représentent les diverses parties du monde. Les lettres O. G. qu'on y remarque, sont la marque de O. Goujon, graveur. Peut-être était-il parent de Jean Goujon, sculpteur. Quoi qu'il en soit, ce graveur était un excellent artiste, car ces cartes sont du travail le plus étonnant pour la finesse et la netteté : on peut dire qu'elles surpassent tout ce qui s'est jamais fait en ce genre. »

D'après ces deux paragraphes que nous empruntons aux pages 250 et 342 du *Traité de la gravure* de Papillon, il semblerait qu'il a existé un O. Goujon, qui pourrait bien être un parent de notre célèbre sculpteur. Mais si au lieu de prendre la lettre O pour un prénom, on pouvait traduire cette initiale par le mot *opus*, ouvrage, travail, œuvre, ne faudrait-il pas restituer à Jean Goujon les dessins ou même les gravures des bordures et des cartes dont nous venons de parler ?

Les dessins dont Jean Goujon a orné la traduction de Vitruve, par M. J. Martin (Voir aux pages 6 et 7) prouvent qu'il n'était point étranger à ce genre de travail.

IIIe QUESTION.

Quels ont été ses premiers et ses derniers maîtres ?

Comme on a avancé que Jean Goujon ne faisait qu'exécuter d'après les dessins du Primatice, ne serait-il pas plus vrai de dire qu'inspiré de tel ou tel maître dont il avait reçu les leçons, le sculpteur français, tout en étant créateur, suivait les penchans et les goûts des écoles qu'il avait fréquentées. On a dit d'abord que son style se rapprochait beaucoup de celui de George Vasari, et l'on supposait que le premier était l'instituteur ou l'élève du second. En effet, les *Monuments des arts du dessin*, de M. Denon, ne contiennent qu'un dessin de Vasari ; mais il présente de telles analogies de style avec celui de Jean Goujon, qu'on le croirait tracé par ce maître. On y trouve des femmes à tournure gracieuse, à coiffure apprêtée, à draperies étagées et poussées par le vent, aux mains élégamment affectées, en un mot toutes les qualités et les défauts de Jean Goujon (1).

(1) Vasari naquit en 1512 et mourut en 1574 ; ainsi, il est de tout point contemporain de Jean Goujon.

On a encore supposé Jean Goujon imitateur de Bronzino, autre artiste florentin.

Entre les artistes de l'école vénitienne, avec lesquels Jean Goujon présente des analogies de style, il faut compter Baptista Franco, *detto il Semolei*, né en 1536, mort en 1561. J'ai remarqué, dit M. André Pottier, dans un dessin de lui, qui se trouve dans la collection de M. Denon, les mêmes draperies étagées, maniérées, etc., le même goût pour les ornements, et même une figure assise, qui je crois présente de grandes ressemblances avec un des évangélistes de Jean Goujon.

Au moment où naissait probablement Jean Goujon, la plupart des grands artites qui avaient fondé en quelque sorte la renaissance des arts, moururent. Albert Durer mourait en 1513, ou plutôt en 1518; Bramante en 1514, Léonard de Vinci en 1518, Raphaël en 1520. Seul représentant de cette époque, le grand Michel-Ange parcourut plus de quarante ans encore sa longue carrière.

On se demande si Jean Goujon n'avait pas visité l'Italie, lorsqu'on sait qu'à l'époque où les artistes italiens affluaient en France, des artistes français, tels que l'architecte Philibert de Lorme, allaient s'éclairer au soleil des arts de l'Italie; et où ils trouvèrent un protecteur dans Marcel Carvin, depuis pape sous le nom de Marcel II.

Toutes ces conjectures n'ont rien qui étonne, quand on fait tout d'abord, mais sans preuve, la supposition que Jean Goujon avait été en Italie, et à Florence en particulier, parce que tout dans ses œuvres indique le goût florentin de l'époque. Au surplus, l'école florentine avait été, depuis François Ier, représentée à Paris par Léonard de Vinci, le Rosso, le Primatice et Benvenuto Cellini, etc. Or, Jean Goujon pouvait suivre le goût florentin, sans avoir quitté son pays natal, en supposant toutefois qu'il fût né à Paris; d'ailleurs ses biographes ne disent-ils pas qu'il reçut les premiers principes de son art d'un maître habile qui lui inspira le goût de l'antique, et que le temps n'a pas respecté le nom de cet artiste, à qui l'on attribue les belles statues et les bas reliefs du tombeau de François Ier (Voyez *Biographie universelle de Michaud*)?

Lévesque et Watelet, dans leur Dictionnaire des arts de peinture, etc., s'expriment ainsi à l'article Jean Goujon : « On ne peut douter que cet artiste, qui paraît nourri de la belle antiquité, n'ait fait le voyage d'Italie; il était calviniste, etc. »

Mais on n'oubliera point que François Ier fit mouler un grand nombre de statues antiques, et en outre, en faisait acheter de toutes parts en

Italie, d'où elles étaient transportées en France ; que Primatice fut chargé de diriger ce choix et d'opérer ce transport.

M. Lenoir possédait un dessin exquis du Primatice, représentant la fontaine de Diane, et indiquant les proportions et les ornemens avec lesquels elle a été exécutée. Comme Primatice était l'intendant des bâtiments de Henri II, il se pourrait que le florentin, dans ce monument, eût été l'inventeur, et que Jean Goujon n'eût fait qu'exécuter les dessins de l'intendant des bâtimens du roi.

On a vu sous Louis XIV nos plus habiles sculpteurs se soumettre aux programmes esquissés par Lebrun pour la décoration des palais du grand roi.

Au milieu de tant d'hypothèses, nous ne pouvons résister à placer ici quelques lignes trouvées dans les notes de M. André Pottier. Si elles ne décident rien en elles-mêmes, elles paraîtront, nous le pensons, assez curieuses pour qu'on nous pardonne de les avoir admises dans notre travail.

« M. Ubaudi, auquel j'ai adressé cette question, dit M. Pottier, de savoir si Jean Goujon était l'auteur des portes de Saint-Maclou, et à quelle école ce sculpteur avait pu se former, est d'avis que ces portes offrent un caractère de sculpture moins finie que la sienne ; mais que partout, sous le rapport du style, elles sont dignes d'être de lui, ou au moins d'avoir été faites sous sa direction.

» Il est également d'avis que Jean Goujon a dû se former à Rouen à l'école d'un sculpteur nommé Quesnel, qui a fait la statue en plomb de la chapelle de la Vierge à la cathédrale, et l'a signée de son nom, et auquel on attribue les deux statues qui accompagnent la figure de Louis de Brézé mort, sur son tombeau. Il pense que Jean Goujon fut d'abord son apprenti, partageant ses travaux, mais que bientôt il surpassa son maître, et l'associa à ses travaux subséquens, etc., etc.

» La ville de Rouen, outre les portes de Saint-Maclou et la statue de Brézé, possède quelques monuments qui paraissent être évidemment de l'école de J. Goujon et sculptés par ses élèves. Ainsi, rue de l'Hôpital, à l'encoignure de la place Saint-Ouen, il existe, à la hauteur du premier étage, un bas-relief représentant Vénus portée sur les eaux, debout et traînée par des chevaux marins, production qui, quoique d'une exécution peu correcte et d'un goût moins pur, rappelle la manière du maître. — Et, rue aux Juifs, n° 47, il existe une façade dont la partie centrale est enrichie de grands bas-reliefs, qui paraissent être sortis des mains d'un élève de Jean Goujon. Ce sont deux figures d'homme nus de grande proportion, adossées à la croisée du milieu du premier étage, et au-dessus deux figures de femmes aussi nues, d'un style fort gracieux. » (Voyez *Description historique des maisons de Rouen.*)

IVᵉ QUESTION.

Quels sont les lieux qu'il a illustrés de ses travaux ?

De cette insouciance de Jean Goujon et des autres artistes de son époque à attacher leur nom à leurs ouvrages, il résulte que le choix de l'œuvre de ce sculpteur est très-difficile à faire. Ce maître a très-certainement fondé une école et il est fort peu de monumens de ce beau temps de la Renaissance, qui n'offrent des sculptures où l'on ne soit tenté de reconnaître son ciseau ou au moins son crayon. Bas-reliefs, meubles, armures, tout est empreint de son génie, de sa touche et de sa grâce ; mais non plus que Raphaël, auquel on prête tant de belles choses, il n'a pu tout faire et être partout. D'ailleurs quand Germain Pilon n'a pas affecté d'être maniéré et papillotté dans ses draperies, comme son ami le Primatice, qui donnait alors le ton à l'école française, il a quelquefois exécuté des choses qu'il est difficile, même à l'examen, de distinguer des productions de J. Goujon.

Il résulte de ces considérations de ressemblance de talent, et de la fécondité même de Jean Goujon, que ses ouvrages reconnus, ou plus ou moins justement supposés, sont en très-grand nombre. Il n'est point de ville à trente ou quarante lieues du rayon autour de Paris qui ne prétende posséder quelque morceau de cet habile artiste.

Ainsi l'on voit dans l'église de Gisors de charmans bas-reliefs qui sont très-probablement de lui, quoiqu'on ne les lui attribue pas généralement, et qui sont bien plus dignes de son ciseau, qu'un cadavre de pierre enclavé dans la même église et qu'on donne pour être son ouvrage.

Jean Goujon est l'auteur de deux colonnes de marbre noir, à chapiteaux corinthiens dorés qui supportent l'orgue de l'église de Saint-Maclou, de Rouen. Ne pourrait-on pas penser que *maistre Iehan Goujon, masson*, a travaillé aux portes de la même église, et que par conséquent il était en 1545 dans la capitale de la Normandie ?

Ce n'est encore, malheureusement, que par supposition qu'on doit lui attribuer les admirables portes de Saint-Maclou, quoiqu'elles offrent dans tous leurs détails l'empreinte du génie de ce grand artiste. Elles sont au nombre de trois, dont deux à deux vantaux et une à un seul vantail, elles sont ornées de bas-reliefs représentant les mystères de la religion, d'arabesques et de mascarons de bronze d'un fini précieux.

Voici ce que dit M. A. Pottier, au sujet de ces portes ; nous prenons cet article au texte qu'il a donné pour expliquer les planches des *Monuments français de feu* N. X. Willemin :

« A l'époque où M. Willemin publia cette belle planche (un des cinq vantaux qui n'est ni le plus riche, ni le plus remarquable), l'opinion qui attribuait l'exécution des admirables portes de l'église de Saint-Maclou, de Rouen, à Jean Goujon ou à son école, n'était fondée que sur une vague tradition du genre de celles que l'on est toujours sûr de rencontrer circulant et se perpétuant, souvent contre l'évidence et la raison, auprès de tous les monumens de quelque célébrité. Mais depuis que M. Deville, à l'occasion de ses recherches sur les tombeaux de la cathédrale de Rouen, a prouvé par des titres authentiques la coopération de l'illustre sculpteur, sinon à l'exécution des portes elles-mêmes, au moins aux décorations de l'intérieur de l'église de Saint-Maclou, il est permis de fonder sur une base solide la supposition, qu'aucun document contraire ne vient d'ailleurs infirmer, que Jean Goujon exécuta également ou fit exécuter sous sa direction les portes de la même église. La considération du style de ces portes peut servir d'ailleurs à établir une coïncidence d'époques qui vient à l'appui de cette conjecture. La date du séjour de Jean Goujon à Rouen est fixée d'une manière positive par les extraits de comptes que M. Deville a cités dans son ouvrage. C'est pendant les années 1540 à 1542 que notre artiste encore inconnu, et qui préludait ainsi à ses fameux chefs-d'œuvre, fut employé simultanément à décorer la cathédrale et l'église de Saint-Maclou. Or, on ne saurait douter, à la vue des portes de cette dernière église, qu'elles ne soient de cette même époque. Les moulures en entrelacs dont elles sont décorées à profusion signalent à tout observateur la fin du règne de François 1er et l'avénement du règne de Henri II. L'opinion des sculpteurs les plus versés dans la connaissance du style et des procédés particuliers à chaque artiste vient d'ailleurs prêter à ces hypothèses l'appui d'une imposante confirmation. Ainsi, tout en convenant que la sculpture de ces portes est moins précieusement finie que celle de Jean Goujon, ce qui semblerait indiquer que cet artiste appela des mains auxiliaires à son aide pour l'exécution de cet immense travail, ils déclarent reconnaître dans la plupart des figures de cette riche composition le style et les ajustemens qui caractérisent les œuvres du premier des sculpteurs français de la Renaissance.

» Ainsi c'est donc à Rouen que l'admirable artiste, dont le berceau est encore inconnu, et dont la mort fatale est même enveloppée de voiles obscurs, dut s'exercer aux premiers travaux de son art; c'est de Rouen qu'il partit, semant peut-être sa route de quelques chefs-d'œuvre, tels que ceux qu'on lui attribue à Gisors, pour aller enrichir des trésors de son ciseau cette royale demeure d'Écouen, que le grand connétable faisait élever alors comme pour lutter de puissance avec son roi qui l'avait disgracié. » (Voyez pour la description de ces portes, *aux Monuments douteux, controuvés et détruits*, page 82.)

Le fait une fois constaté du séjour de Jean Goujon à Rouen, on peut croire qu'il se dirigea sur Écouen. Et au sujet des travaux d'art qui y furent exécutés, on a paru douter que Jean Goujon y eût coopéré avec Jean Cousin, Jean Bullant et Bernard Palissy. On supposait que Jean Bullant avait fait seul ce que nous n'avons point hésité à restituer à Jean Goujon, son émule. Un passage extrait de la dédicace d'un opuscule de Jean Goujon, sur l'architecture (trad. de Vitruve, par Jean Martin, Paris, 1547), ne laisse plus de doute, comme nous l'avons établi aux pages 6 et 7 de cette œuvre.

A ce que nous avons dit alors sur sa participation aux embellissemens d'Écouen avant l'année 1547, époque vers laquelle tous les grands travaux de sculpture et de décoration étaient en effet achevés dans ce château ; ajoutons ici avec M. Pottier. « Or, si Jean Goujon fut employé aux travaux d'Écouen, en quelle qualité put-il y être employé, si ce n'est en qualité de sculpteur? Donc, une grande partie des sculptures d'Écouen, que l'on ne savait à quel artiste attribuer, et que toutefois, guidé par un sentiment analogique instinctif, on comparait aux plus beaux ouvrages de Jean Goujon, sont bien en effet de sa main, et doivent rester inscrits parmi ses titres de gloire les plus légitimes. »

Ve QUESTION.

A quel âge Jean Goujon a-t-il terminé sa laborieuse carrière artistique?

On ne connaît pas le berceau du grand artiste, et personne n'a pu nous dire : là était, là doit se trouver sa tombe. Ce qu'on peut apprécier avec certitude, c'est l'époque où vivait Jean Goujon ; quelques dates, la plupart officielles, d'autres conjecturales, nous serviront pour faire en quelque sorte les annales de la vie de Jean Goujon.

1506. J. Joconde en France.

1515. François 1er monte sur le trône. Il paraît impossible que Jean Goujon soit né plus tard que cette époque. En cette année 1515, Léonard de Vinci est amené en France par François 1er; le grand peintre meurt en 1518.

1520. Mort de Raphaël.

1521. Arrivée du Primatice en France, véritable époque du renouvellement du style dans notre pays. En 1539, suivant quelques auteurs, Vignole vient avec Primatice en France, et y séjourne deux ans; vers 1537, suivant Quatremère de Quincy, *Vie de Vignole*. On peut faire concorder ces deux époques : Primatice était depuis quelques années en France quand François 1er l'envoya en Italie chercher des statues antiques. Ce fut à cette époque que Vignole l'accompagna à son retour.

1534. Arrivée en France du Rosso, dit le Roux; il vient pour remplacer André del Sarto dans l'intendance des beaux-arts.

1540 à 1541. Jean Goujon fait le dessin des deux colonnes de l'orgue de Saint-Maclou, de Rouen. Il exécute ces deux colonnes, et probablement les portes. Il fait aussi, à la même époque (1541-42), la statue de Georges d'Amboise II, qui fut placée à la suite de celle de son oncle (Deville). Il fournit enfin les dessins d'une custode, et fait le devis pour la peinture de l'orgue.

1541 à 1547. Date des embellissemens du château d'Écouen, dont Jean Goujon exécuta les sculptures.

1547. Le 31 mars, Henri II monte sur le trône.

1547. Date de l'édition de Vitruve, mis de latin en françoys par Ian Martin, secrétaire de monseigneur le cardinal de Lenoncourt. Pour le roy très-chrestien Henry II. Edition illustrée de gravures en bois, dont la plupart d'après les dessins de *Ian* Govion, *studieux d'architecture*, qui y a joint cinq pages d'*Annotations*. (*Voy.* l'édition susdite, à Paris, avec privilége du roy. On les vend chez Iacques Gazeau, en la rue Sainct-Iacques, à l'escu de Colongne, M. D. XLVII, in-folio.) — En 1572, il parut une nouvelle édition avec les mêmes gravures, moins le portrait qui se trouve au commencement et à la fin de l'édition de 1547.

A propos de cette édition, on ne trouve pas sans étonnement ces lignes à la notice de Vitruve insérée dans la Bibliographie par M. Quatremère de Quincy : « En 1553, Jean Martin, secré-

» taire du cardinal de Lenoncourt, et Jean Goujon, architecte
» des rois François Ier et Henri II, entreprirent de traduire et de
» commenter Vitruve, mais leur travail n'eut aucun succès.... »

Et cependant, les éditions de Vitruve de 1547 et 1553 se trouvent dans plusieurs bibliothèques de France, et en particulier dans celle de l'éditeur de l'OEuvre de Jean Goujon.

1547. Jean Goujon passe du service du connétable de Montmorency à celui du roi Henri II.

1548. Date de la confection des œils-de-bœuf du Louvre.

1548. Construction du château d'Anet, ou, s'il faut en croire M. Lenoir, en 1552.

1550. Jean Goujon termine la fontaine des Innocens, alors appelée la fontaine DES NYMPHES.

1550. 15 septembre, date du marché pour les cariatides.

1551. Tribune des Cariatides. On croit que Jean Goujon exécuta les cariatides en cette année.

1553. On suppose que Jean Goujon fit les sculptures d'Anet à cette époque. On peut autoriser cette opinion d'une nouvelle preuve, la date que portait la cloche placée sous le pied du cerf de la façade, et qui est du 10 mars 1554. (*Voy.* la description d'Anet page 21.)

1556. Bas-reliefs, la Guerre désarmée et la Paix, commandés sans doute à la suite de la trève qui fut signée à Vaucelles, le 5 février de cette année, après les victoires de Metz et de Renti.

1556. J. Gardet et Dominique Bertin publient à cette époque un épitome des dix livres de Vitruve, avec des annotations, et font de grands éloges de Jean Goujon, qu'ils appellent *sculpteur et architecte de grand bruit*.

1550 à 1560. Construction du tombeau de François Ier.

1559. Date de la quittance de Jean Goujon à Jehan Durant, trésorier et payeur des œuvres, édifices et bastimens du Roy, à lui ordonnés par le R. P. en Dieu, messire Pierre Lescot, etc. Le 1er lundi jour d'avril avant Pâques. (*Voy.* sur cette pièce la VIIIe question.)

1559. Le 10 juillet, mort de Henri II, Jean Goujon paraît avoir concouru principalement sous ce roi aux travaux royaux.

1560. Mort de François II et règne de Charles IX.

1571. C'est en cette année que Jean Goujon aurait exécuté les sculptures de la Croix Gastine.

1572. Saint-Barthélemy ; mort de Jean Goujon.

L'état civil de 1572 se trouve à la Préfecture de Paris, mais on n'a pas enregistré le nom des gens qui ont péri dans les journées du mois d'août. Cependant, le 7 octobre 1572, le bureau de la ville ordonna un recensement des personnes massacrées le jour de la Saint-Barthélemy , pour être apporté *dans trois jours*. Nous en avons pris copie.

« De par le prévôt des marchands et échevins de la ville de Paris.

« Il est ordonné que les capitaines de ladite ville apporteront dedans trois jours, au bureau d'icelle, les noms, surnoms, qualités et demeurances des personnes qui ont été tuez et occis le jour de Saint-Barthélemy et autres jours. Fait au bureau, le 7 octobre 1572. » *Signé* GOUREARD.

Une note ajoutée indique que deux ou trois capitaines seulement ont apporté leurs états ; mais nous ne les avons pas trouvés dans les archives, où nous les avons cherchés avec beaucoup de soin.

Il faut ajouter que **Charles IX** prenait ses précautions, comme on va le voir par la lettre qui suit, et qu'il adressa au premier président du Parlement (Christophe de Thou, qui avait apparemment fait une relation de ce qui s'était passé à la Saint-Barthélemy). (*Voy.* l'original, dans les manuscrits de Du Puy, vol. 428) :

« Monsieur le Président. Affin que ce que vous avez dressé des choses passées à la Saint-Barthélemy ne puisse estre publié *parmy le peuple, et mesmement entre les estrangers*, comme il y en a toujours qui se meslent d'escripre et qui pourraient prendre occasion d'y respondre ; je vous prie qu'il n'en soit *rien imprimé*, ny du françois, ni du latin , mais si en avez retenu quelque chose, le garder vers vous , comme je fais ce que m'en avez envoyé, que j'ay fait seulement escrire à la main pour m'en servir en un seul endroict : priant Dieu, monsieur le Président, vous avoir en sa sainte et digne garde. Escript à Fontainebleau, le xxiiij^e mars 1573.

« CHARLES. — PINART. »

VIe QUESTION.

Dans quel lieu reçut-il la mort ?

M. de Claras a , dit-on, la preuve incontestable que Jean Goujon ne fut point tué le jour de la Saint-Barthélemy. Cependant il répète à plusieurs reprises le contraire dans son *Musée des monuments antiques*, description du Louvre et des Tuileries. C'est, du reste, une tradition généralement admise aujourd'hui qu'il mourut d'un coup d'arquebuse, le jour de la Saint Barthélemy, 1572, tandis que, placé sur un échafaudage, il travaillait à l'une de ses sculptures, et qu'il périt ainsi victime du fanatisme religieux, ou peut-être d'une basse jalousie.

« Le jour de la Saint-Barthélemy, époque du massacre des huguenots, en 1572 (dit d'Argenville, tome II, p. 114), il s'avisa de monter à l'échaffaud, malgré les avis de la reine, pour retoucher quelque chose à la fontaine des Innocents, qui était alors achevée depuis longtemps, et il fut tué d'un coup de carabine. »

M. Lenoir (tome 8, p. 54) croit que c'est au Louvre que fut tué Jean Goujon, parce que, dit-il, ce grand sculpteur se sentant le désir de travailler, préféra monter sur l'échaffaud dressé sur ce monument, auquel on travaillait encore à l'époque de l'événement affreux qui fut cause de sa mort, plutôt que d'aller rue aux Fers, pour y retoucher les ouvrages de la fontaine des Innocens. Cette version est d'autant plus vraisemblable que les historiens s'accordent à dire que la reine voulut arrêter son zèle et l'empêcher de travailler »

VIIe QUESTION.

La salle du XVIe siècle aux Monuments français, telle que l'avait arrangée M. Lenoir, renfermait un monument élevé en l'honneur du sculpteur français, d'après les dessins de M. Percier; on y voyait un buste qui était censé le représenter, mais il n'avait rien d'authentique : car M. Lenoir (tome 3, p. 99) dit que la médaille, d'après laquelle il a fait modeler le buste de Jean Goujon, portait cette légende : *A. J. Goujon*, *sculpteur français*. Mais, prié plus tard de s'expliquer devant M. Réveil et en notre présence, M. Lenoir avoua que « rien n'était moins authentique que cette médaille, et qu'il ne l'avait adoptée que parce » qu'il y avait trouvé les deux lettres initiales J. G. » Le zèle de M. Lenoir l'emportait quelquefois trop loin, et le faisait s'égarer et se contredire; son ouvrage s'en est ressenti, comme on peut s'en convaincre en le consultant.

On a cru un moment que le beau portrait gravé en bois, et imprimé sur le frontispice et à la fin des *Annotations* de l'édition de Vitruve, était celui de notre Jean Goujon. Jean Martin, secrétaire du cardinal de Lenoncourt, le traducteur de Vitruve, aurait-il facilement cédé la préséance à l'artiste qui voulait bien illustrer et annoter son labeur? c'est possible. Mais qui pourra éclaircir ce point essentiel? Toutefois, il est bon de remarquer que l'édition de Vitruve de 1572 ne porte plus le portrait en question. Ne serait-ce pas qu'à cette terrible année les traits d'un calviniste, du malheureux Jean Goujon, n'auraient pas été supportés sur le frontispice d'un livre que Charles IX aurait pu ouvrir?

Il faut faire observer encore que dans une édition postérieure, MDCXVIII, Genève, la même traduction est ornée au commencement d'un portrait gravé de Philander, qui avait précédé Jean Martin dans la traduction de Vitruve, et dont les travaux n'avaient point été inutiles à son successeur.

VIIIe QUESTION

Goujon était-il clerc, ou simple manœuvre?

La question n'aurait pas dû être posée, car tout annonce que Jean Goujon avait de l'instruction. *Sur Vitruve Ian Govion, studieux d'architecture, aux lecteurs salut.* Ce mot studieux, *studiosus*, « très-affectionné à la science de l'architecture, » en dit assez pour prouver que l'interprète de Vitruve était savant en architecture, « c'est-à-dire en *géométrie* et *perspective*, » ainsi qu'il le dit : « Et n'est aucun digne d'estre estimé architecte s'il n'est préalablement bien instruit en ces deux (la géométrie et la perspective); » et dans cet autre passage : « Voulant retourner à la déduction d'icelles géométrie et perspective, qui me fait dire derechef que l'homme privé de leur intelligence ne saurait, fors à grand' peine, entendre le texte de Vitruve. Et à la vérité, la congnoissance que Dieu m'en a donnée, me faict enhardir de dire que tous hommes qui ne les ont point estudiées ne peuvent faire œuvres dont ilz puissent acquérir guères grande louenge, si ce n'est par quelque ignorant ou personnage trop facile à contenter..... Pour rendre donc bonne déclaration de mes figures, je me suis délibéré d'en faire ce petit discours, et en spécifier les particularitez assez au long et par le menu. »

Plus de doute, Jean Goujon était un homme savant, un architecte dans toute la valeur du titre ; et supposer qu'il ne savait pas écrire, ce serait nier l'évidence.

Voici la pièce historique qui a pu donner lieu à cette opinion hasardée :

« Honorable homme Jehan Goujon, sculpteur du roy, demeurant à Paris, confesse avoir eu et reçu contant de M. Jehan Durant, trésorier et payeur des œuvres, édiffices et bastimens du roy, la somme de quinze livres tournois à lui *ordonnée* par révérend père en Dieu messire Pierre Lescot, seigneur de Clagny, abbé de Clermont, conseiller et aulmonier ordinaire dudit seigneur, ayant la charge et super-intendance des bastimens que ledit sieur roy fait de présent faire et construire en son chasteau du Louvre, à Paris, sur et tant moins des ouvrages de sculpture par lui faits et qu'il fera cy-après pour ledit sieur roy audit chasteau du Louvre, de laquelle somme de quinze livres ledit Jehan Goujon s'est tenu et tient pour contant, en acquitte et quitte ledit trésorier et tous autres, promettant, obligeant et renonçant. Fait et passé l'an 1559, le lundi premier jour d'avril avant Pasques. »

Signé : Pajonat.
Patu.

Cette quittance n'est pas signée par Jean Goujon ; elle n'est que formulée par deux garde-notes sans doute.

On a inféré de là que Jean Goujon ne savait pas écrire, tandis que d'autres quittances de Germain Pilon et du Primatice (celles de ce dernier portent la date de 1580) se trouvent signées et non notariées.

Mais on voit que la quittance notariée tenait lieu d'un reçu de la main à la main donné par Jean Goujon à Pierre Lescot, lequel avait *ordonné* ou ordonnancé le payement et payé de ses mains. Certes aucun indice, aucune conjecture contraires, ne sauraient prévaloir contre l'évidente induction qu'on est en droit de tirer de la participation de Jean Goujon à l'ouvrage de Jean Martin ; pour rédiger les annotations qu'il a jointes à la traduction du Vitruve, il fallait que non-seulement cet artiste sût manuellement écrire, mais écrire dans l'acception littéraire du mot.

Ici se termine notre tâche ingrate et laborieuse. Nous ne nous flattons pas d'avoir résolu les différentes questions que nous nous sommes posées; mais probablement le lecteur nous saura gré de les avoir groupées, examinées et discutées presque en regard de la réunion des ouvrages du maître. Ce rapprochement suggérera plus d'un aperçu ingénieux, plus d'une réflexion utile. Peut-être un jour le hasard fera-t-il découvrir des documents dont nous avons vainement cherché l'existence ou même la trace? Quelques mémoires, quelques manuscrits du temps, enfouis dans des archives communales ou dans des papiers de famille peuvent surgir, au moment le plus inattendu, de la poussière des cartons et venir révéler avec précision la date et le lieu de la naissance et de la mort de Jean Goujon. Par là, on pourra savoir en même temps s'il est allé s'inspirer des chefs-d'œuvre que fécondait alors le beau soleil d'Italie, ou si la vue des productions des artistes italiens appelés à Paris par la munificence royale a suffi, sous notre climat plus tempéré, à développer le germe des heureuses dispositions qu'il avait reçues de la nature. Mais la connaissance de ces détails propres à satisfaire la curiosité des biographes, ne pourra, aux yeux des amis des arts, rien ajouter à la gloire du sculpteur. Cette gloire résulte tout entière du mérite et de l'ensemble des productions de son ciseau. Or, pour la rendre indestructible, pour que les ravages du temps ne puissent plus y porter de nouvelles atteintes, nous aurons plus fait, en recueillant dans un volume les gravures des travaux qui nous restent de lui, qu'en donnant sur chaque phase de sa vie les particularités les plus minutieuses. Pourquoi d'autres n'ont-ils pas conçu avant nous cette manière d'honorer la mémoire de Jean Goujon? nous posséderions aujourd'hui plusieurs des beaux morceaux dont nous sommes réduits à déplorer la perte. Ce sont là les seuls fleurons qui, en dépit de nos efforts, manquent maintenant à sa couronne d'immortalité.

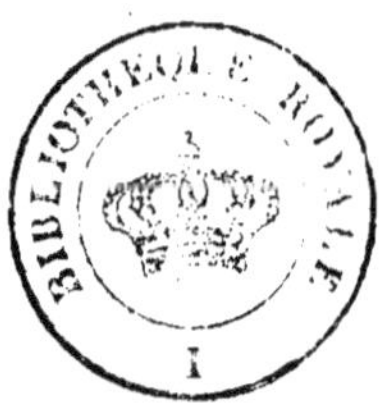

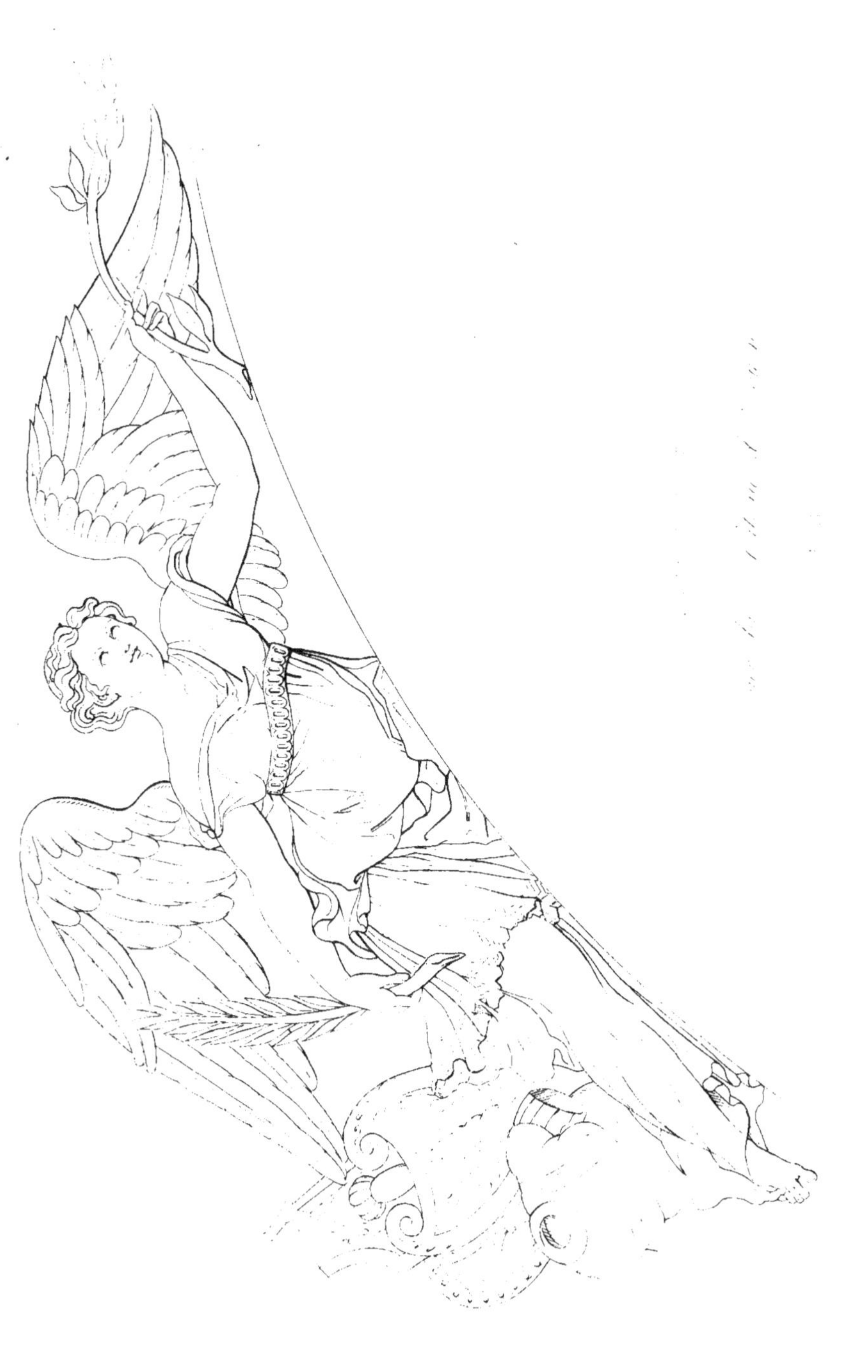

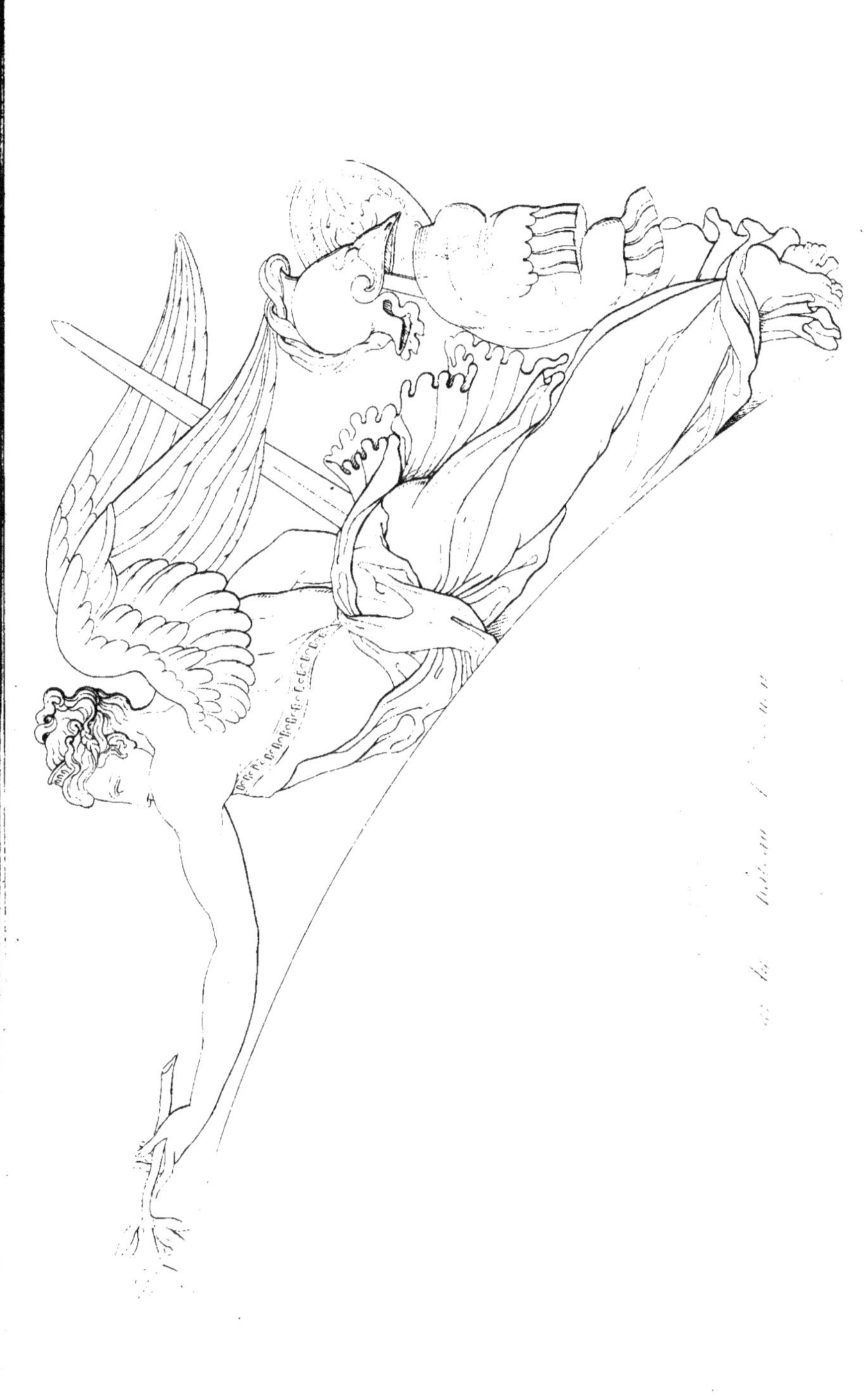

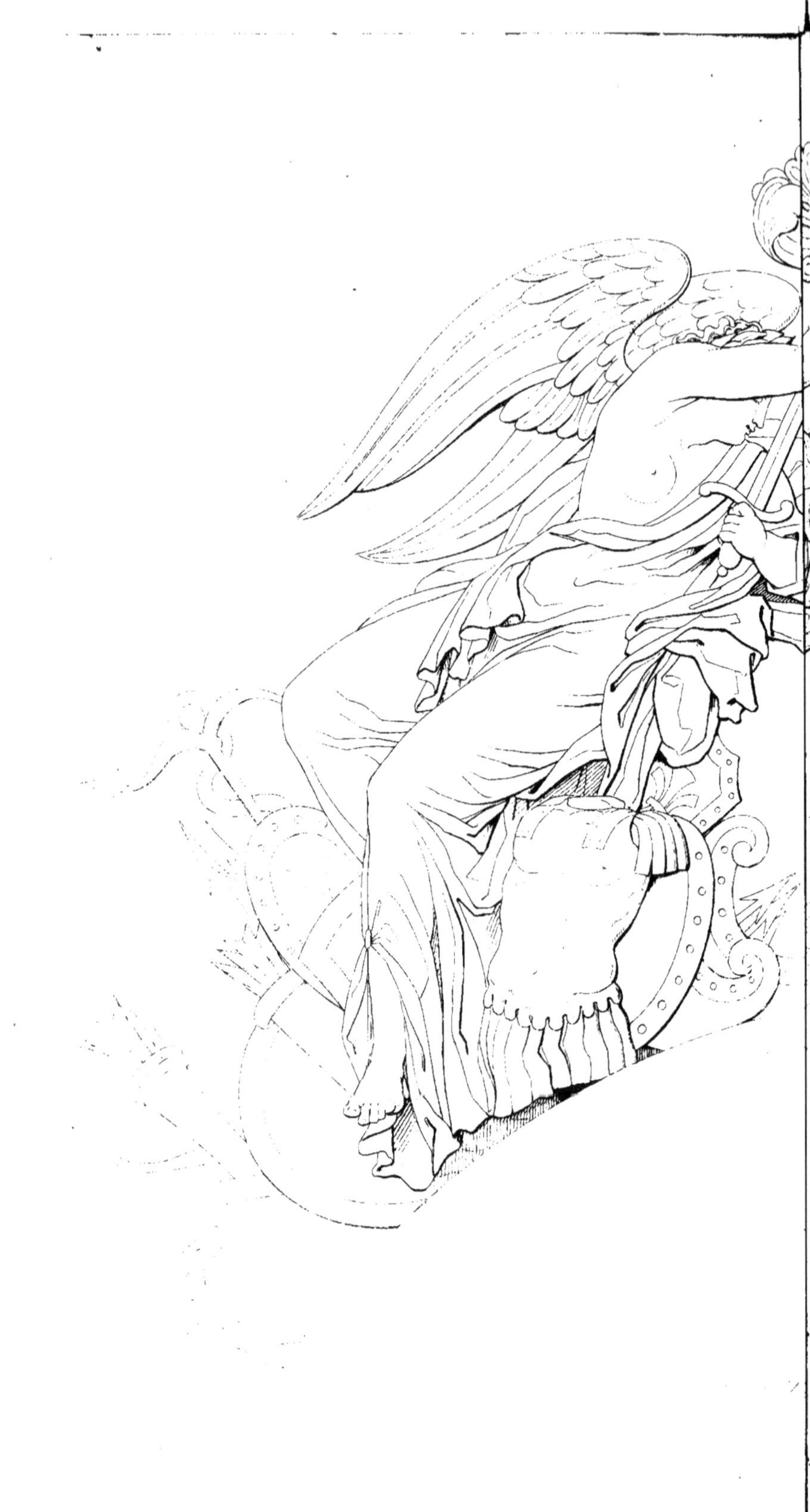

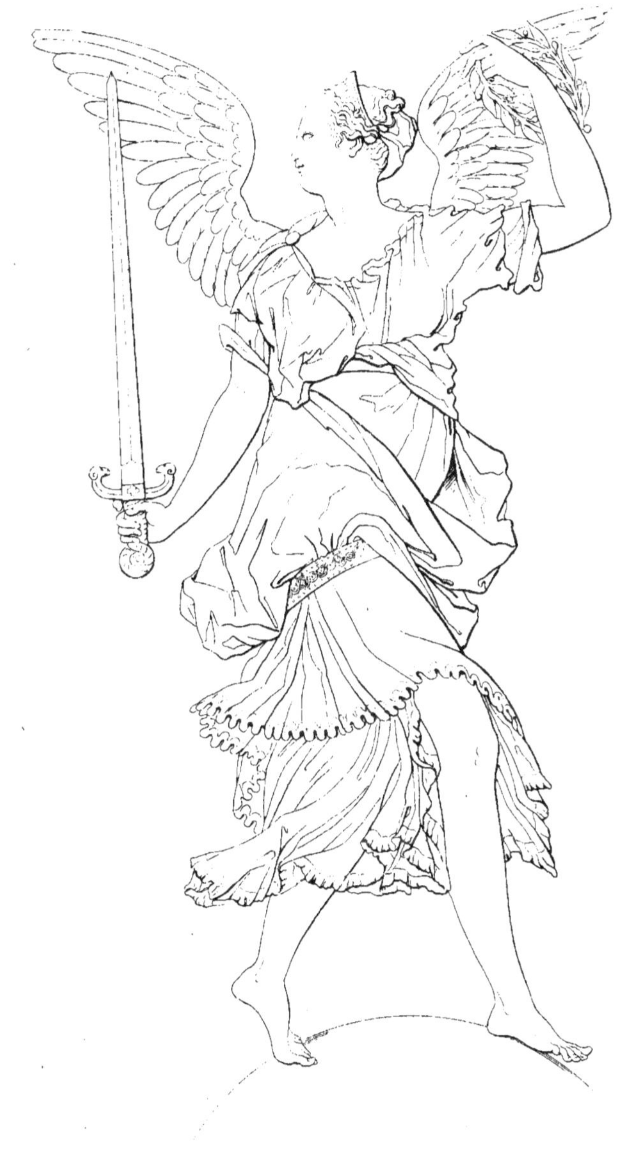

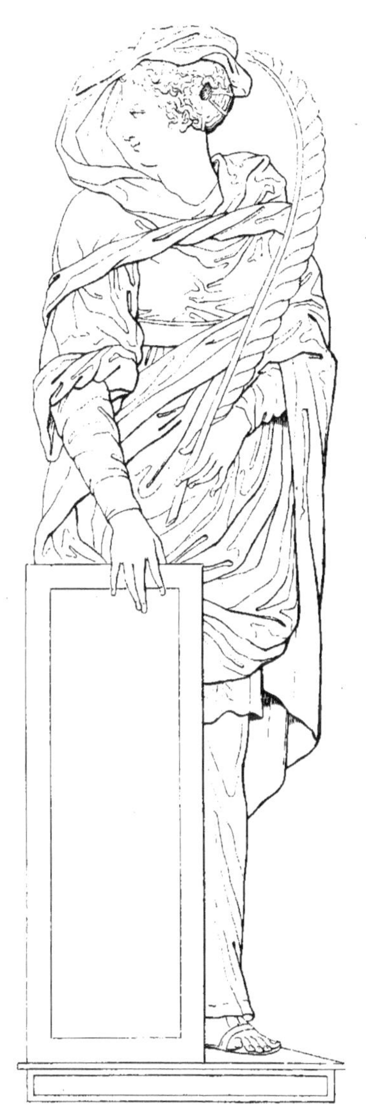

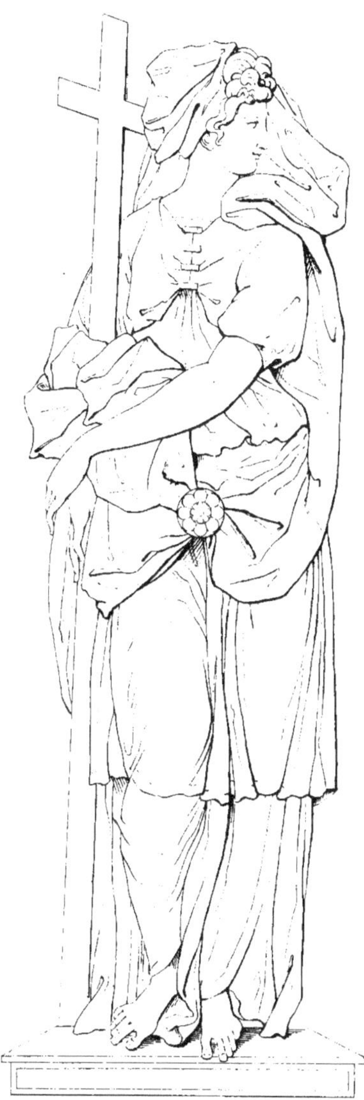

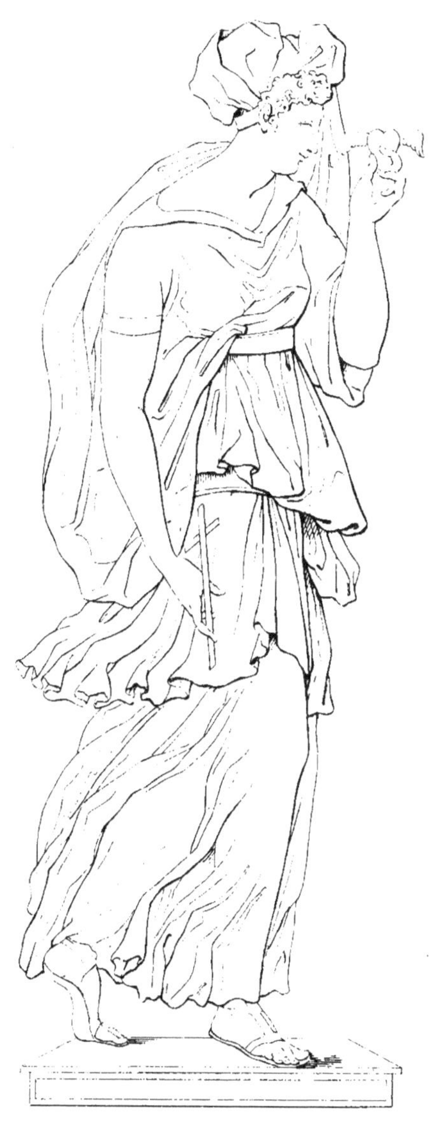

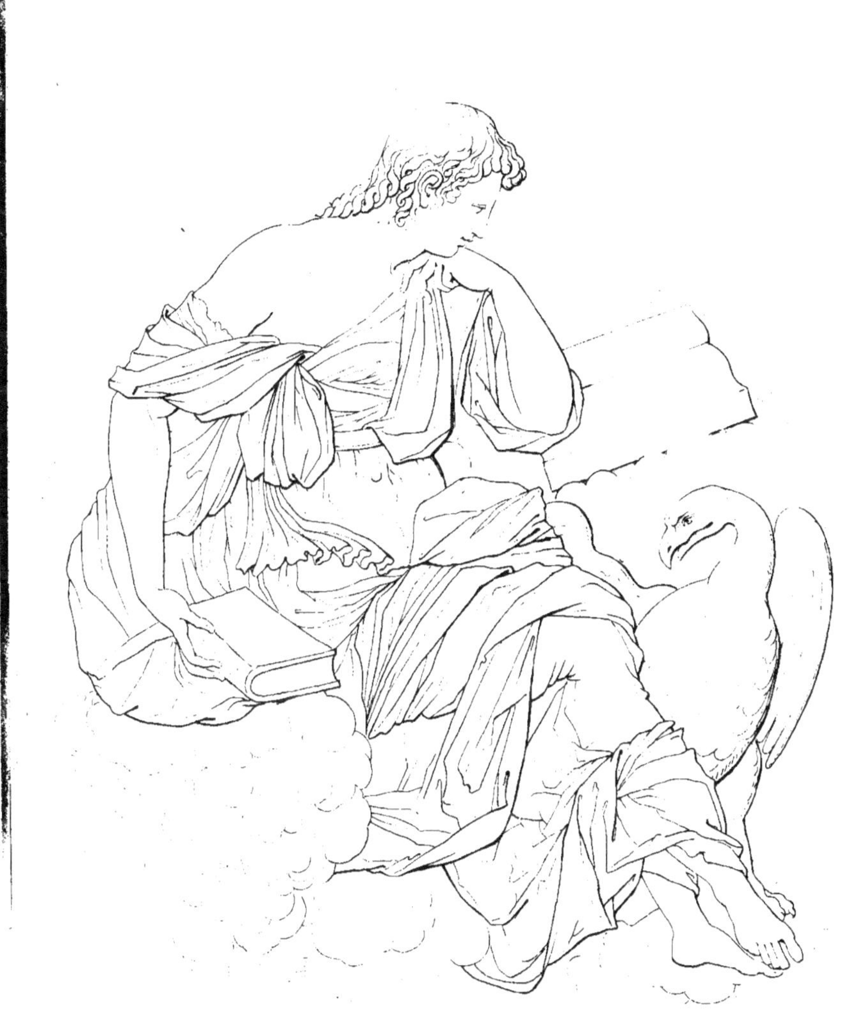

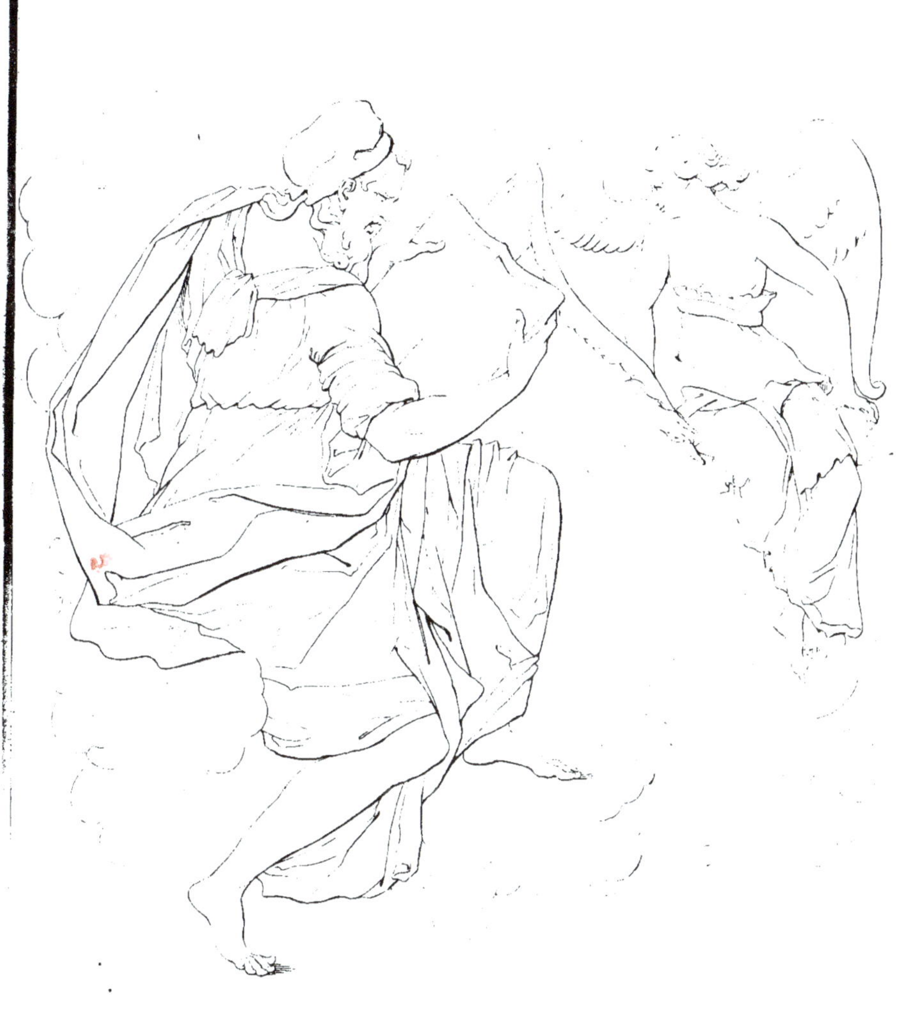

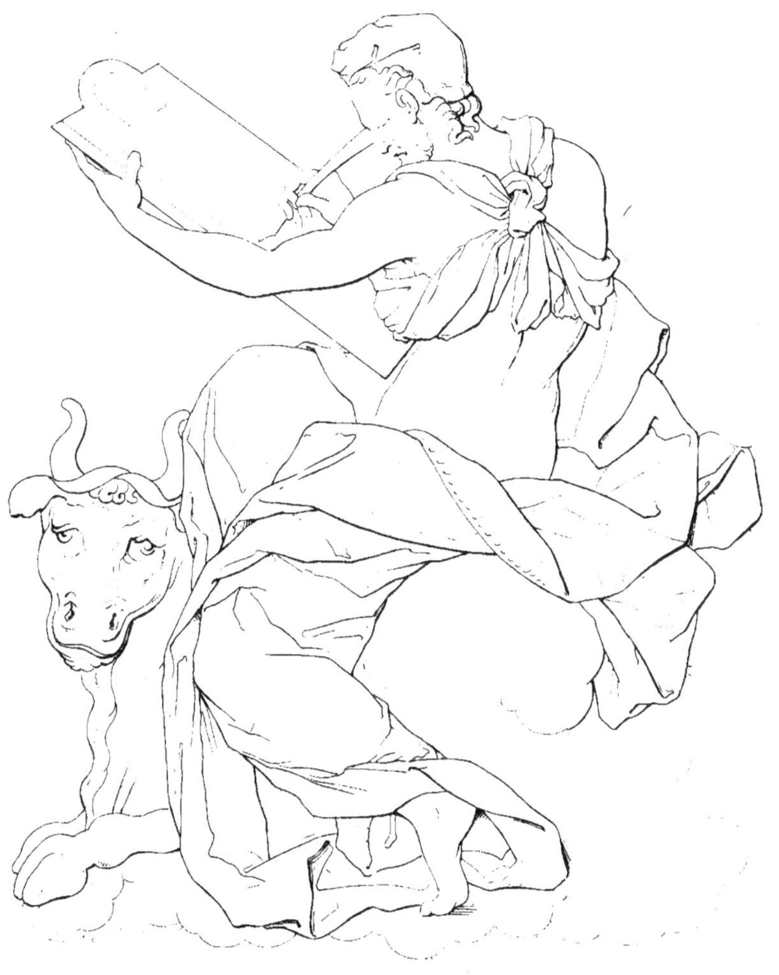

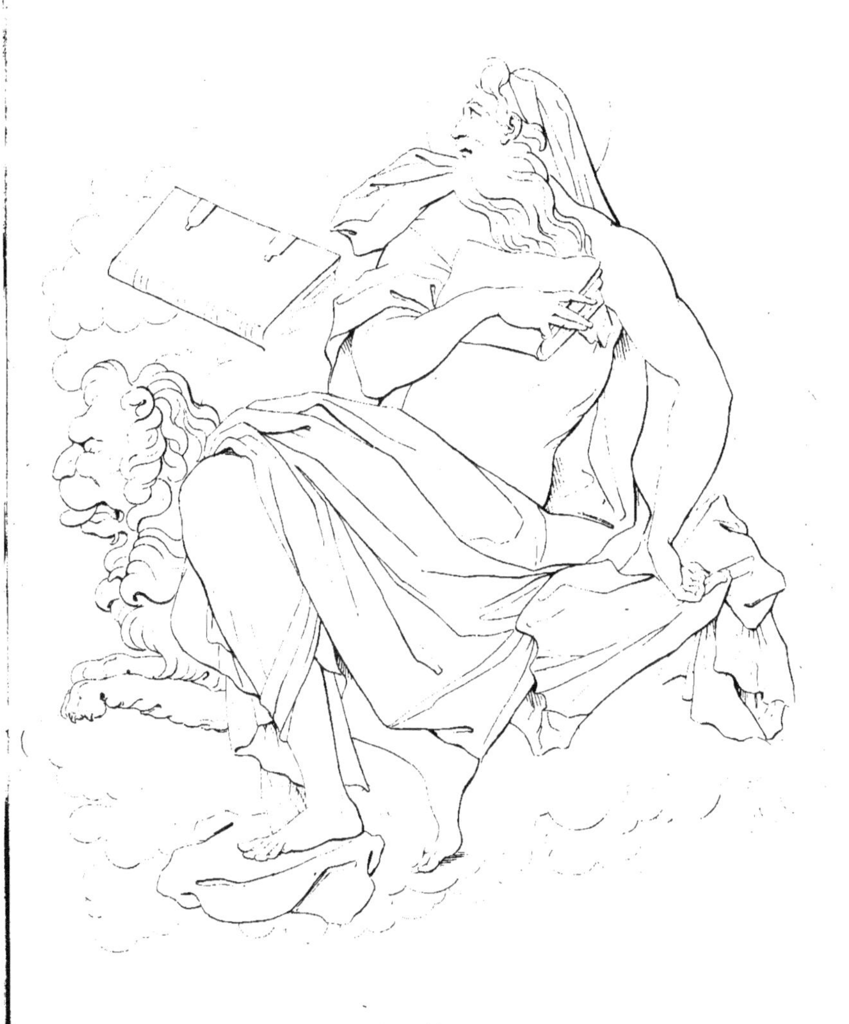

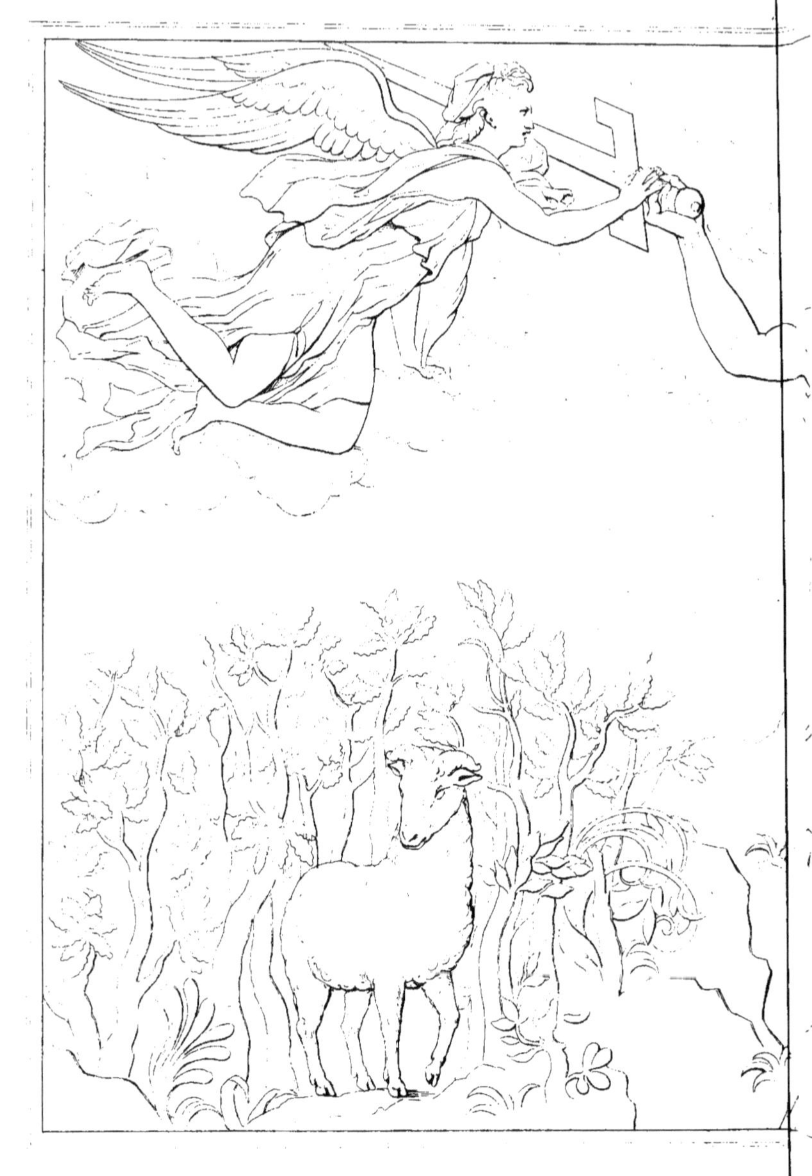

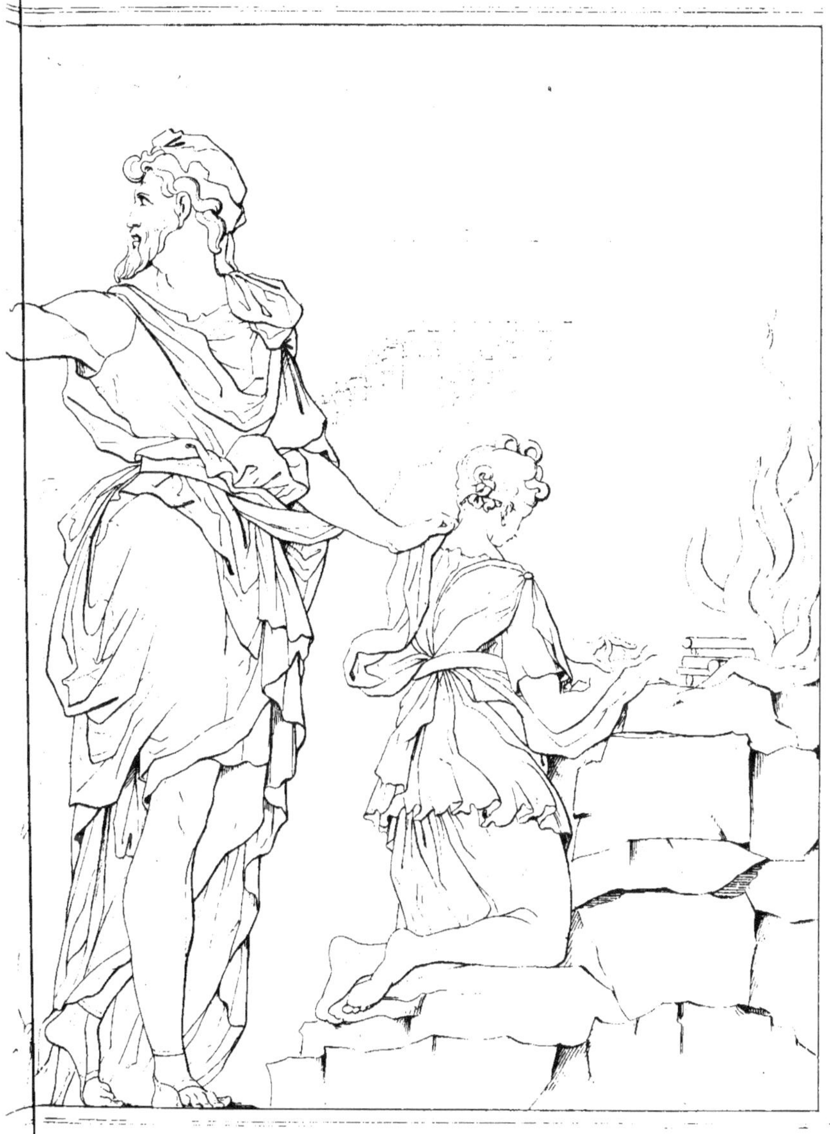

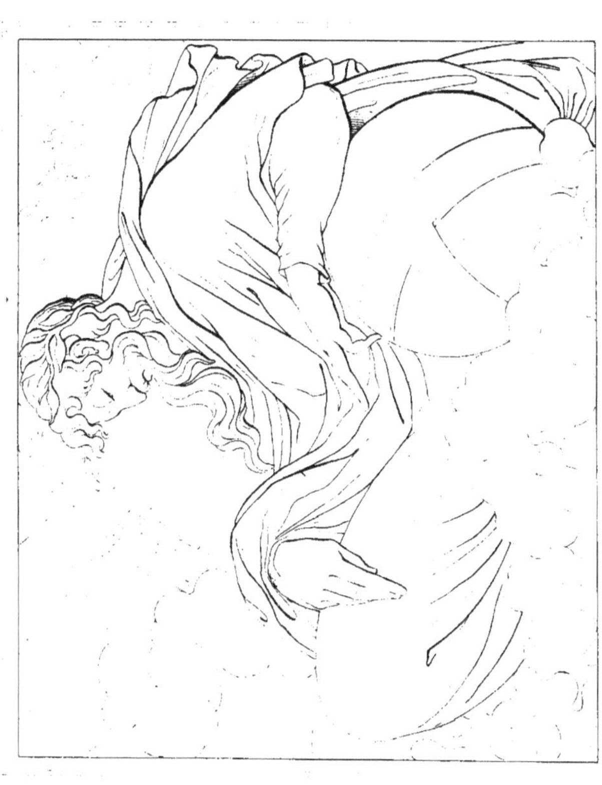

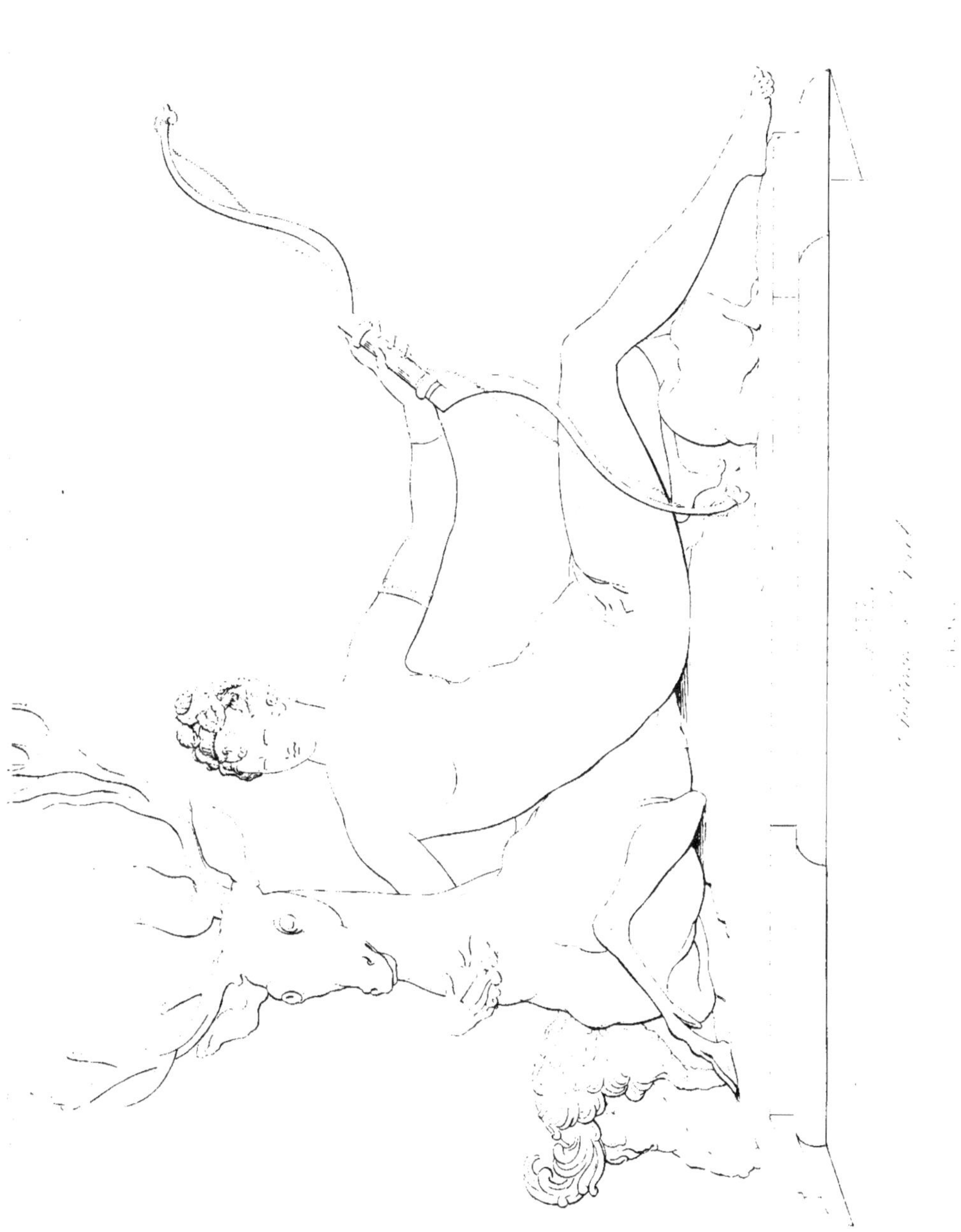

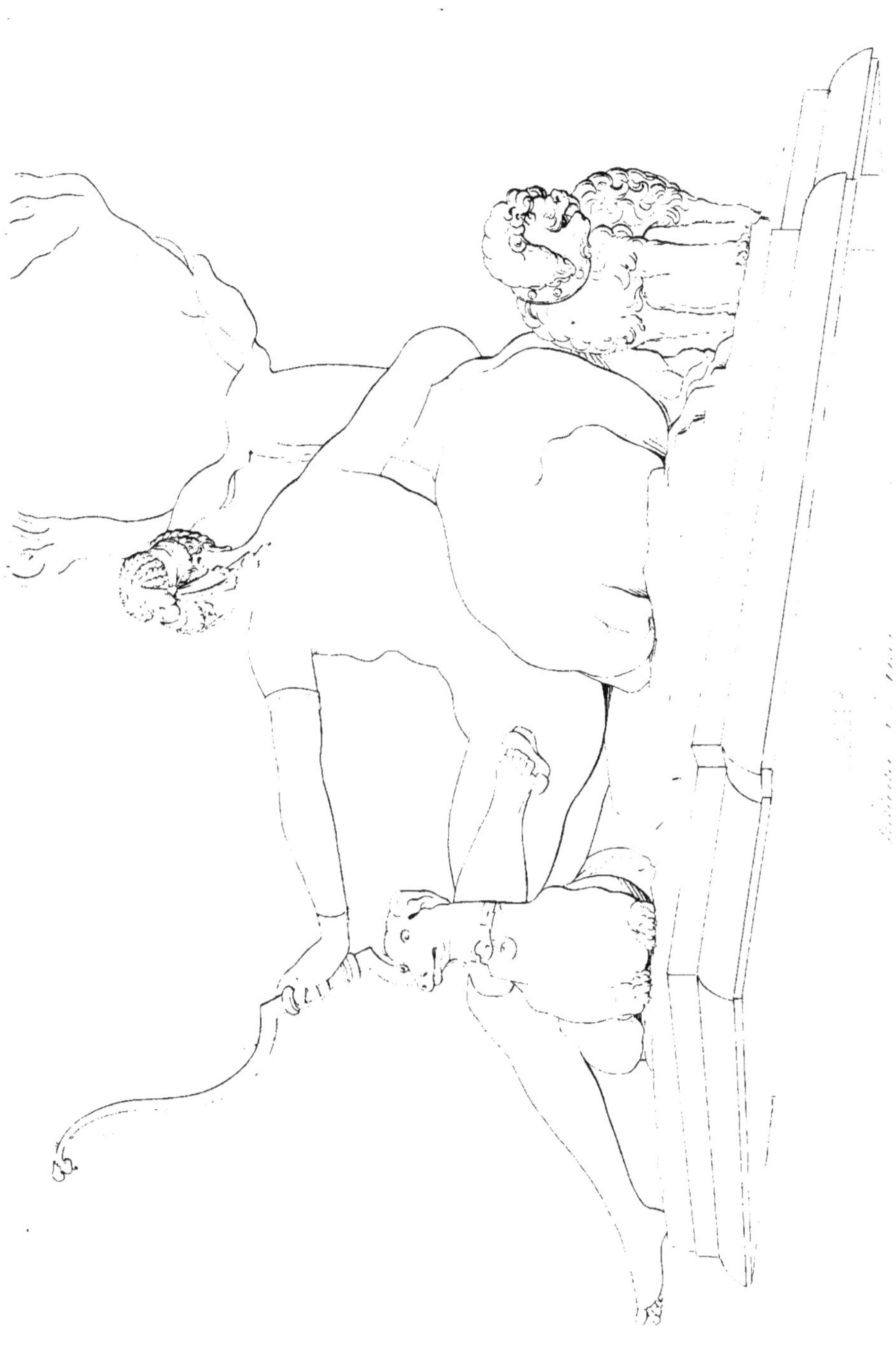

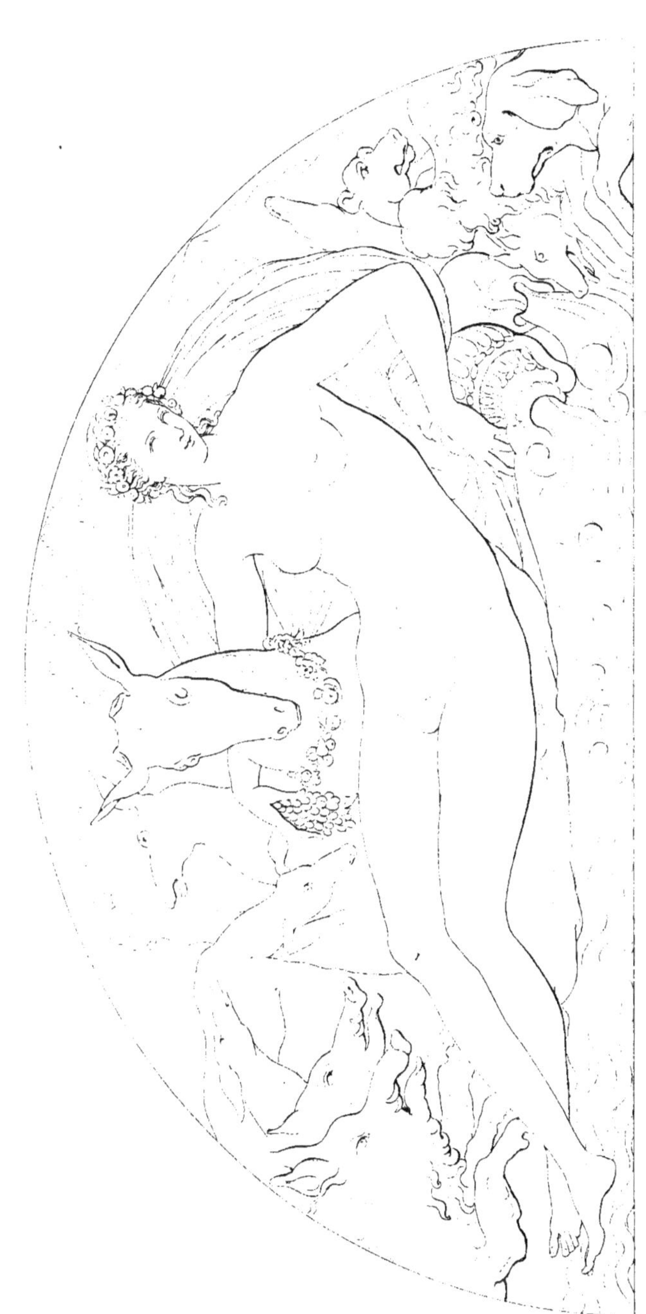

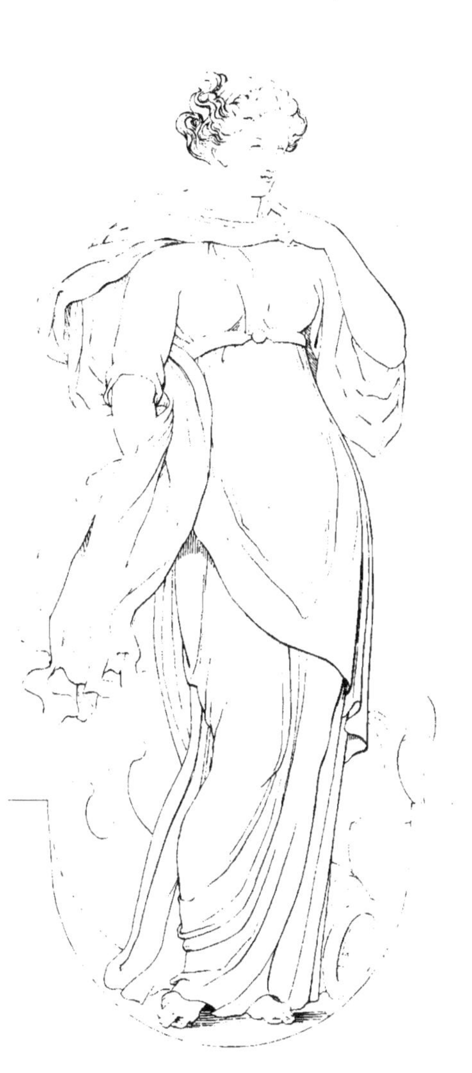

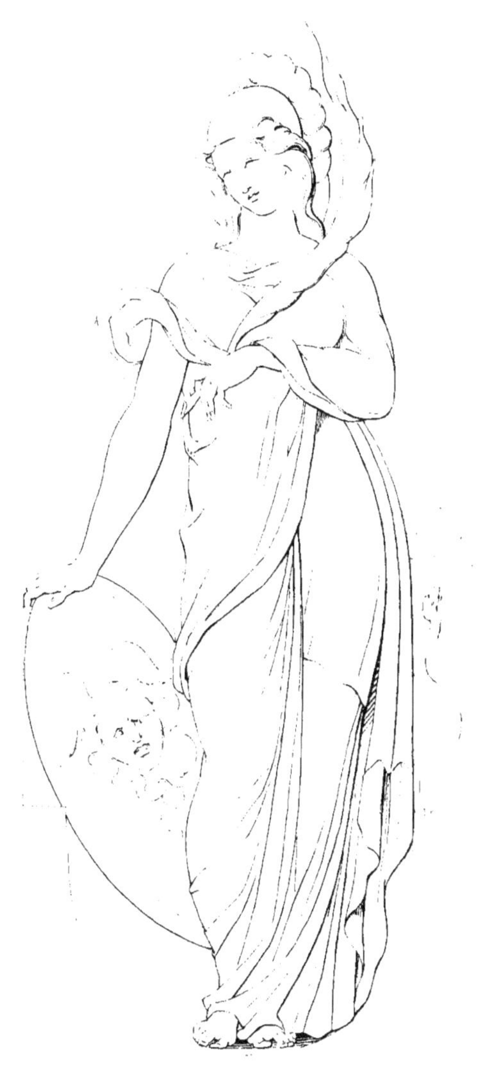

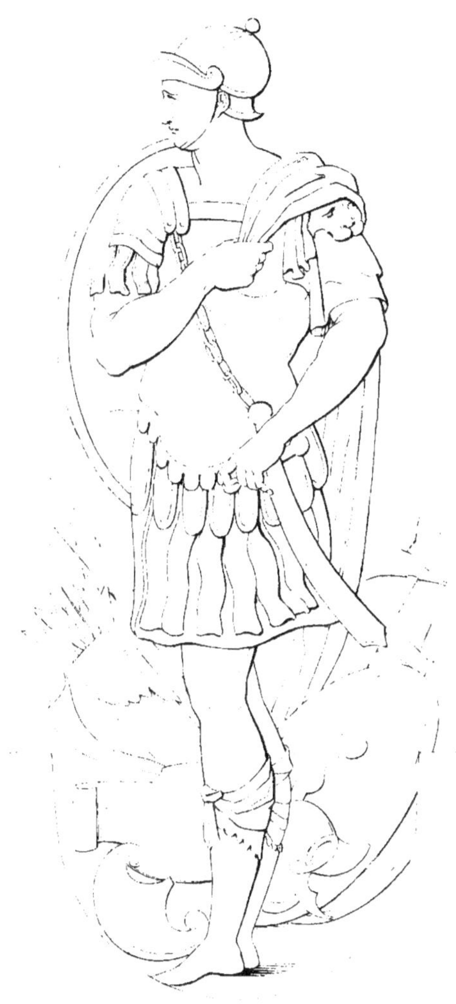

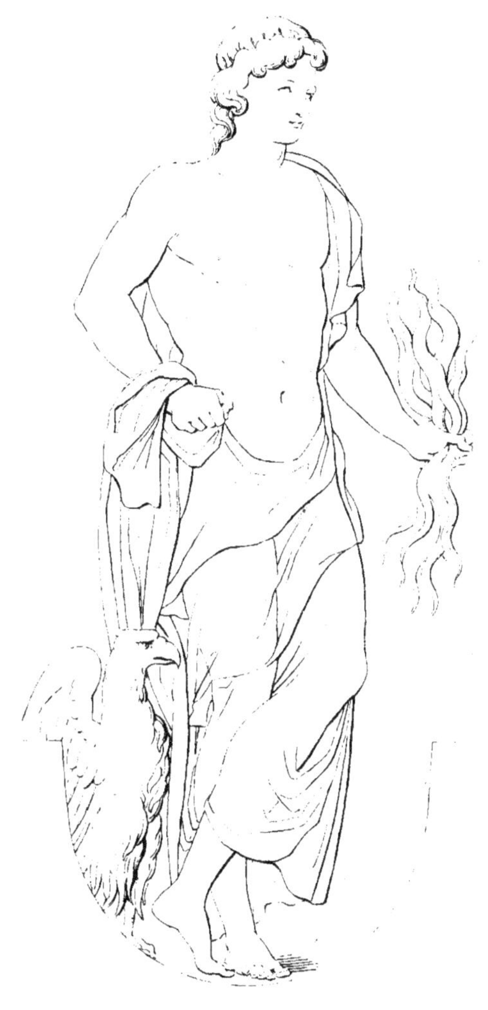

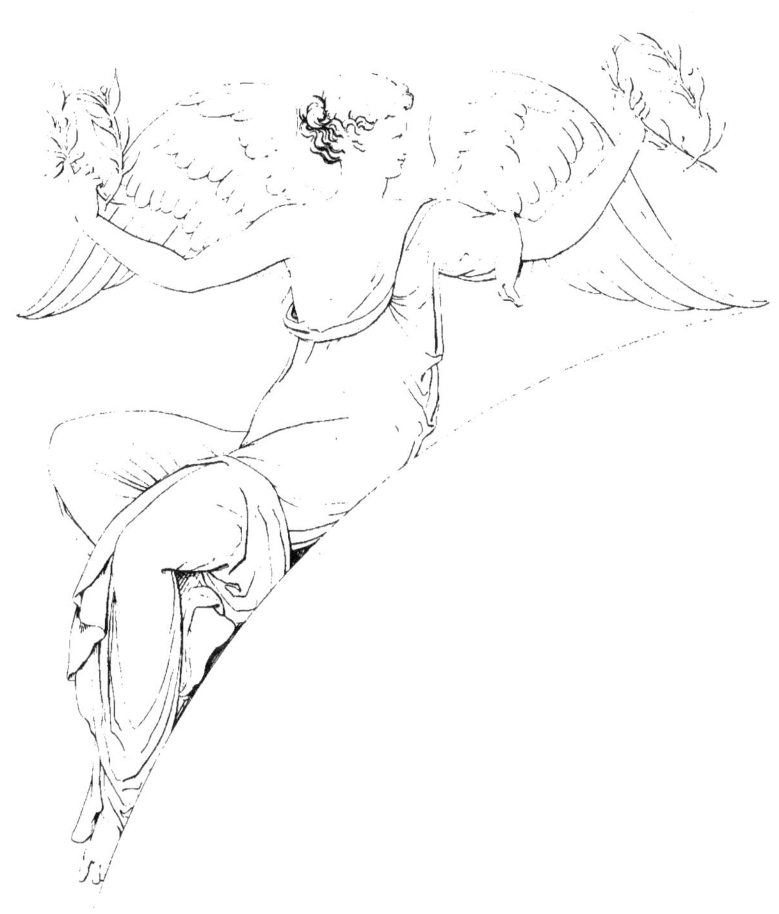

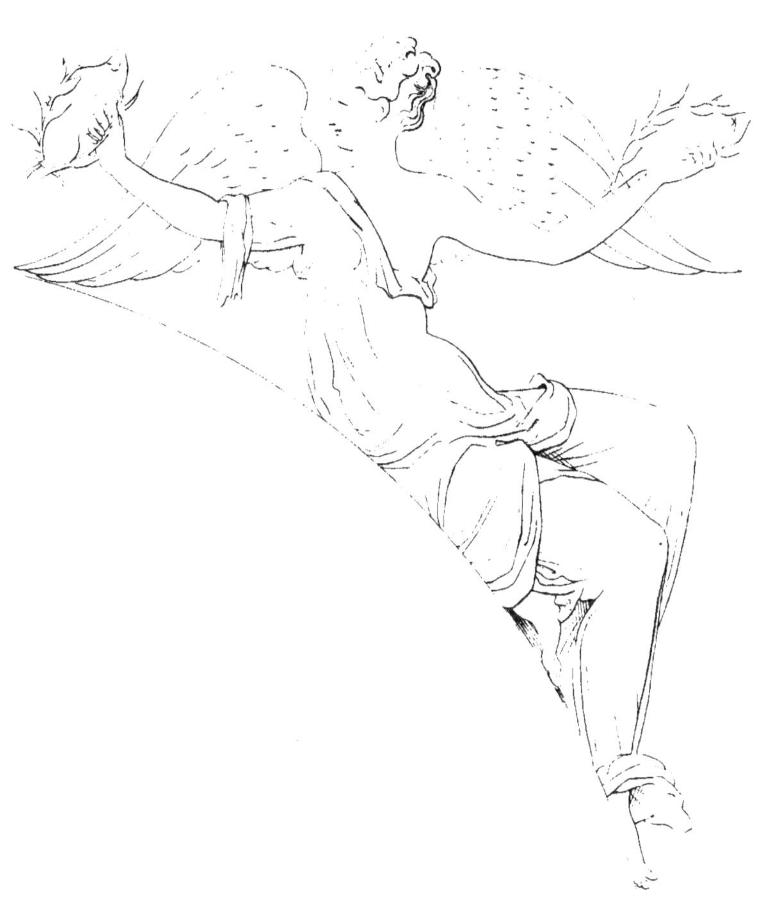

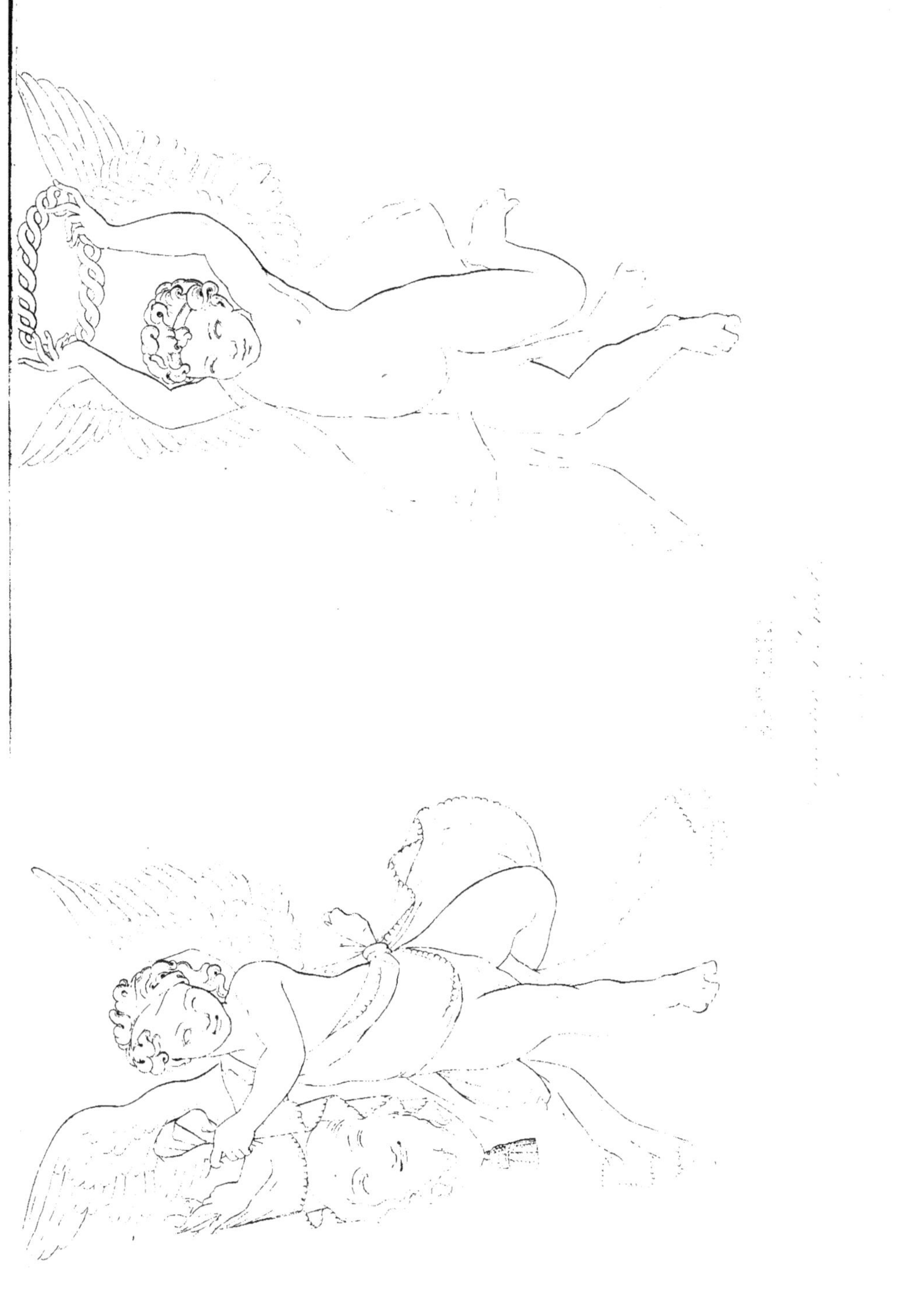

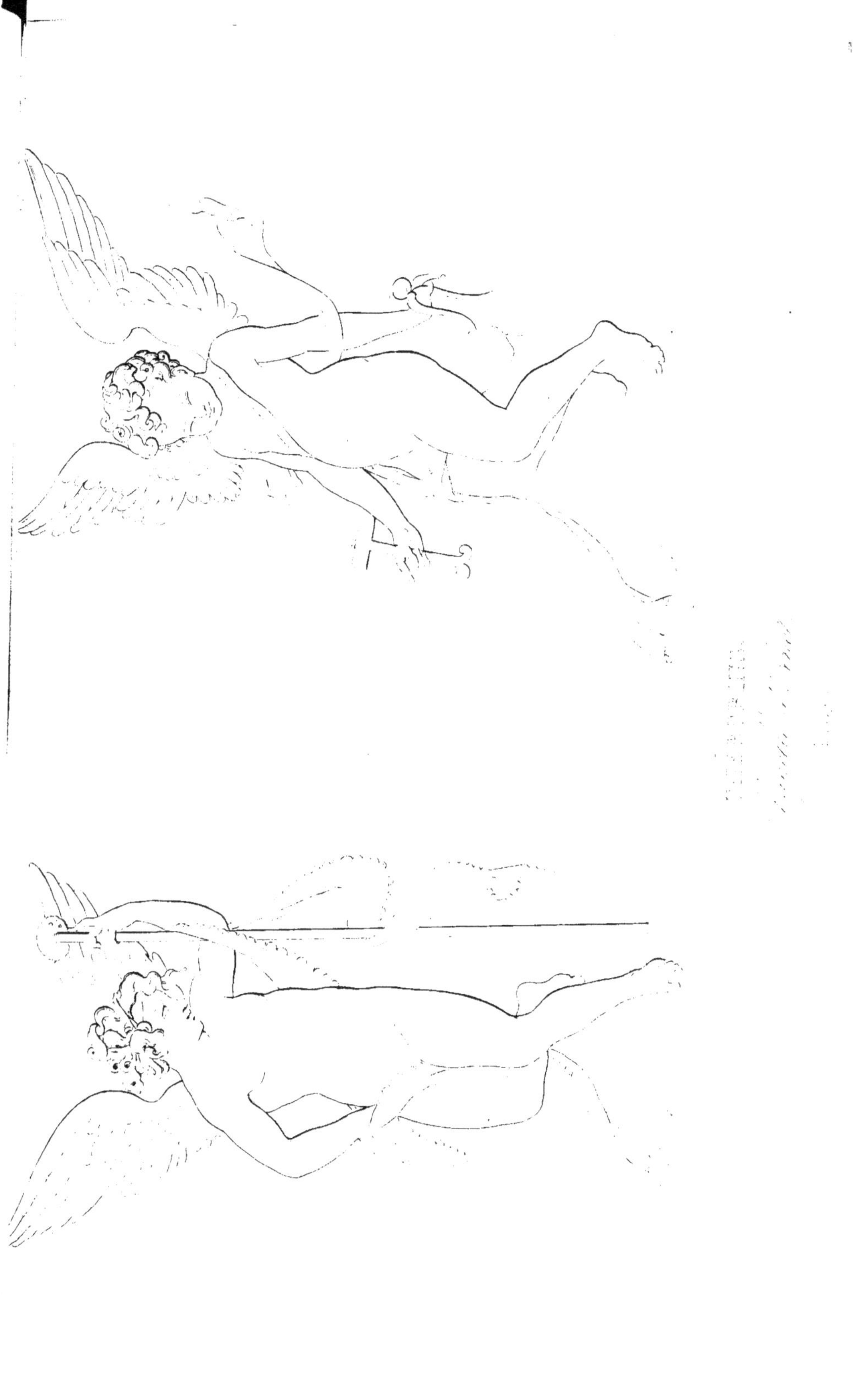

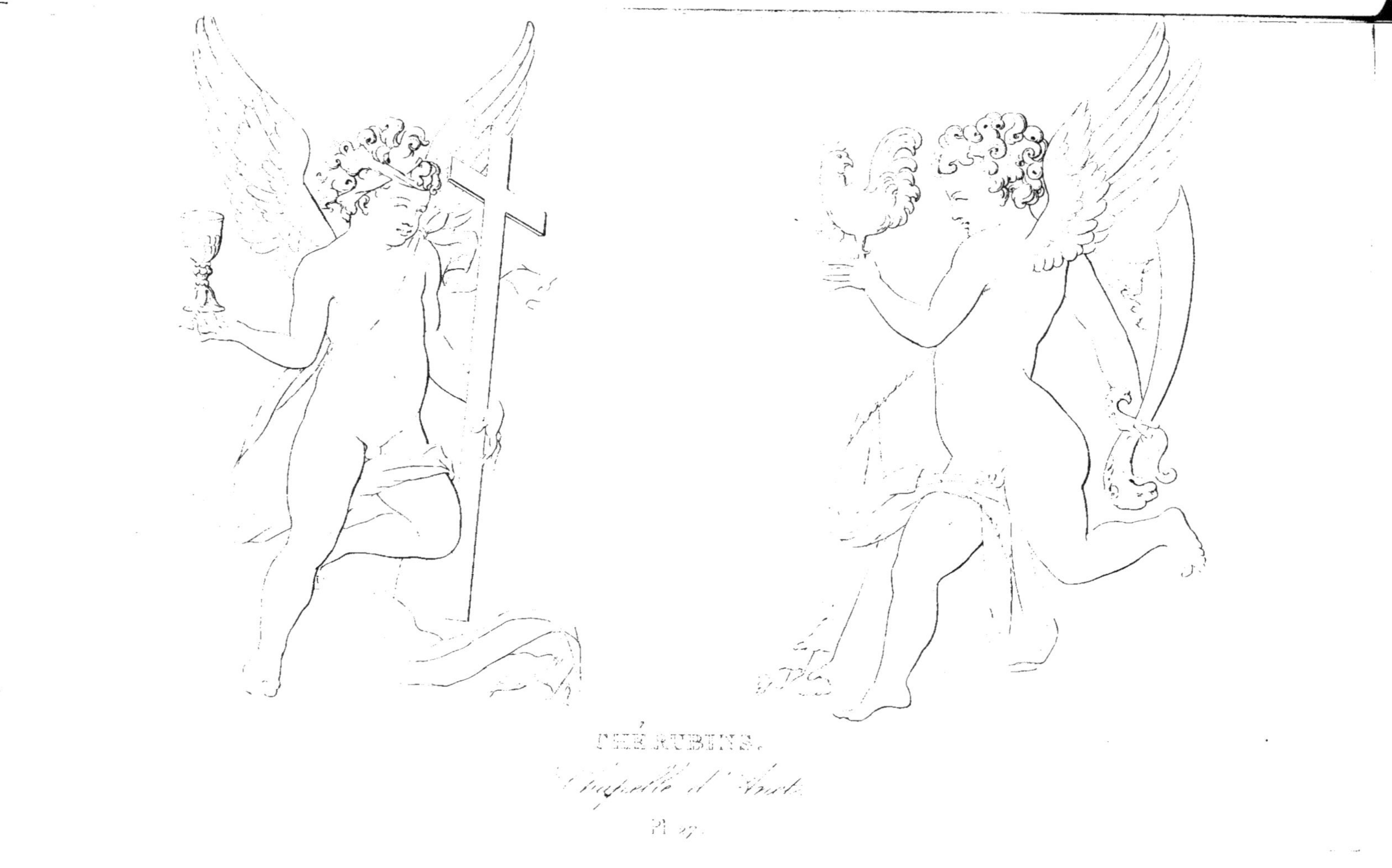

CHÉRUBINS.

Chapelle d'Anet

Pl. 27

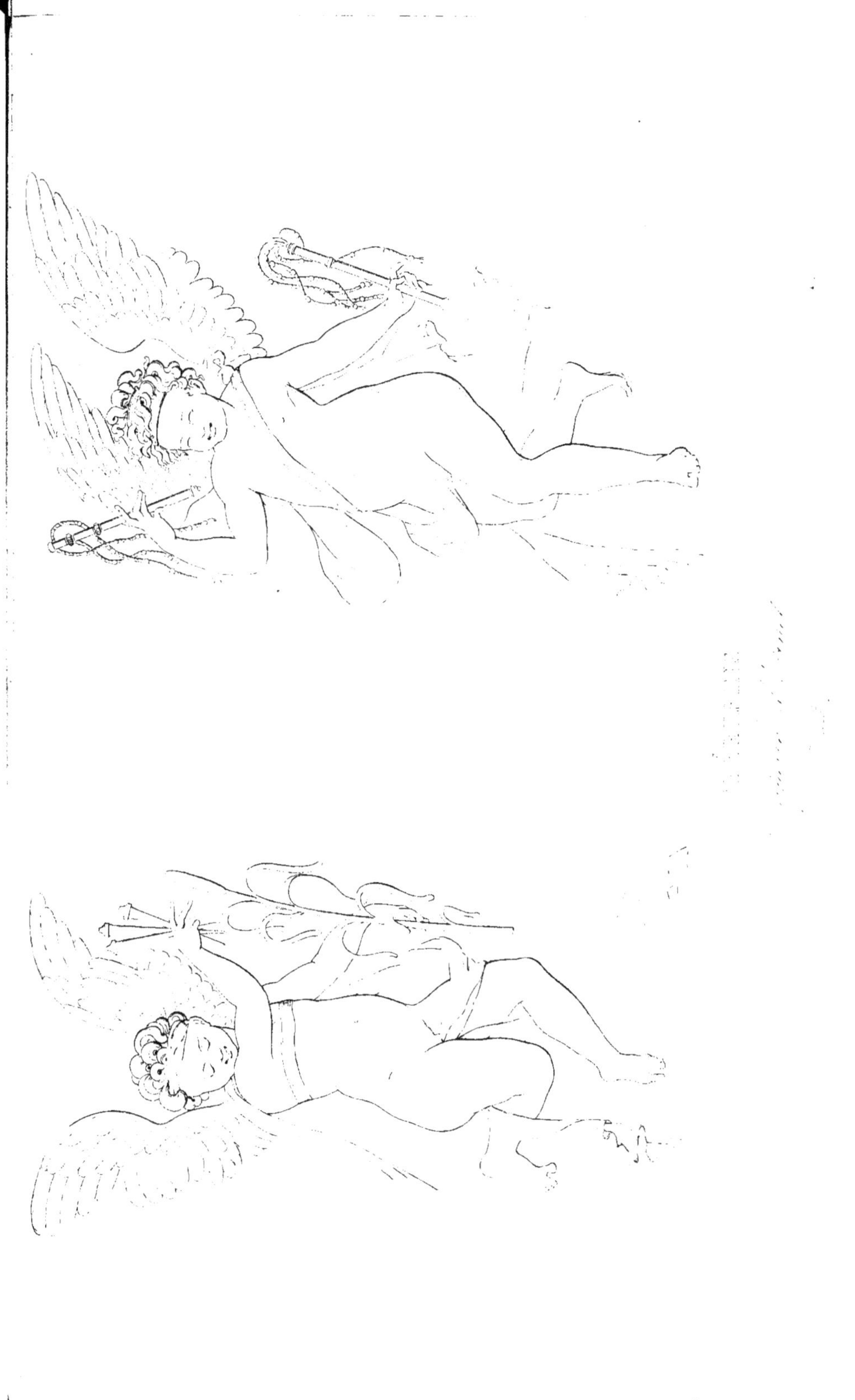

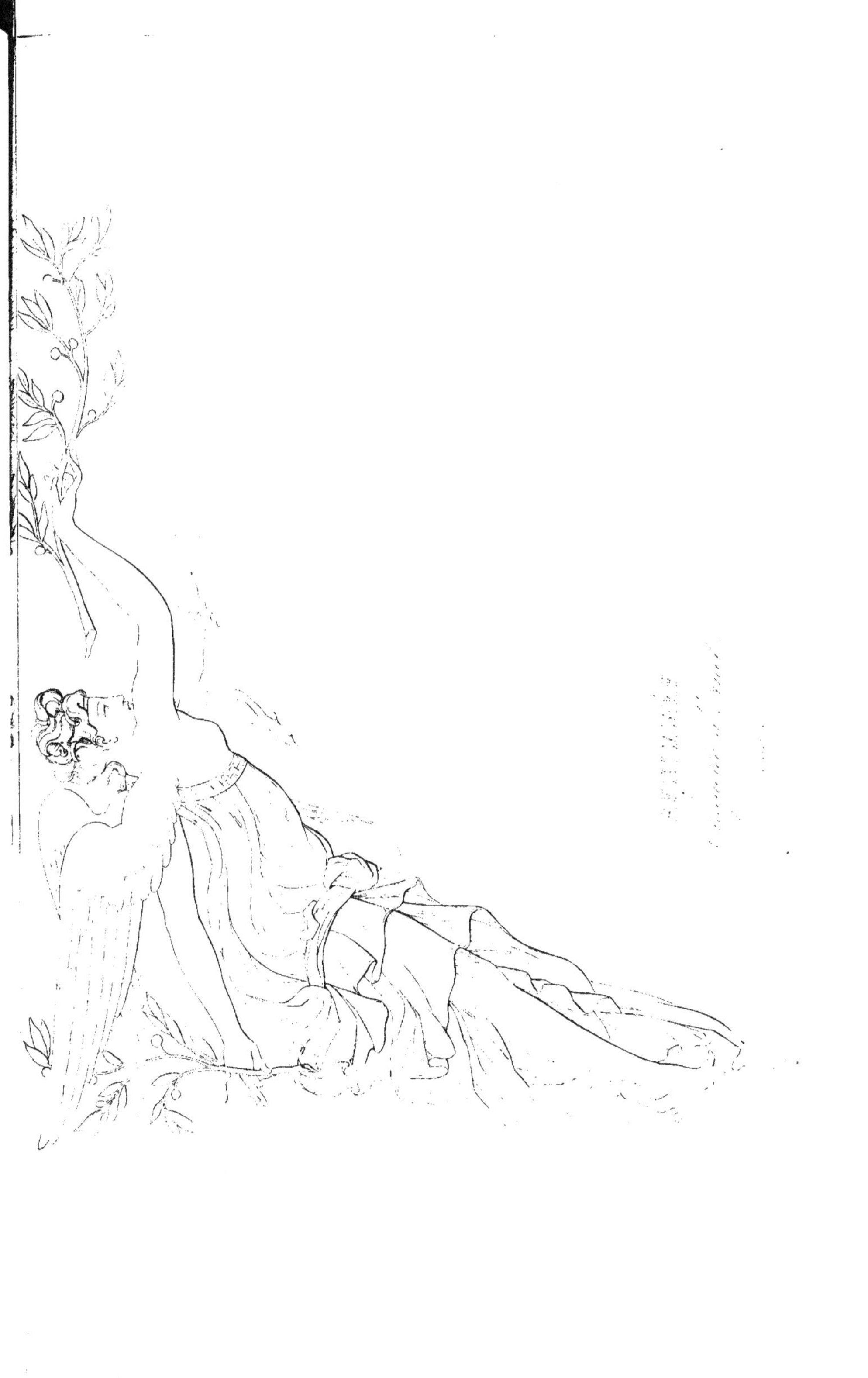

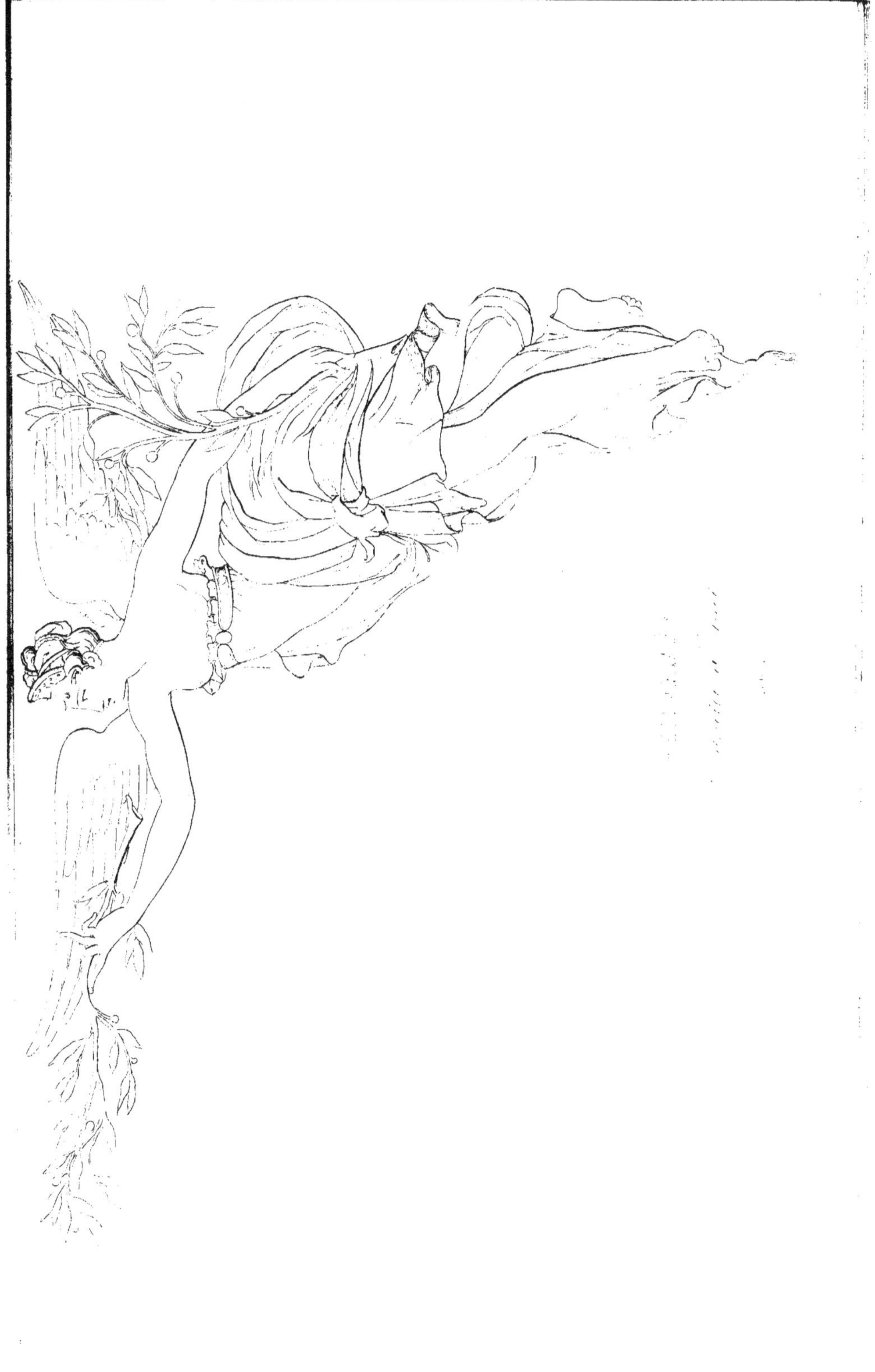

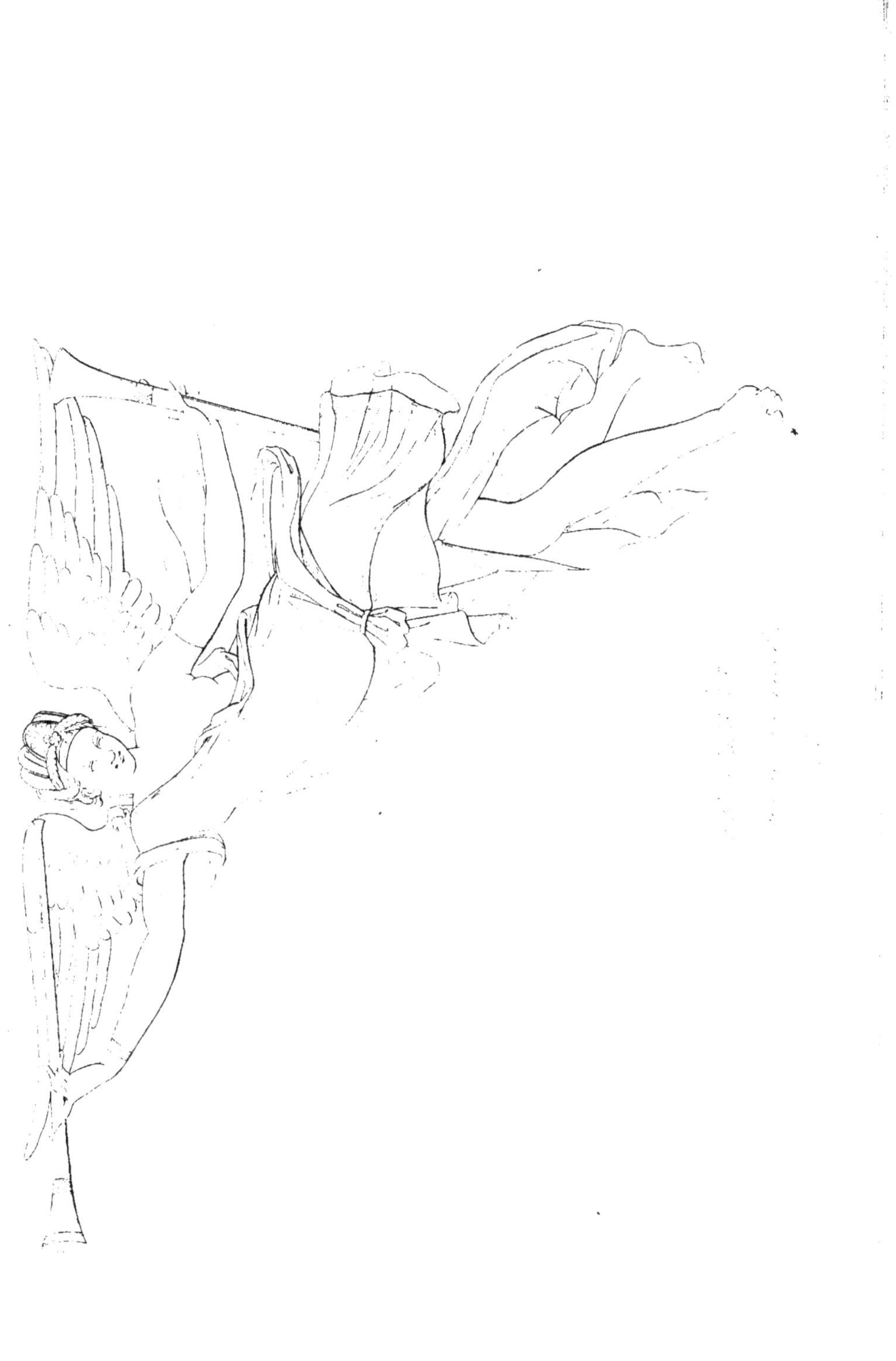

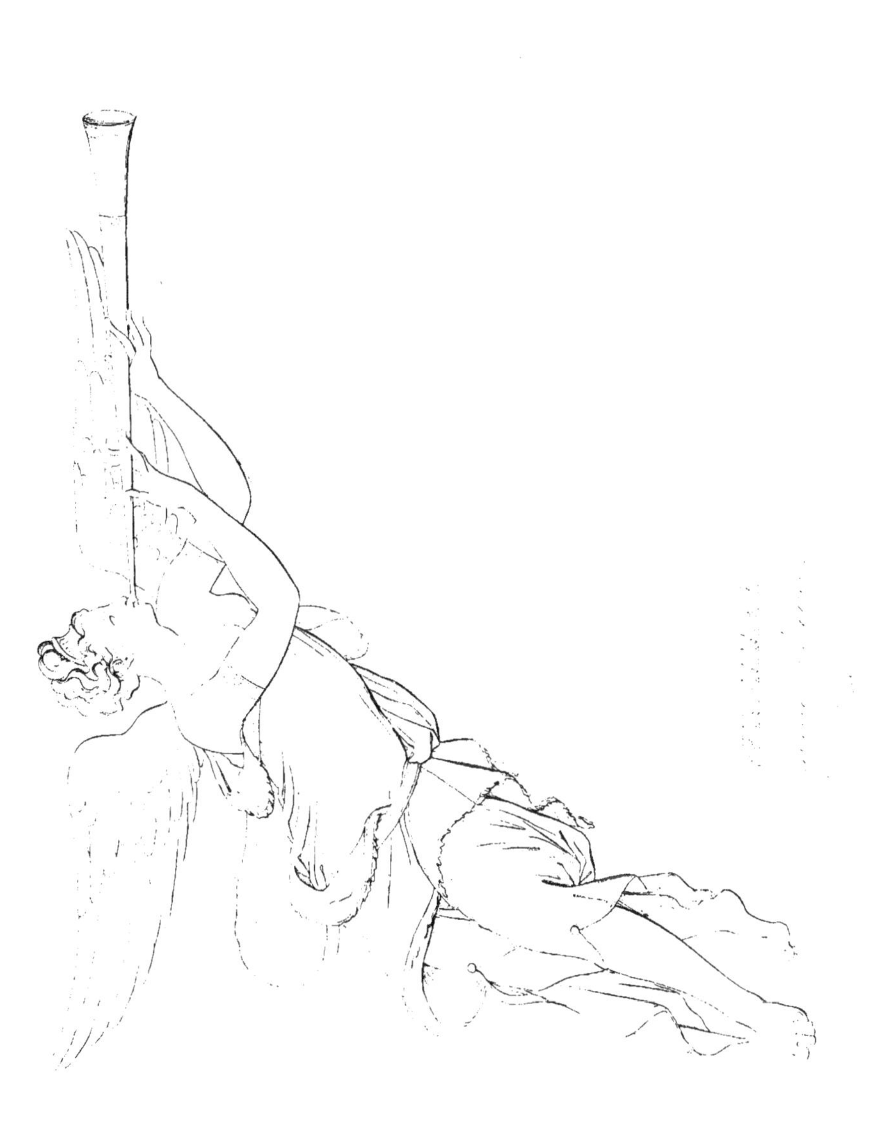

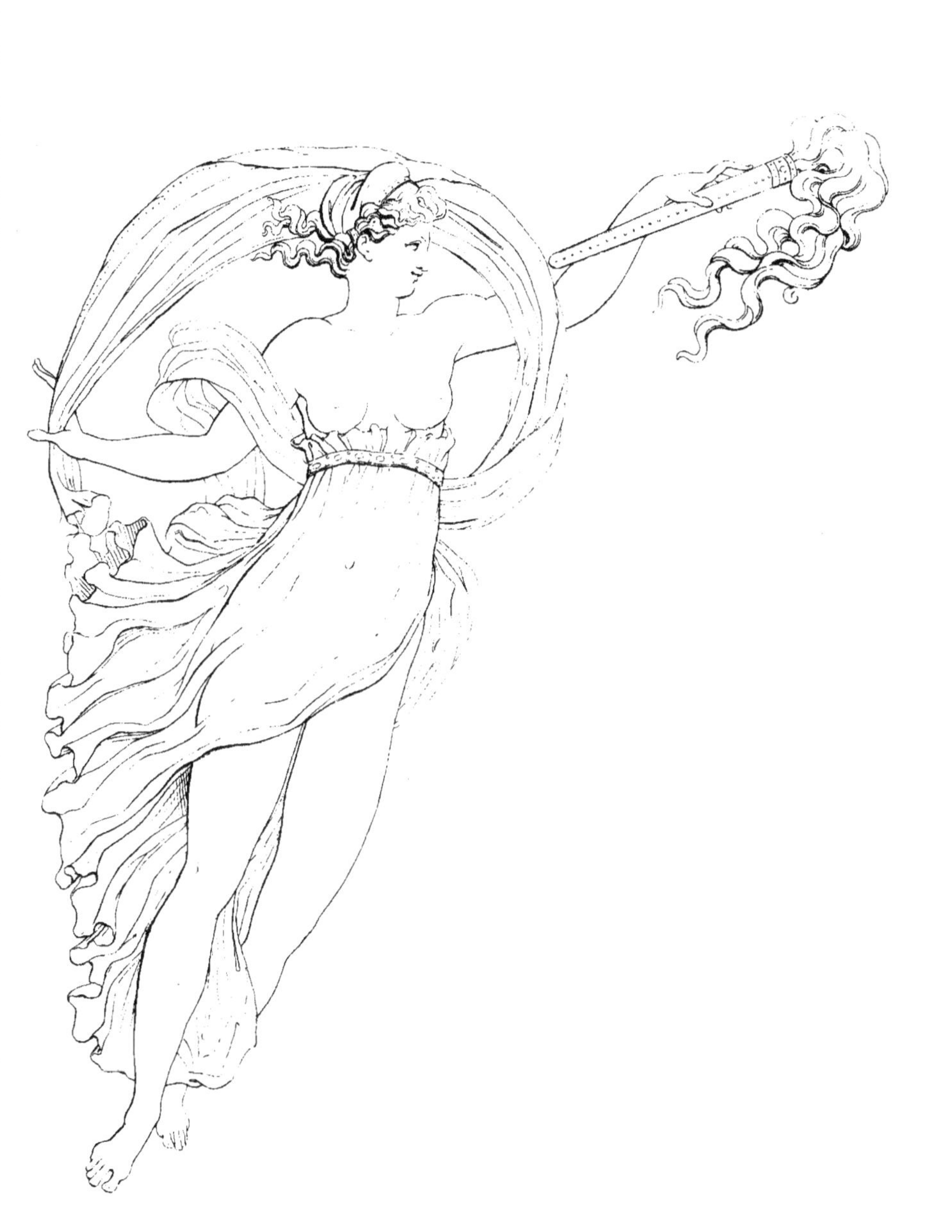

RENOMMÉE.

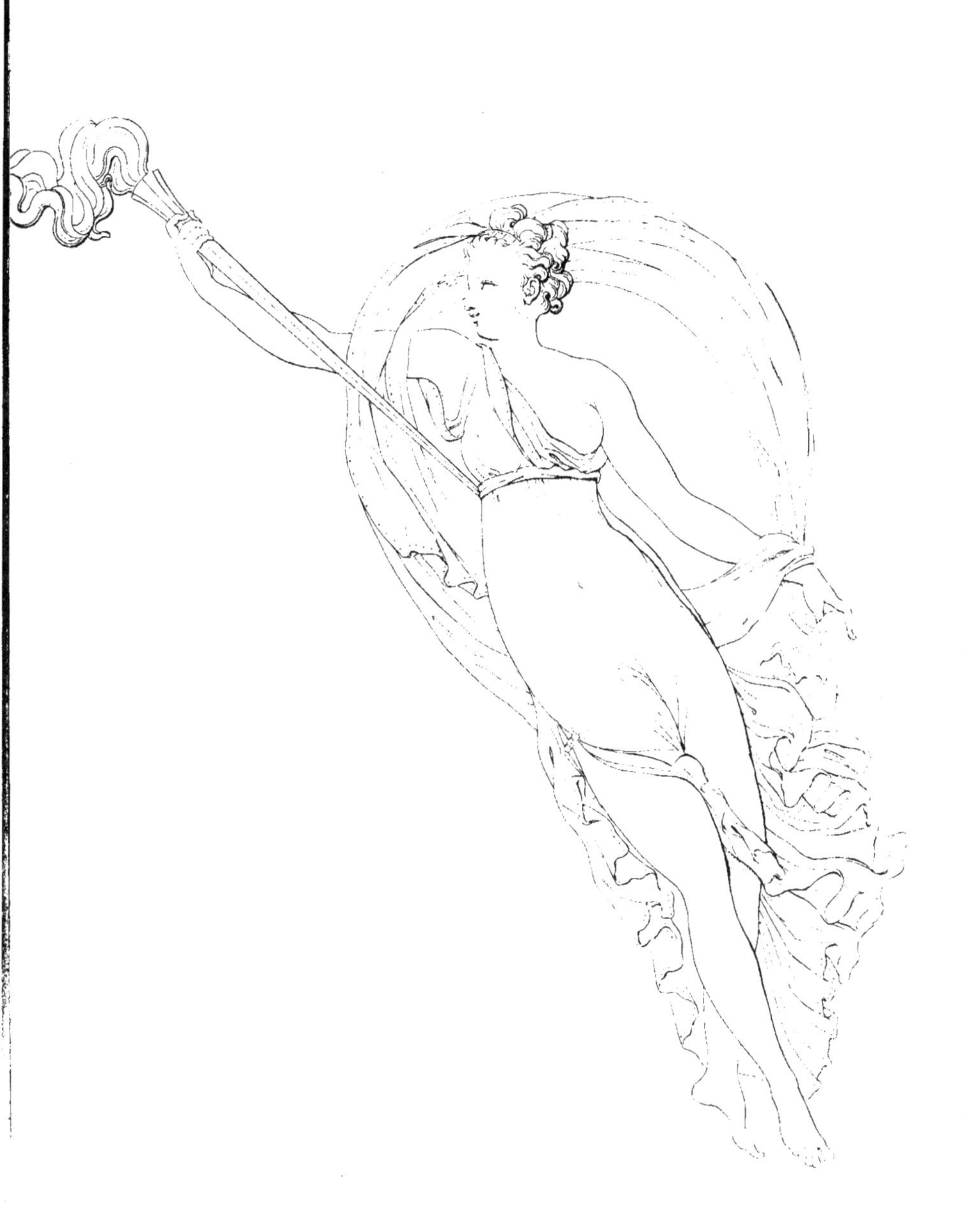

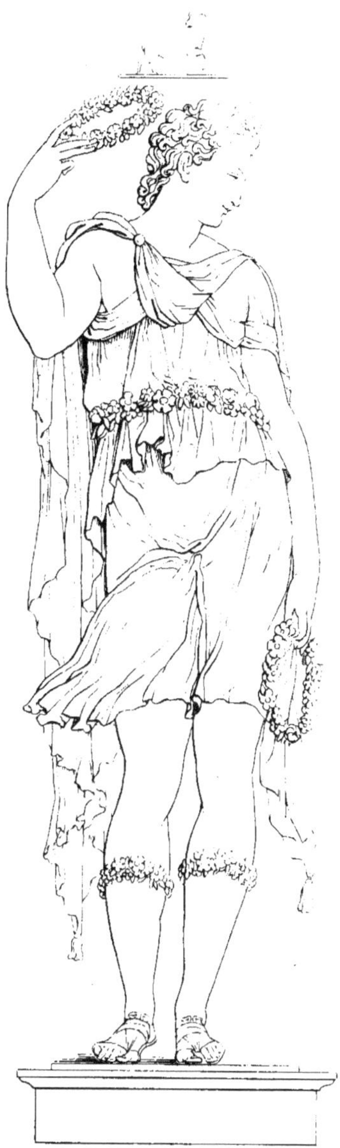

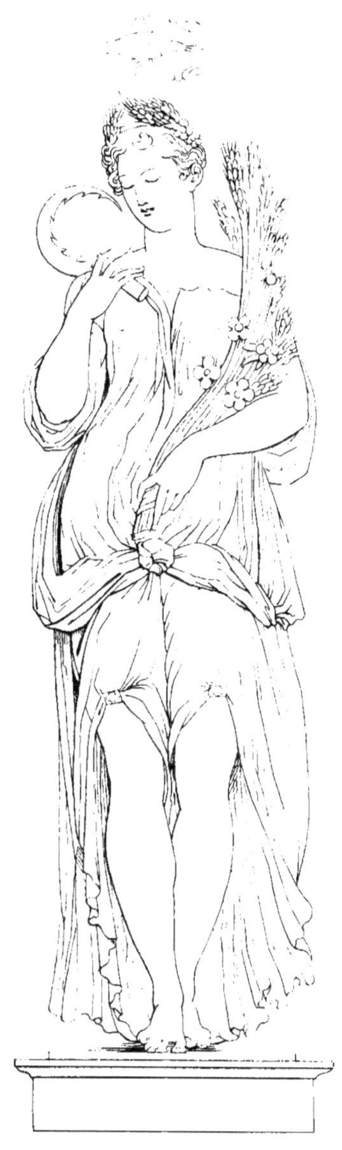

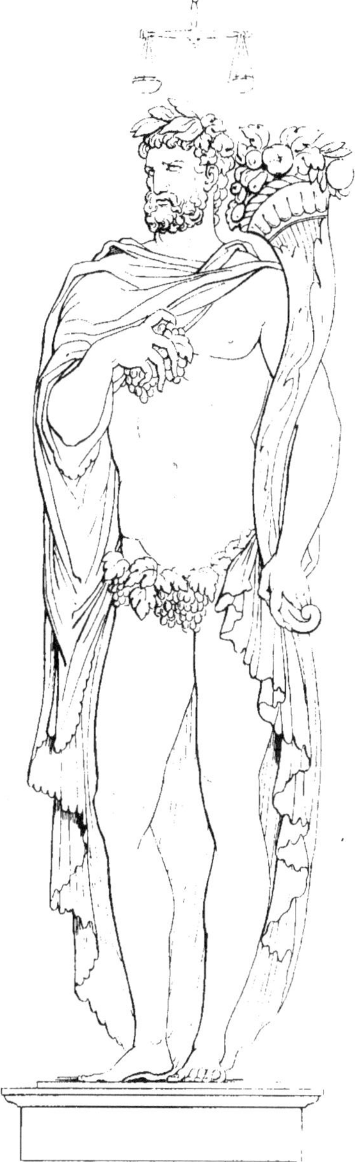

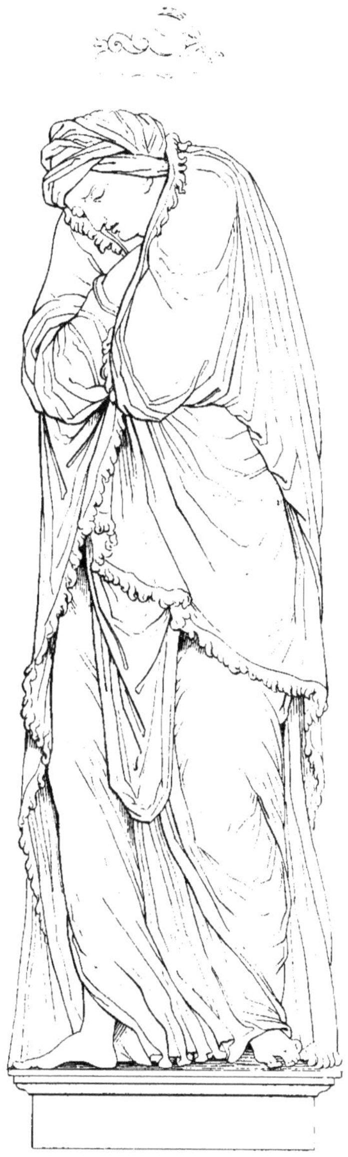

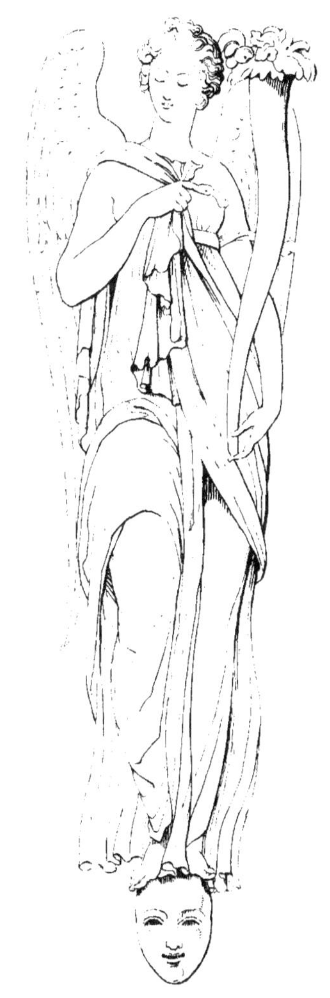

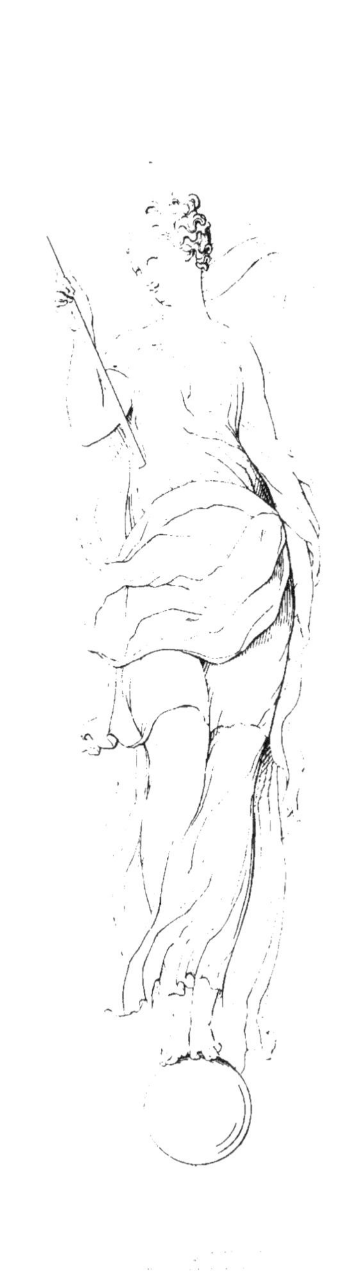

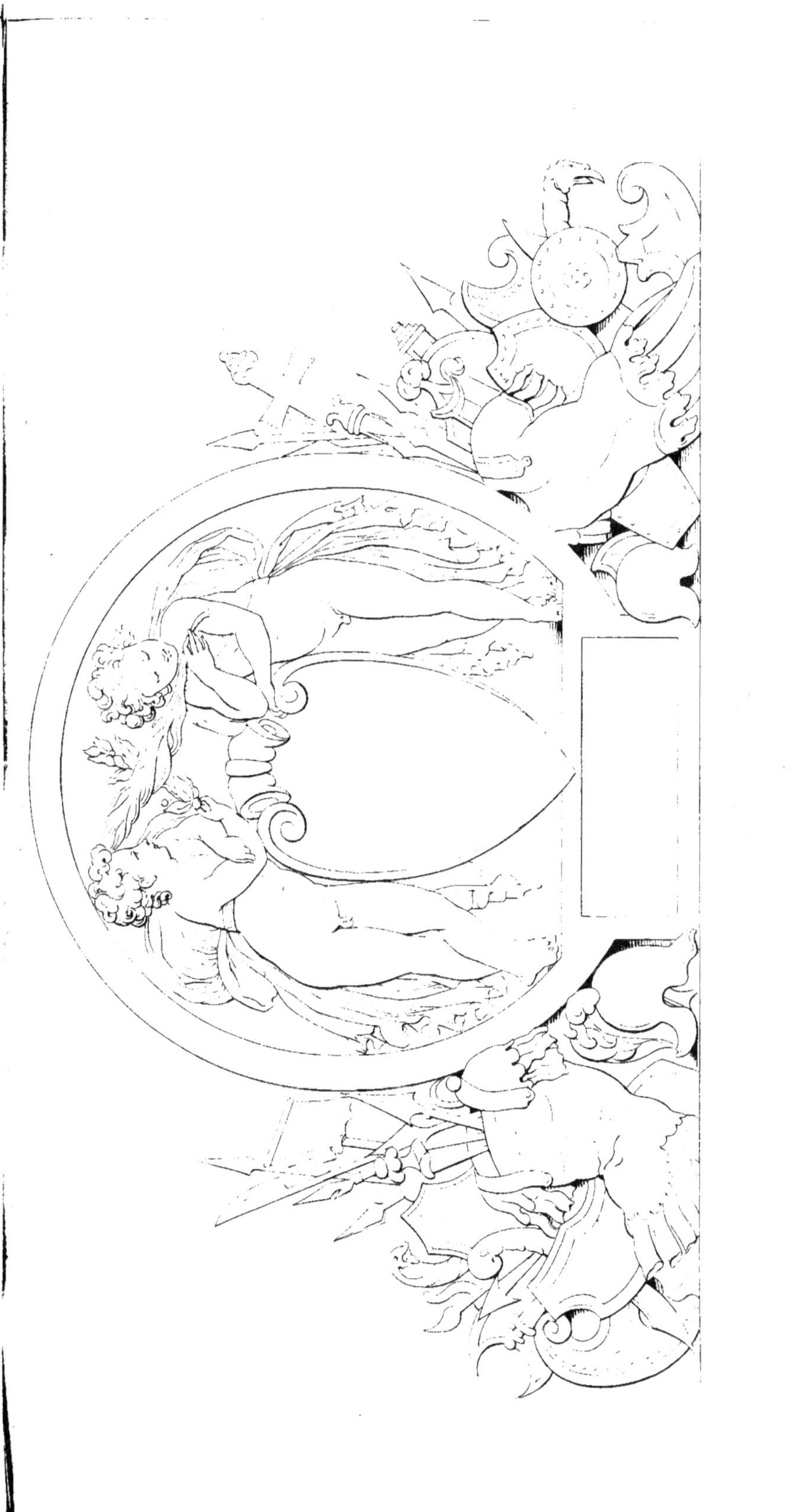

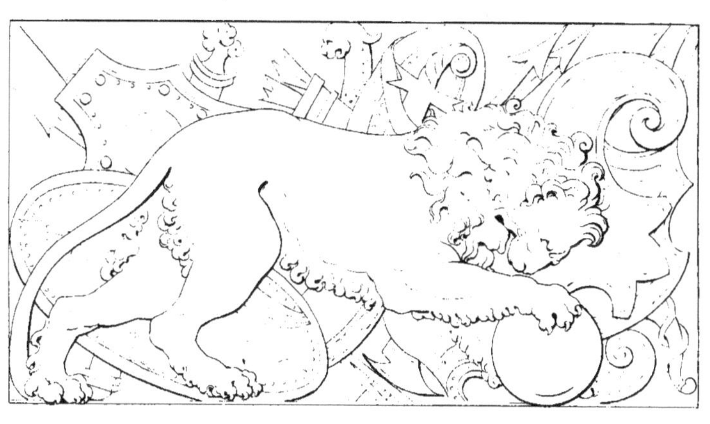

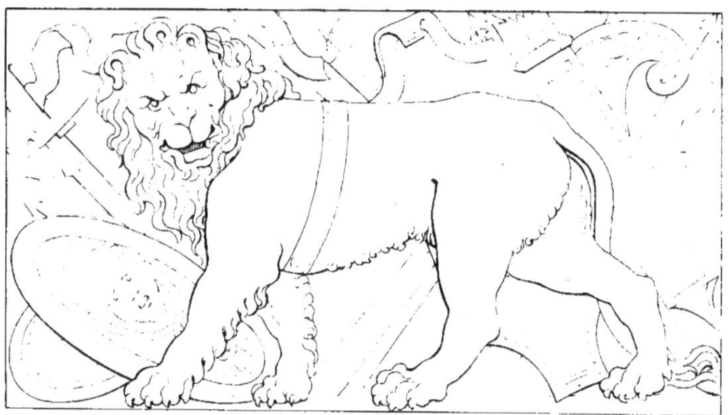

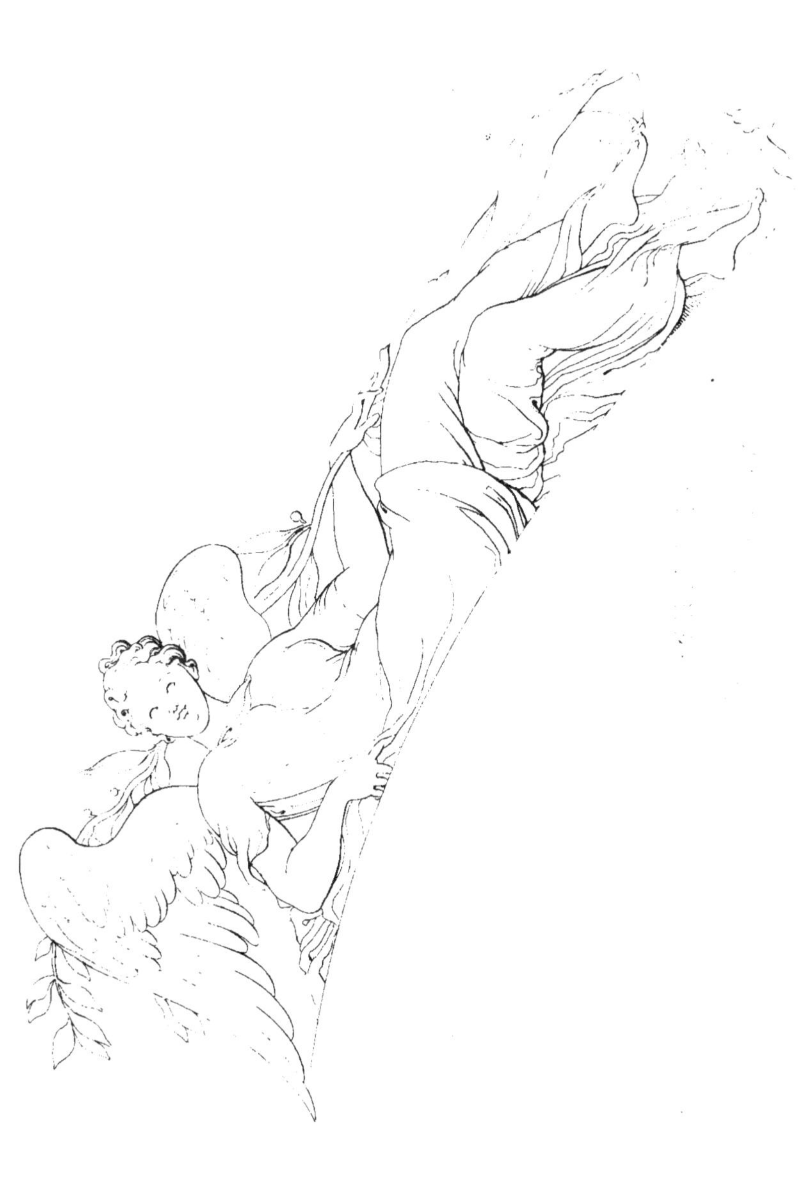

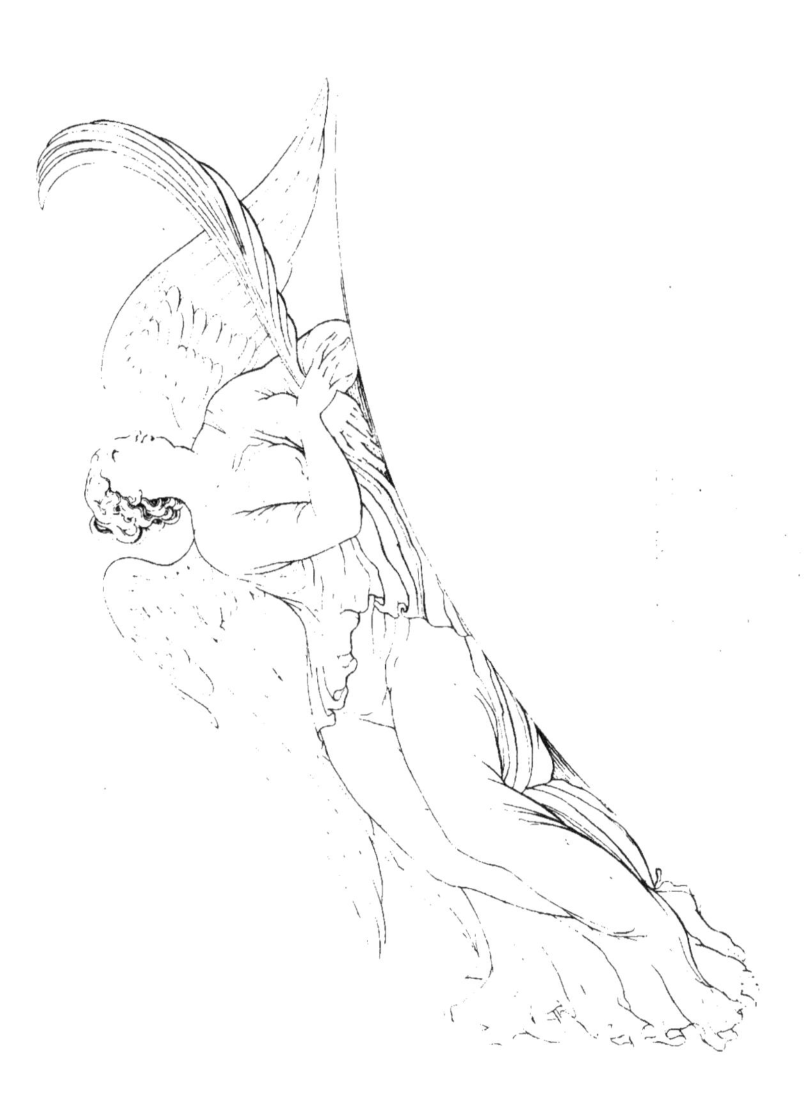

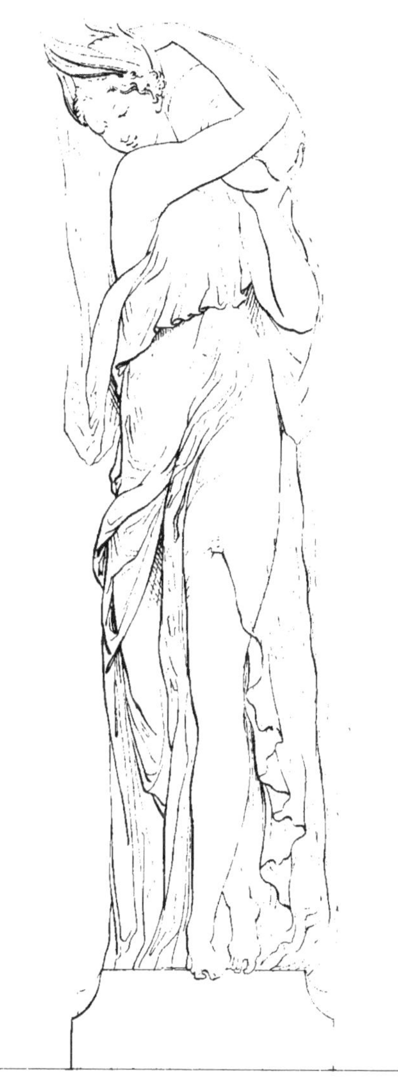

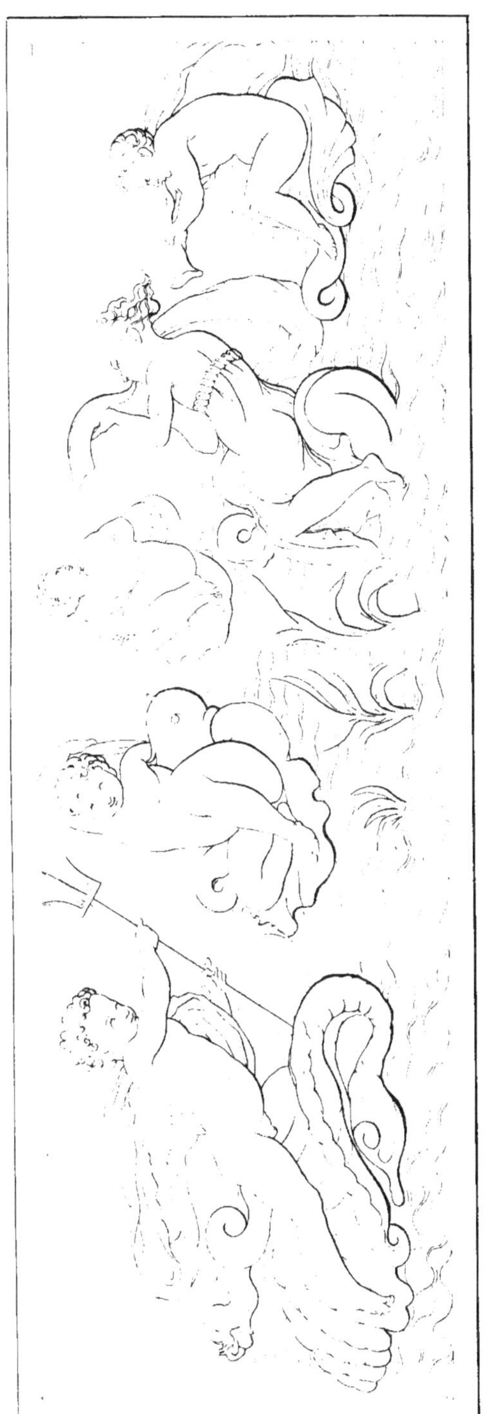

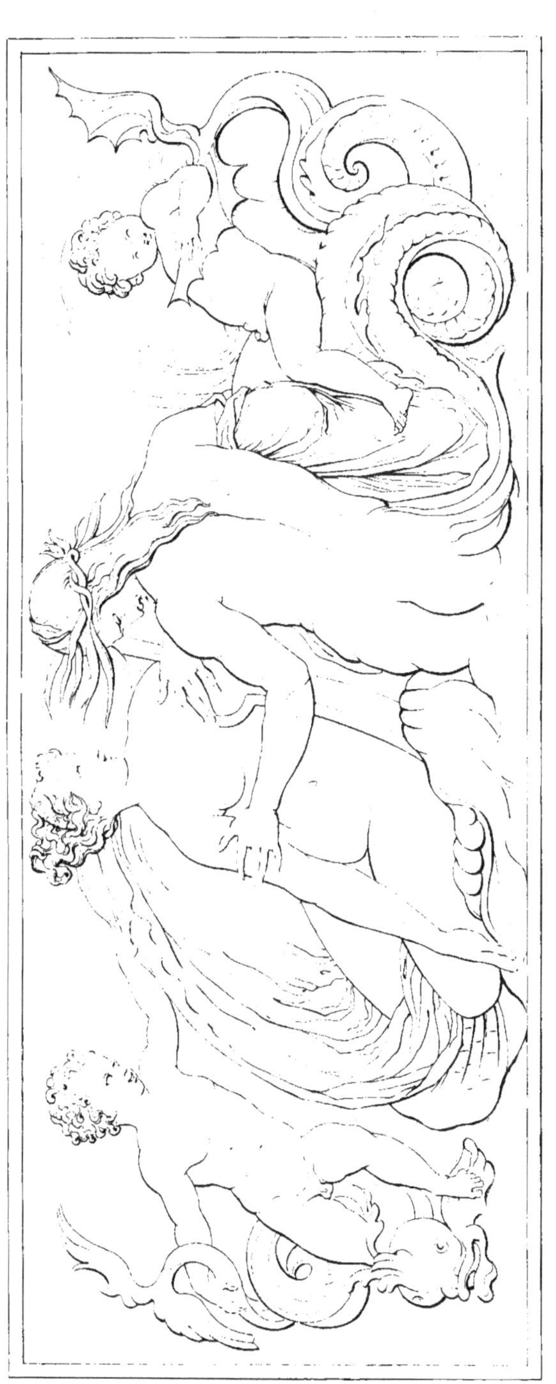

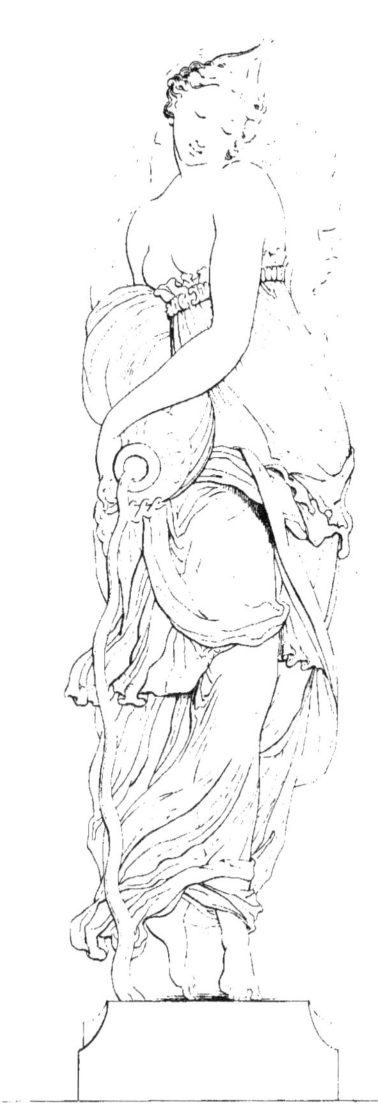

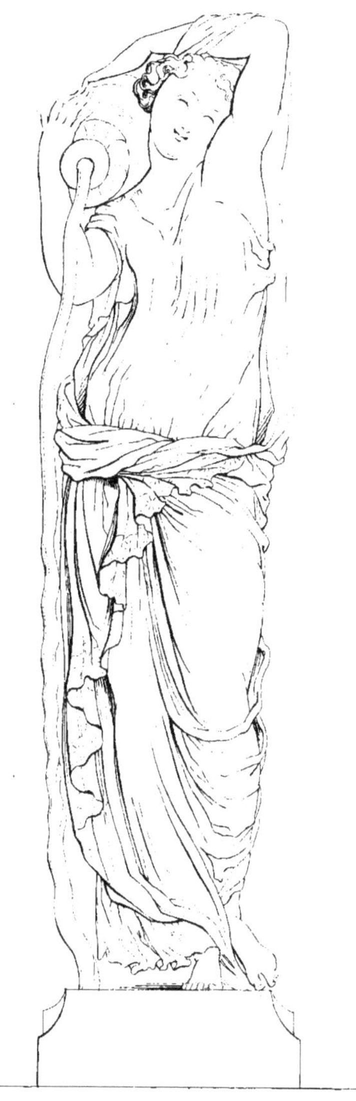

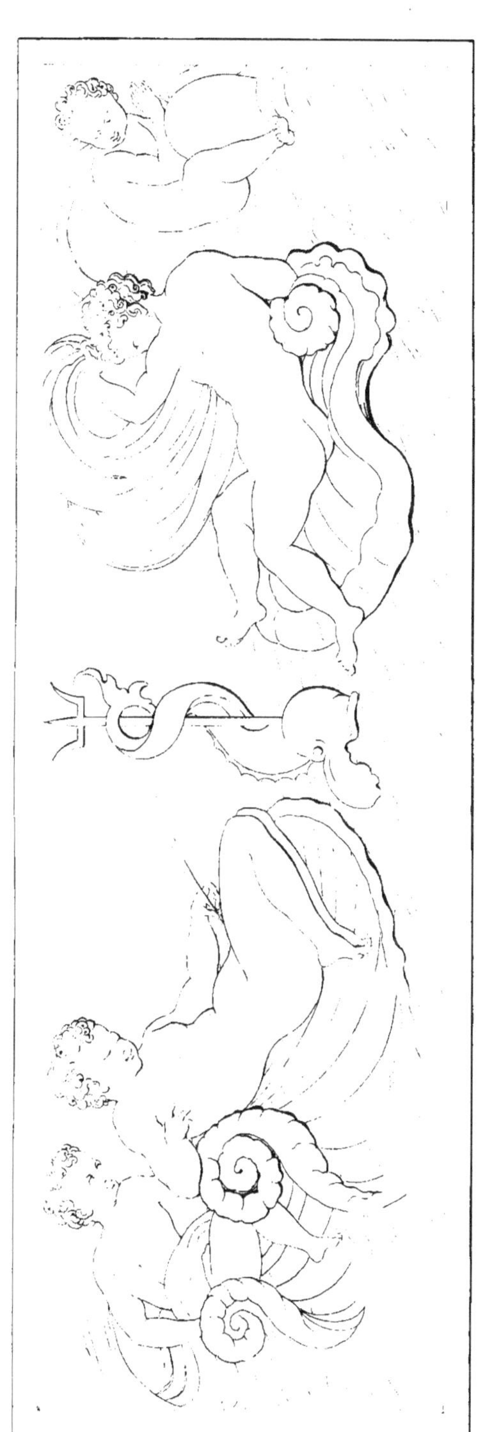

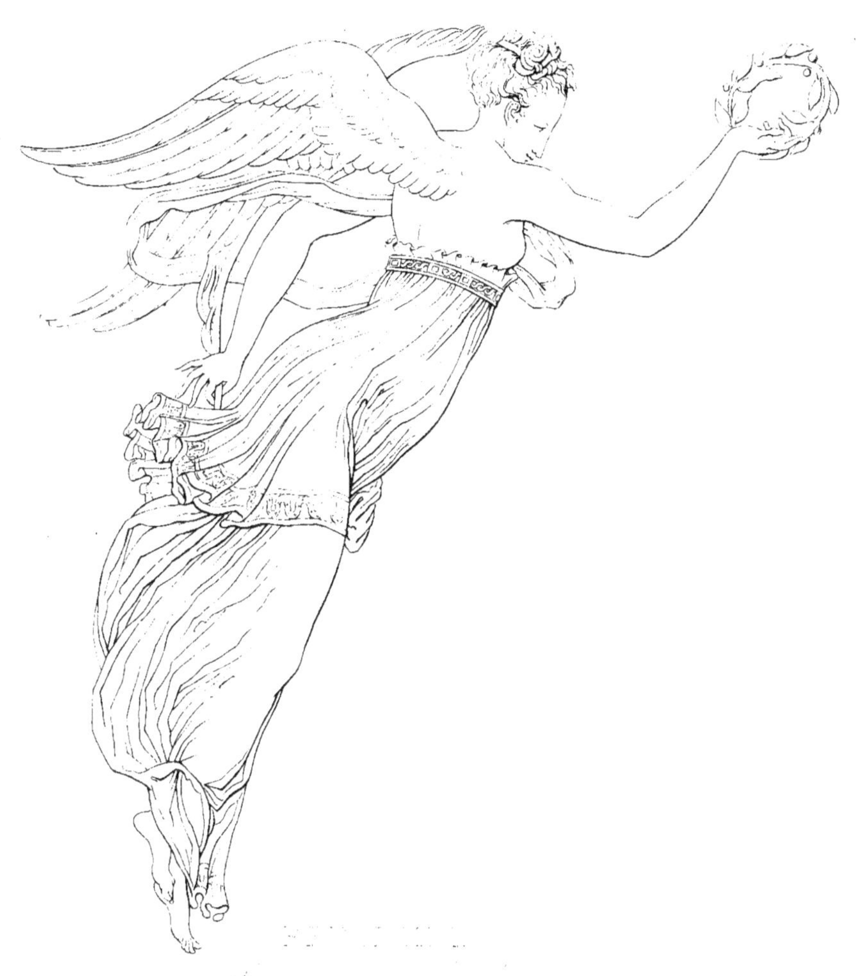

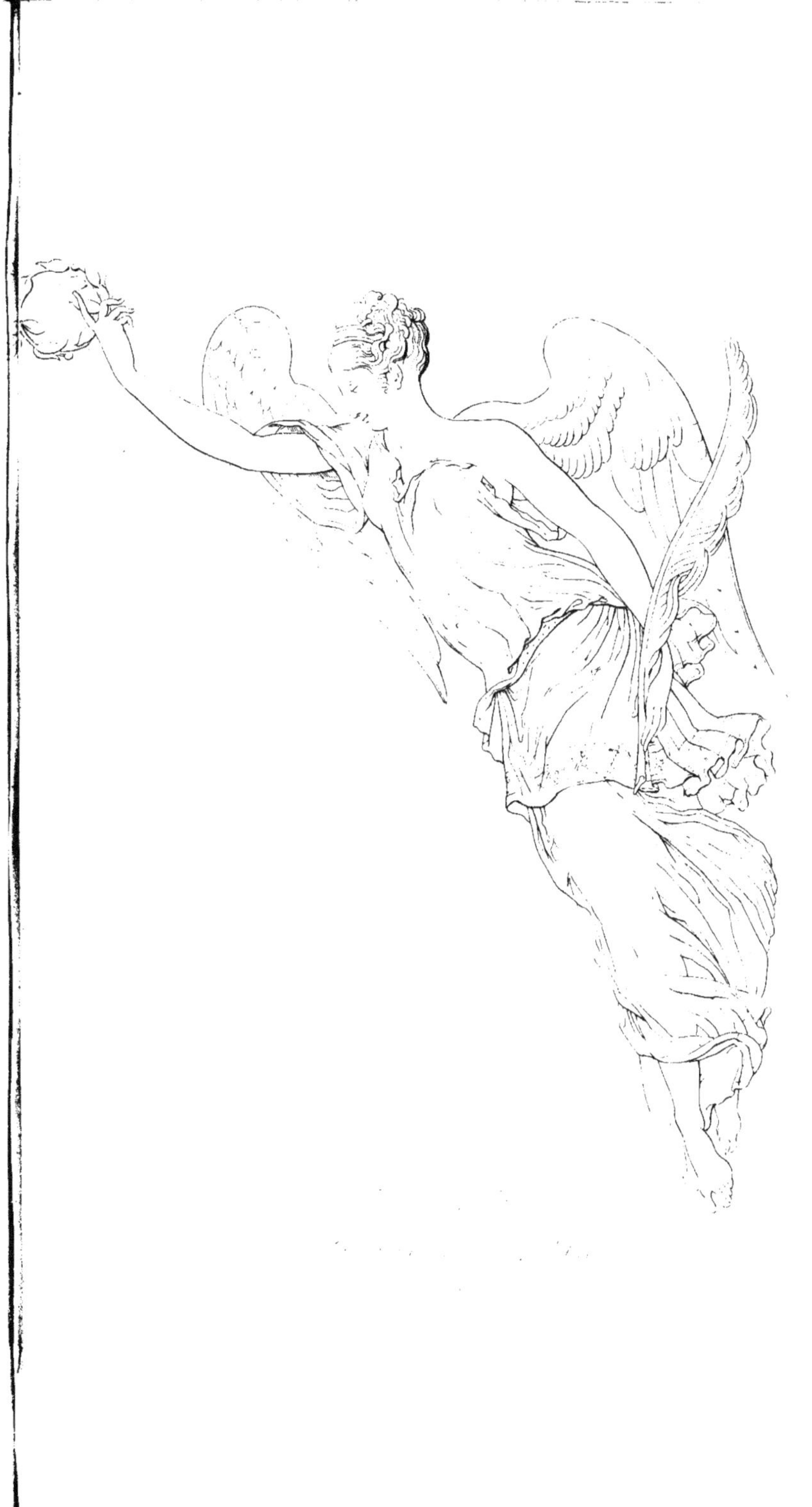

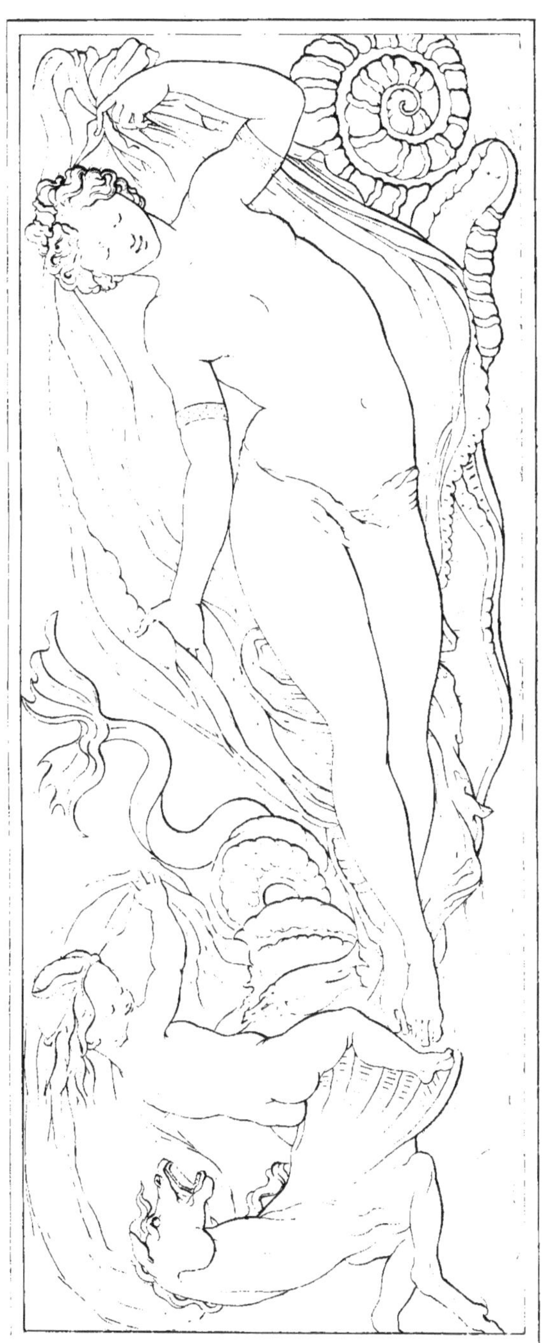

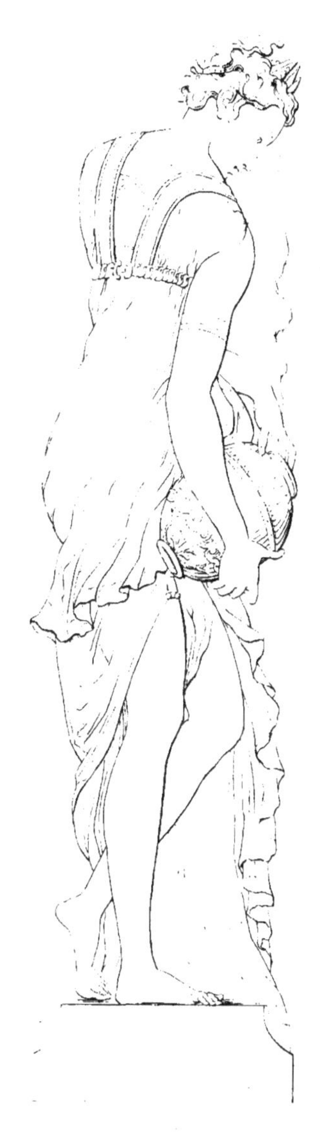

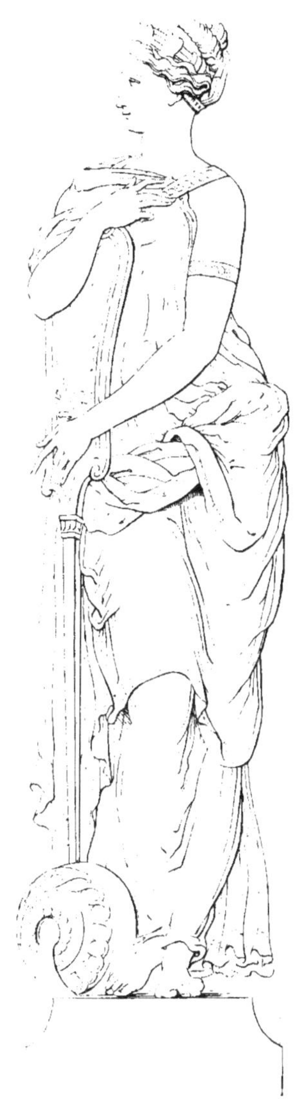

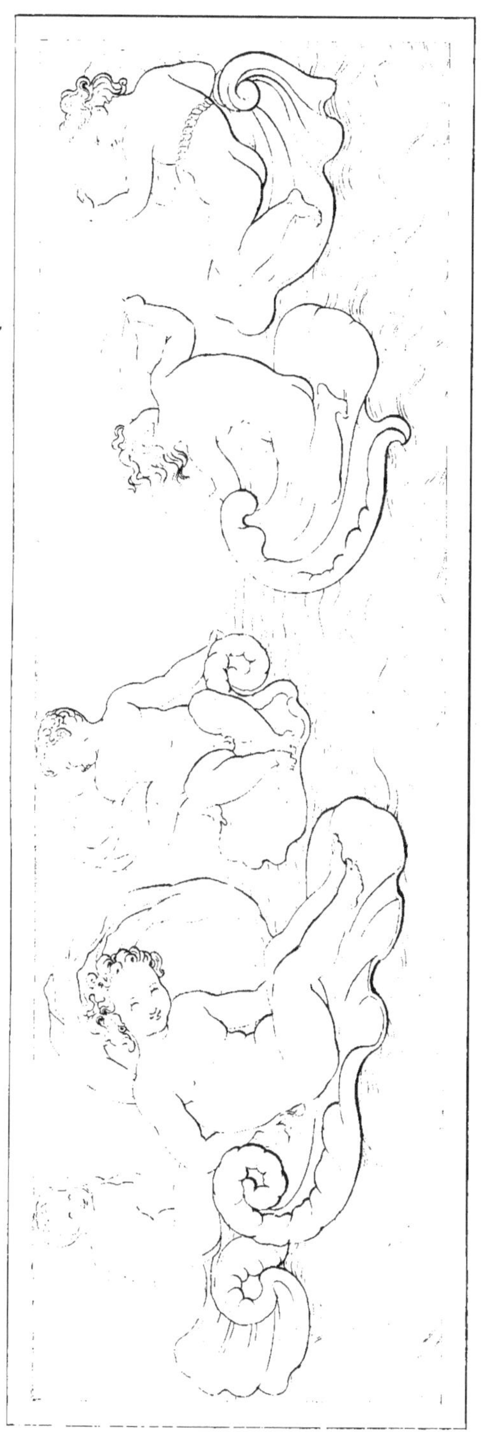

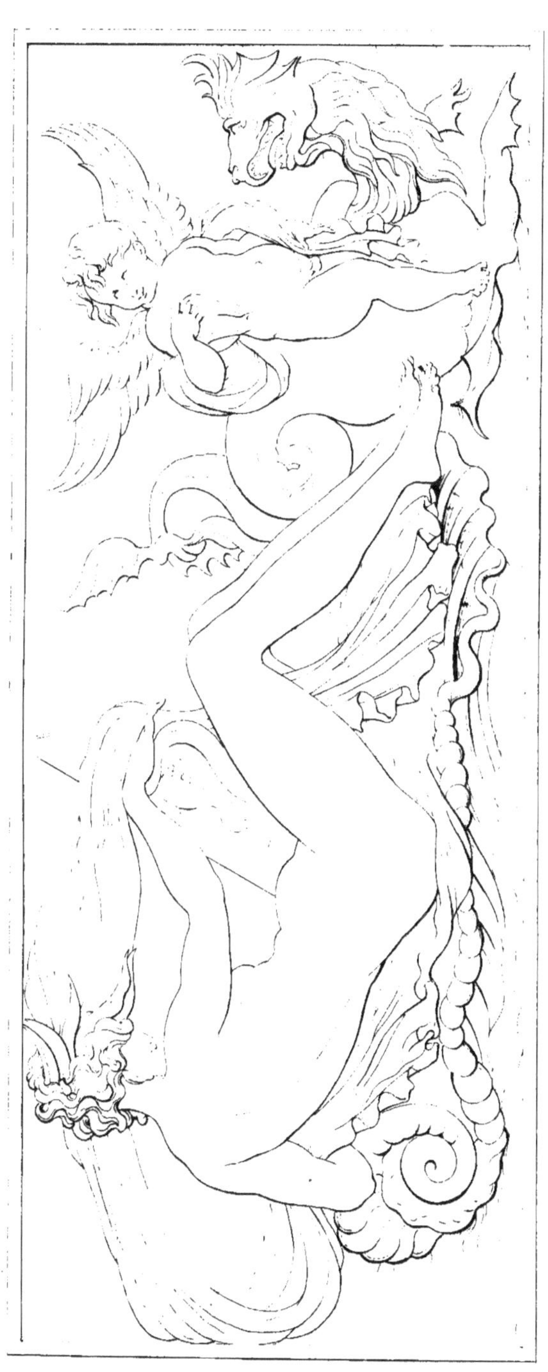

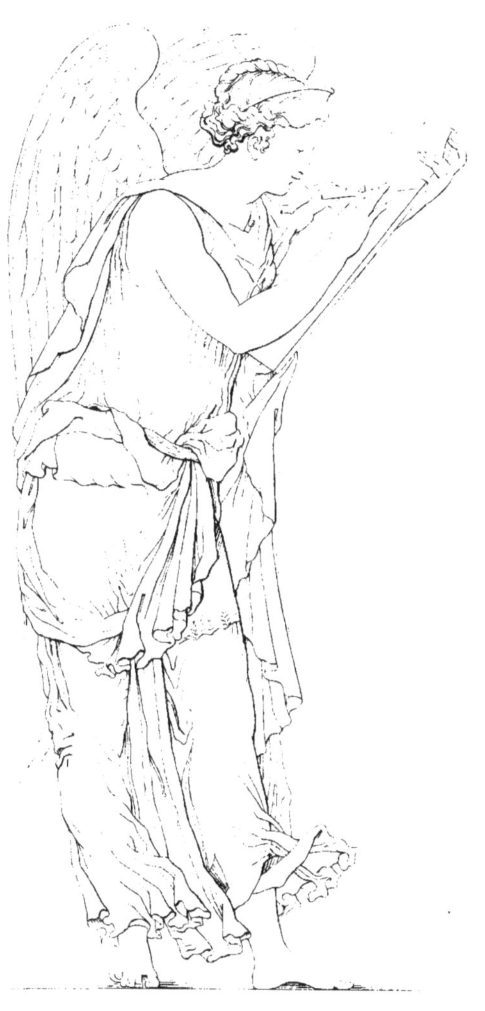

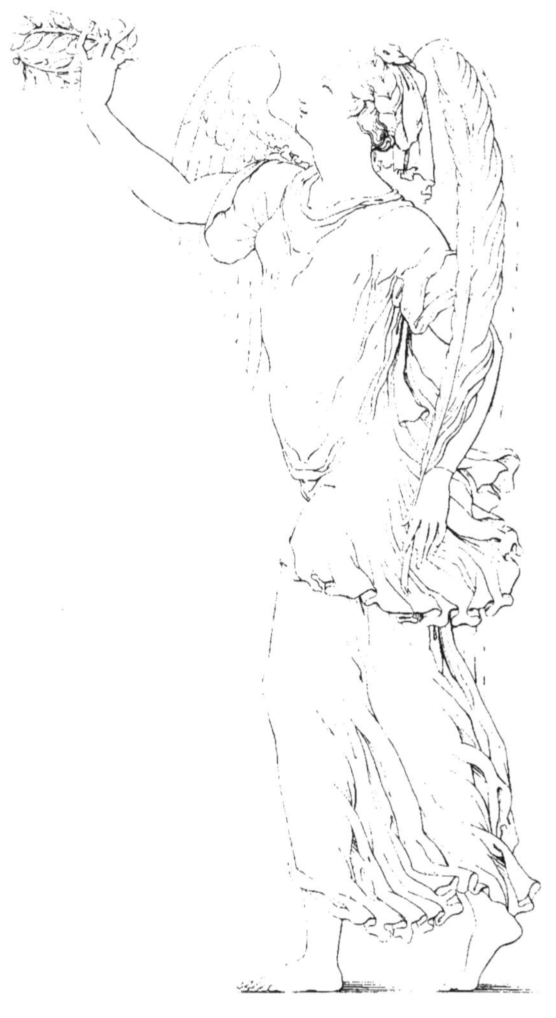

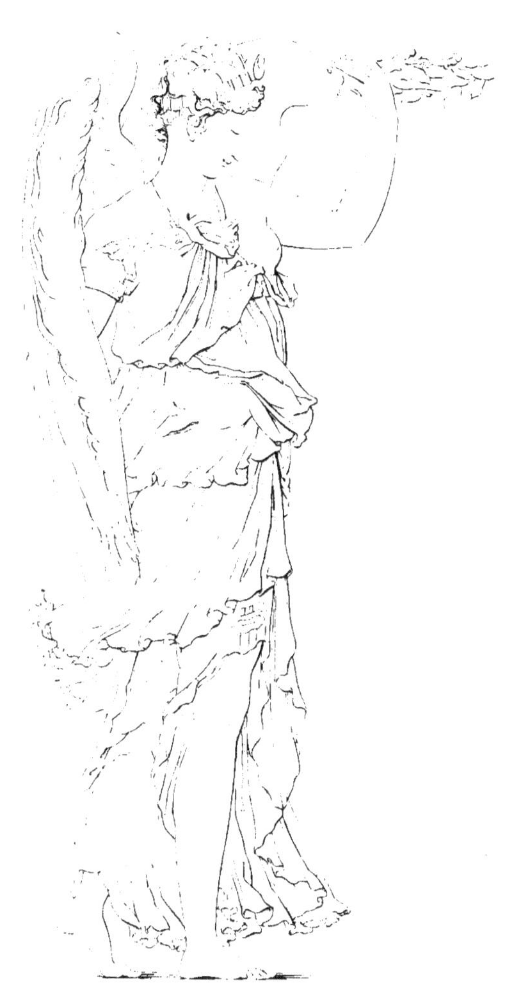

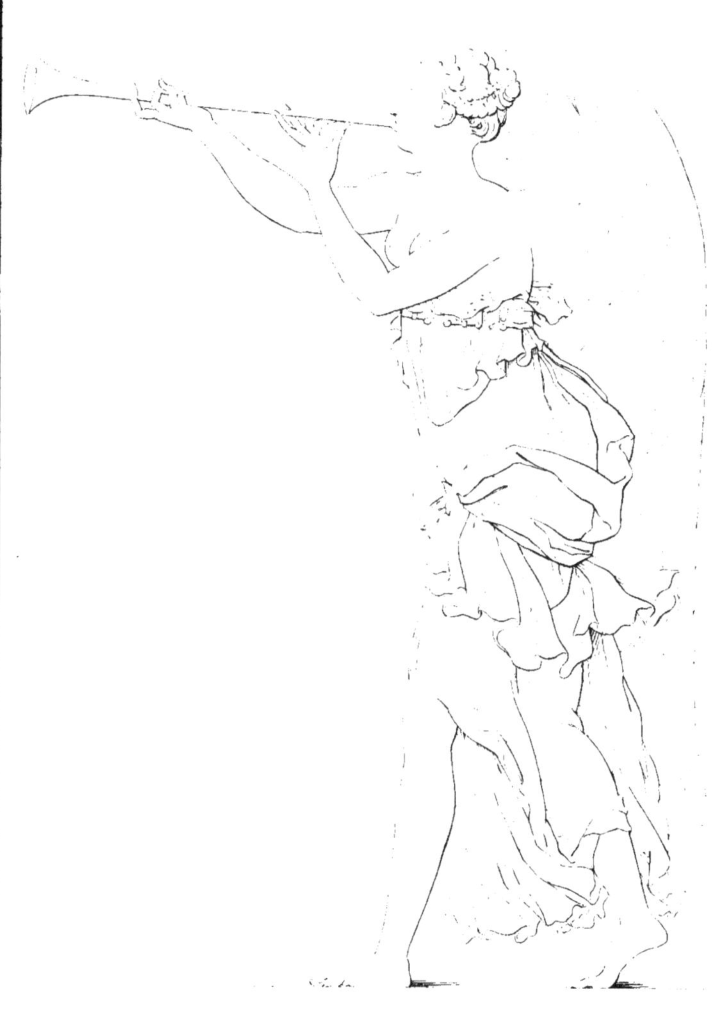

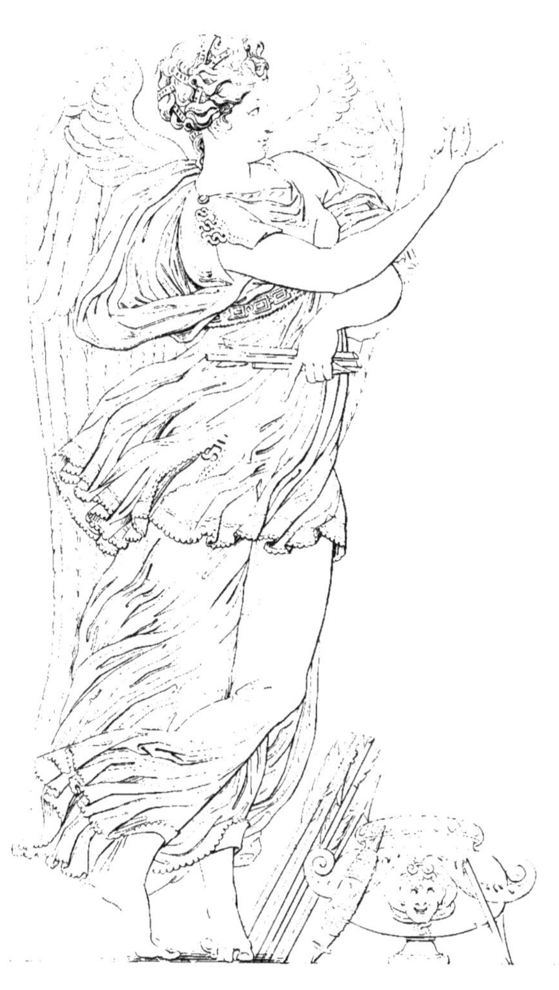

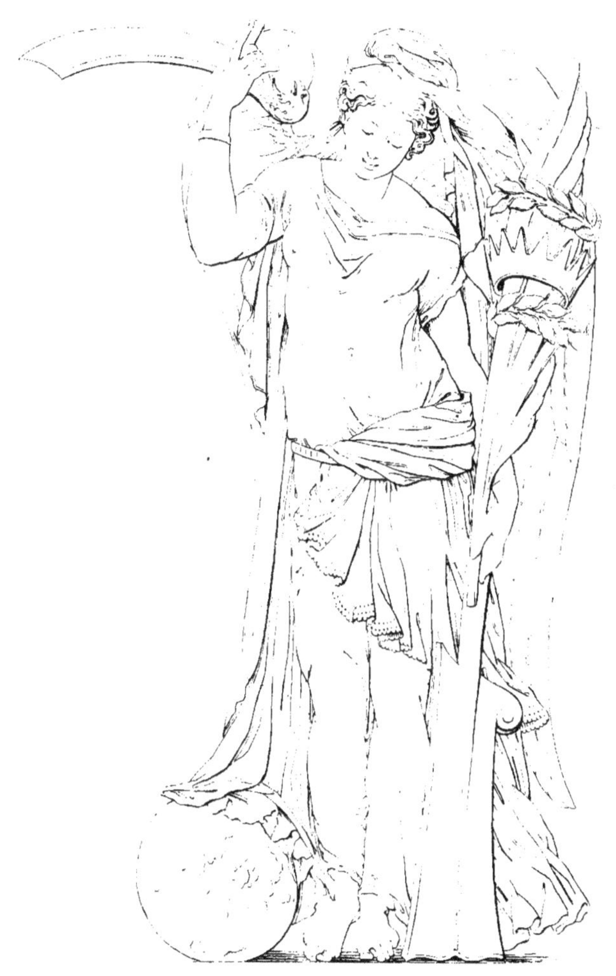

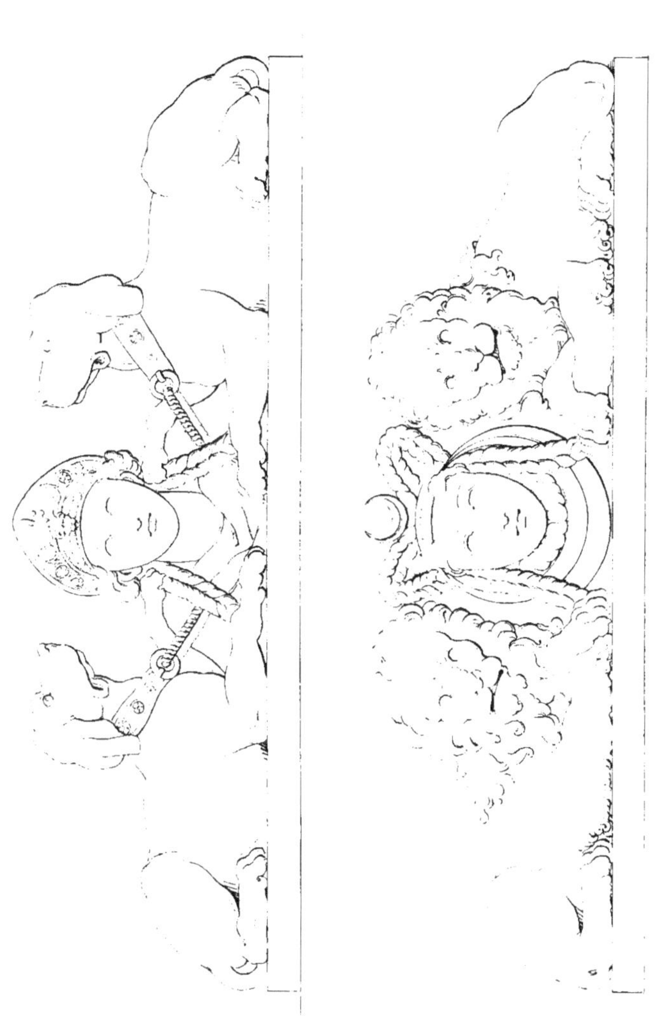

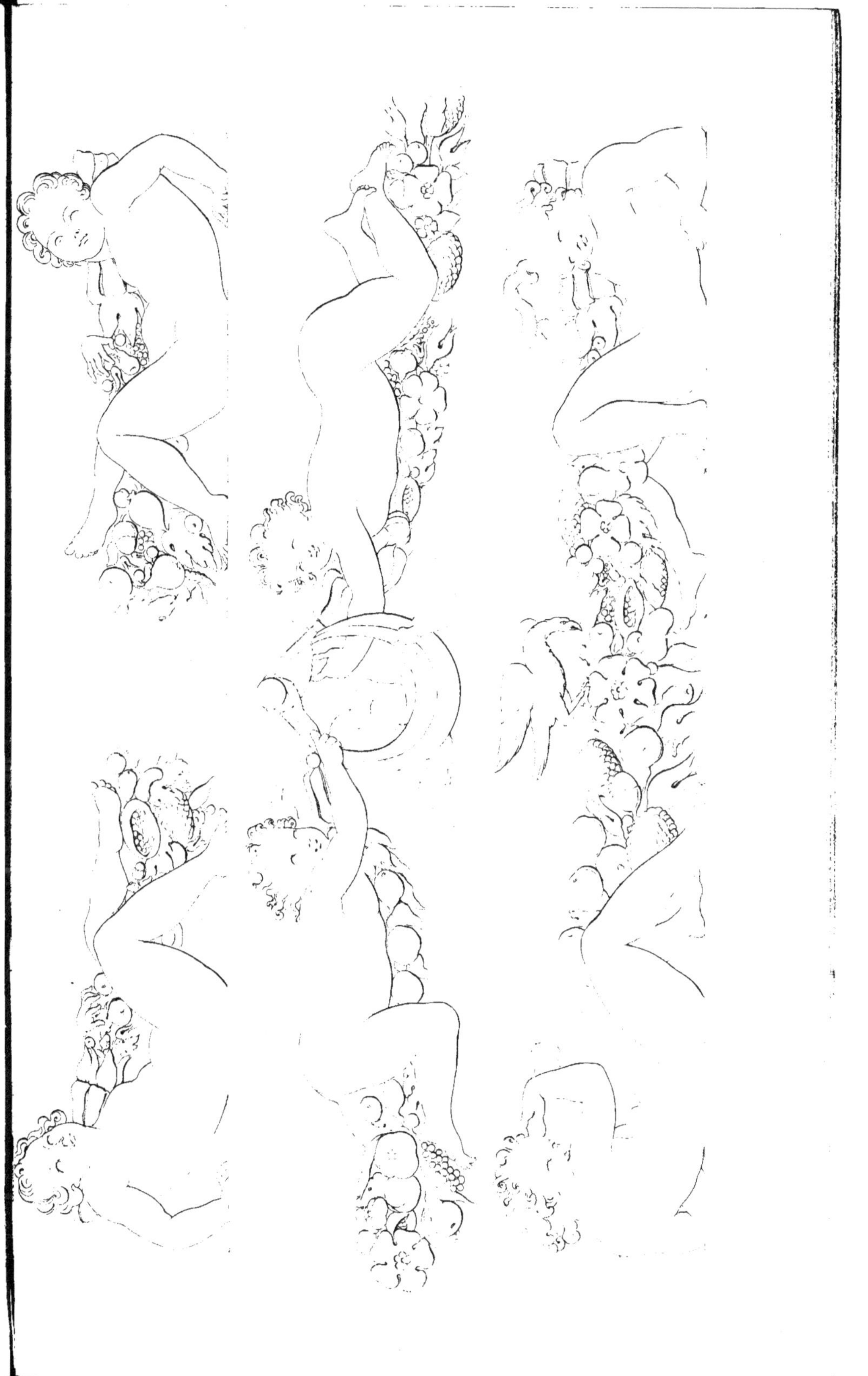

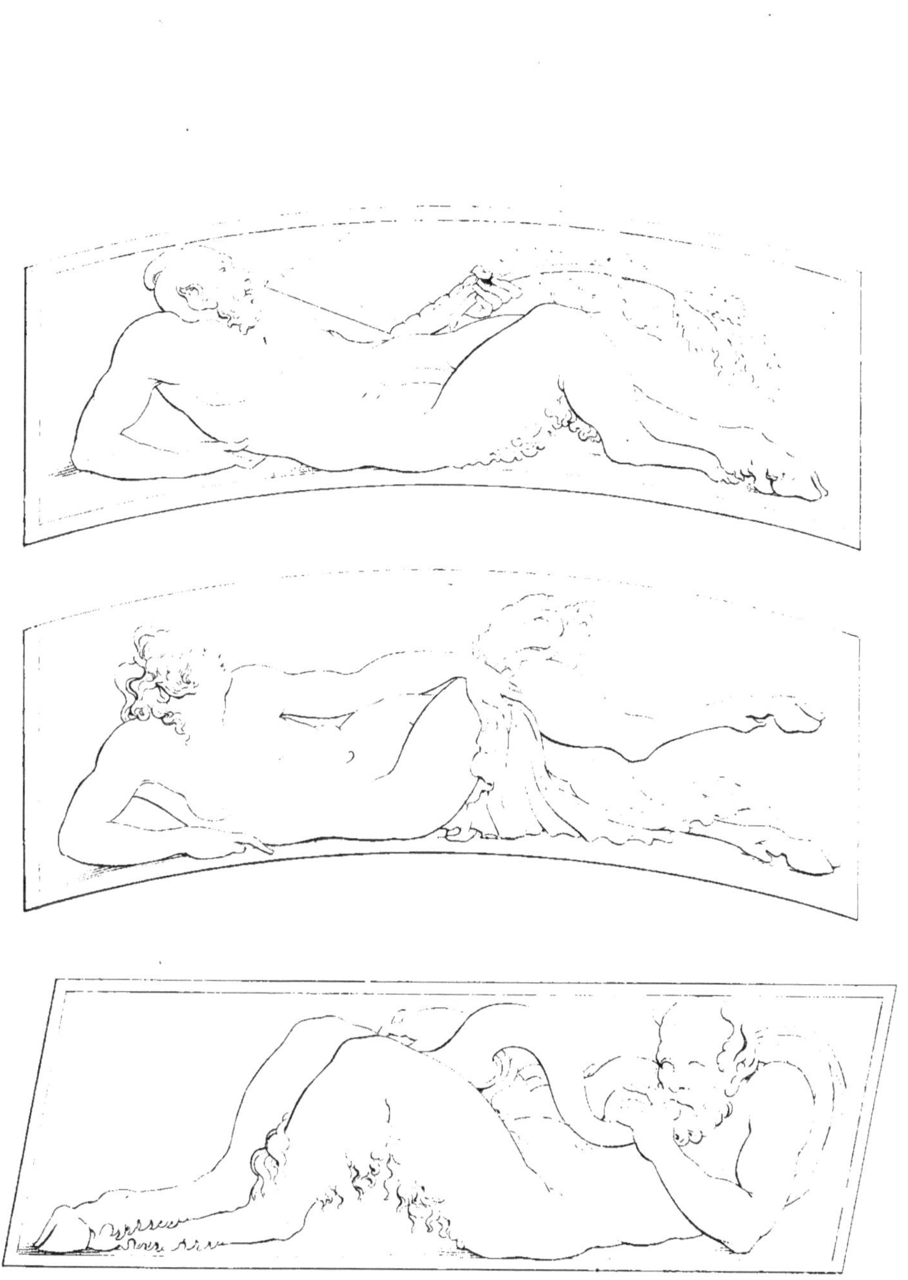

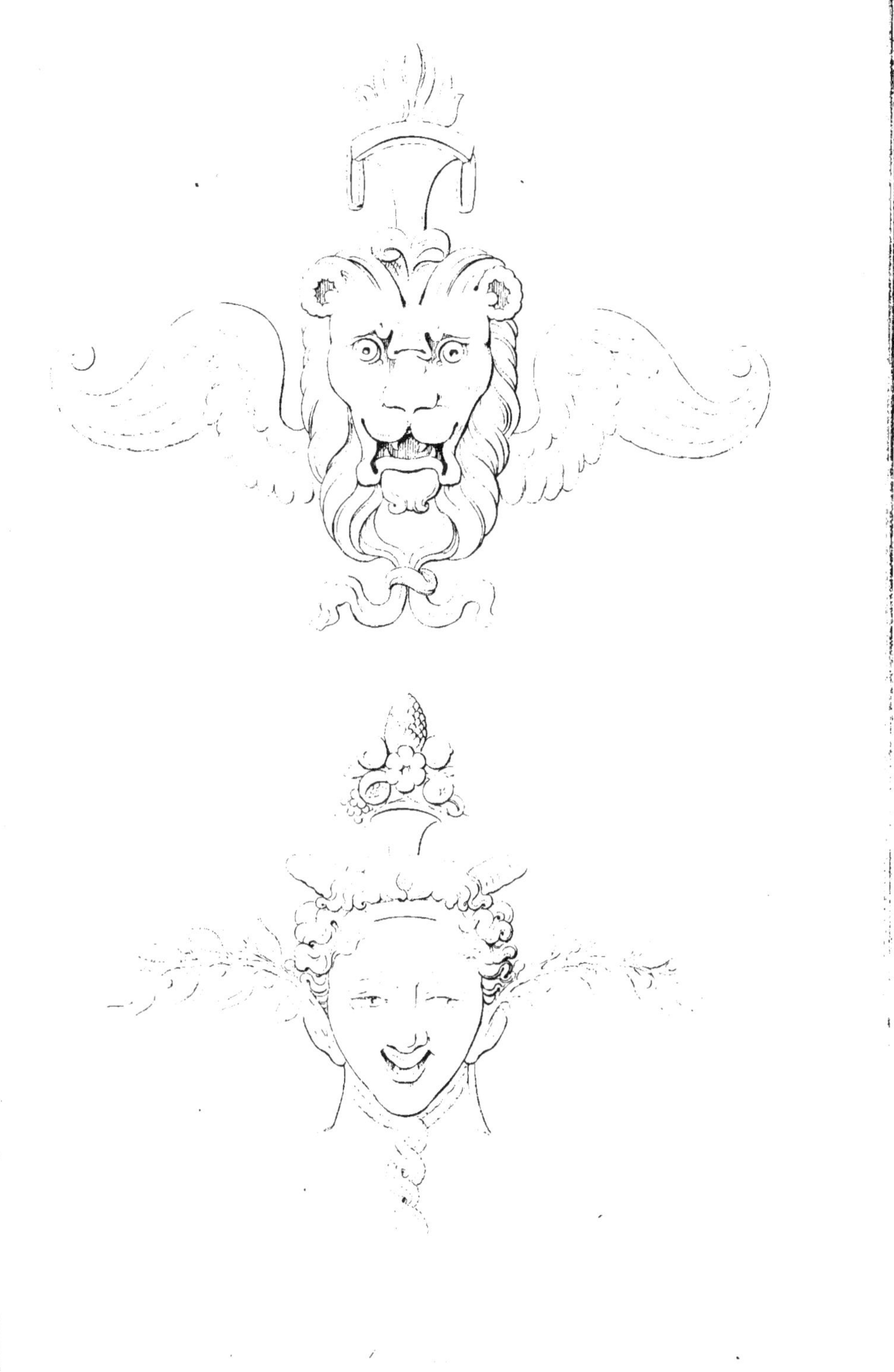

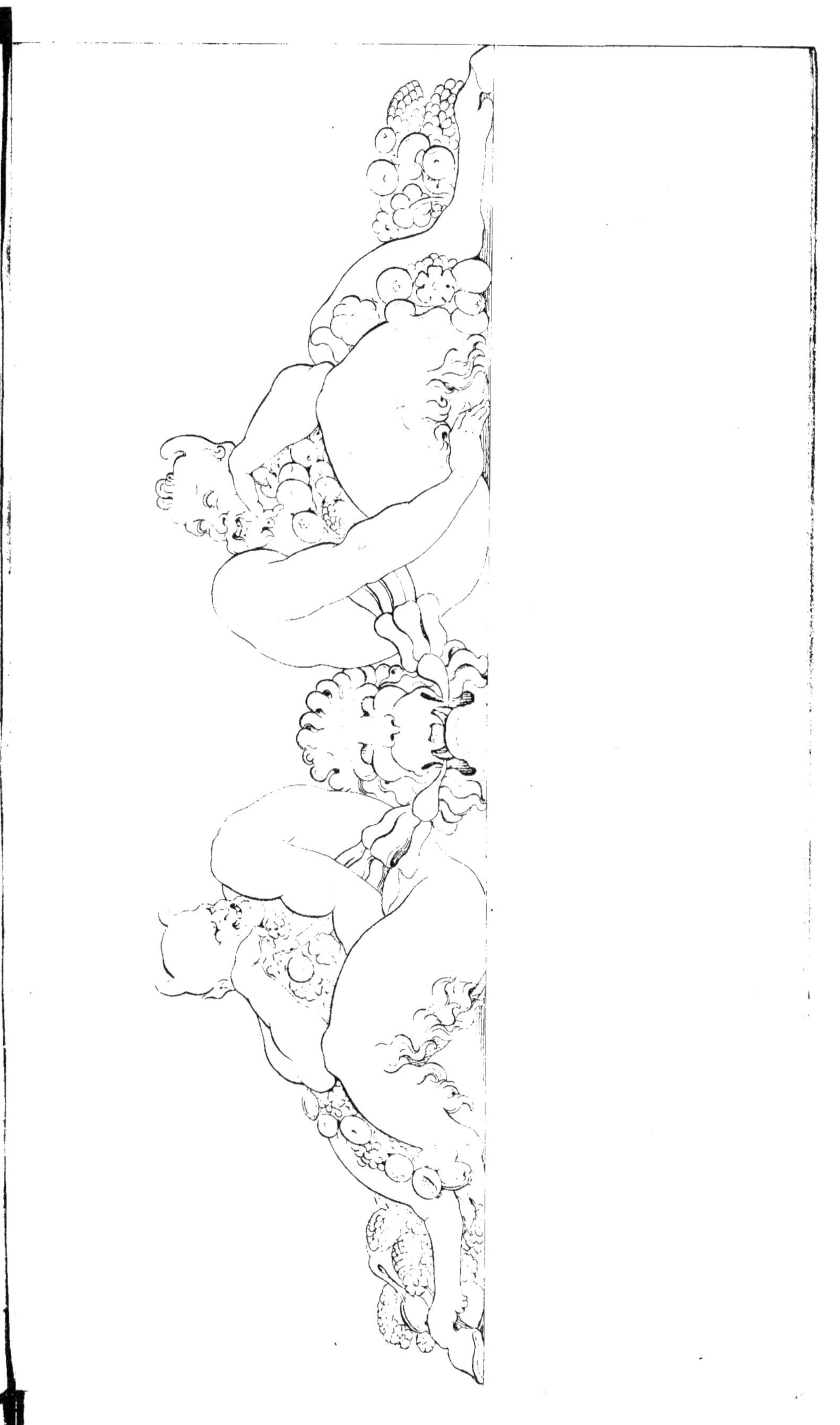

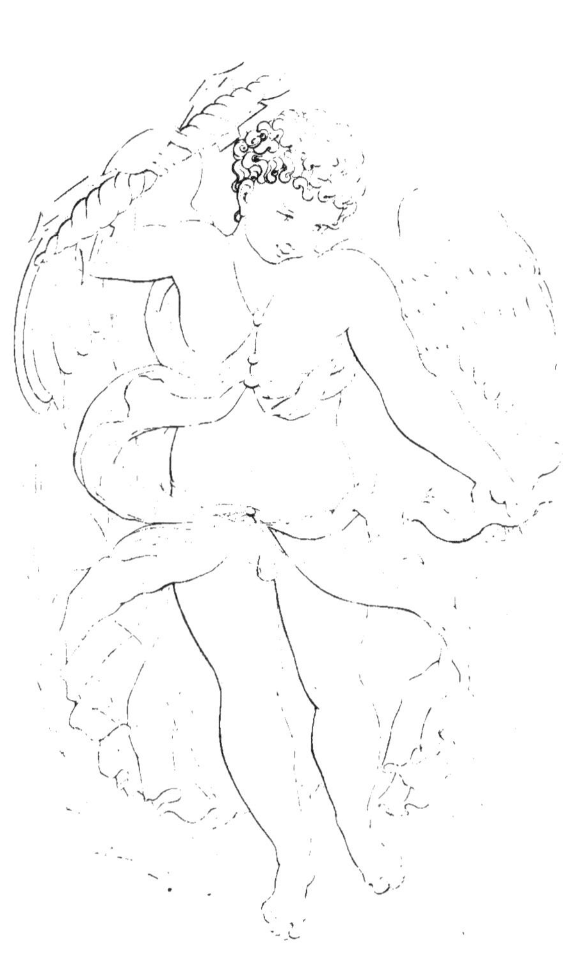

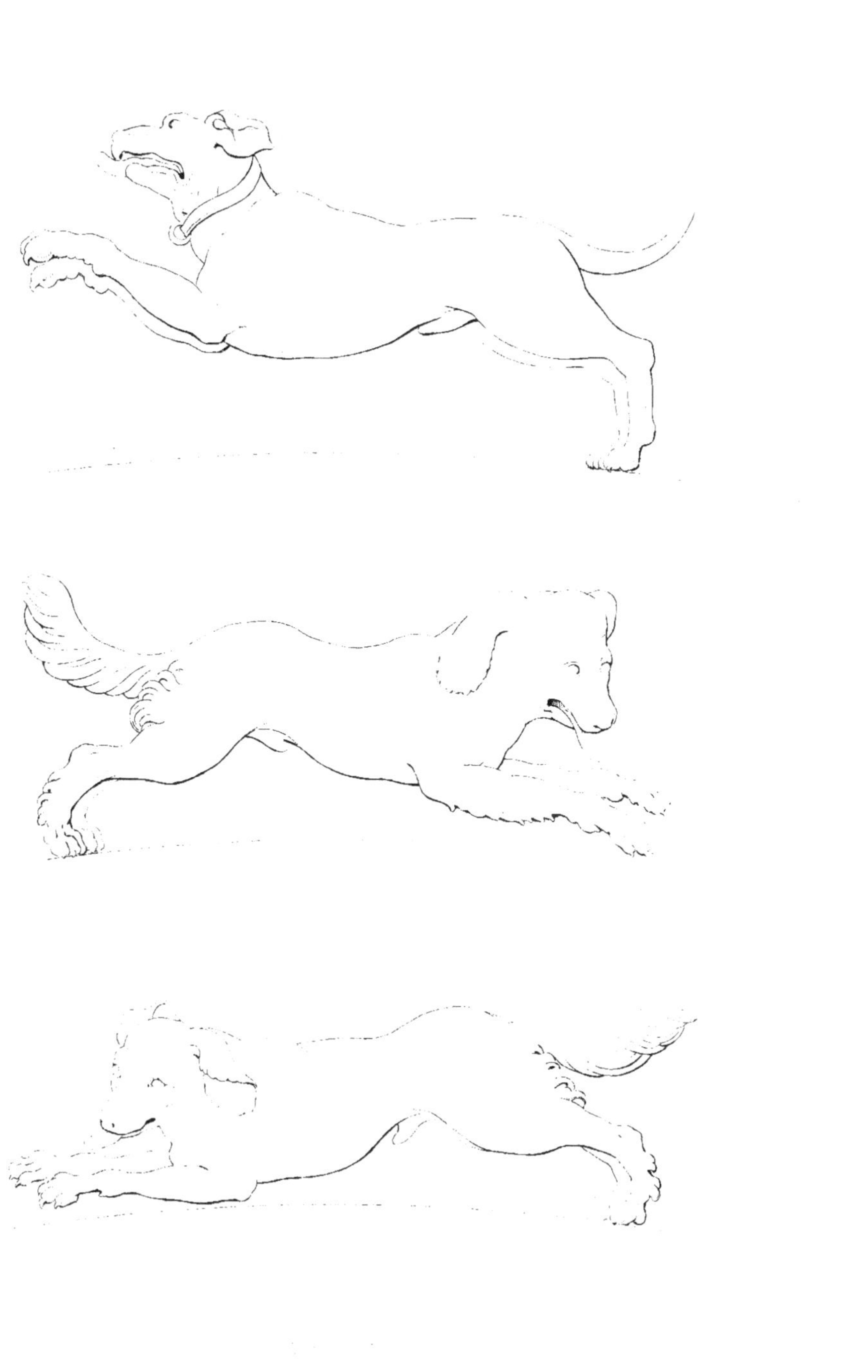

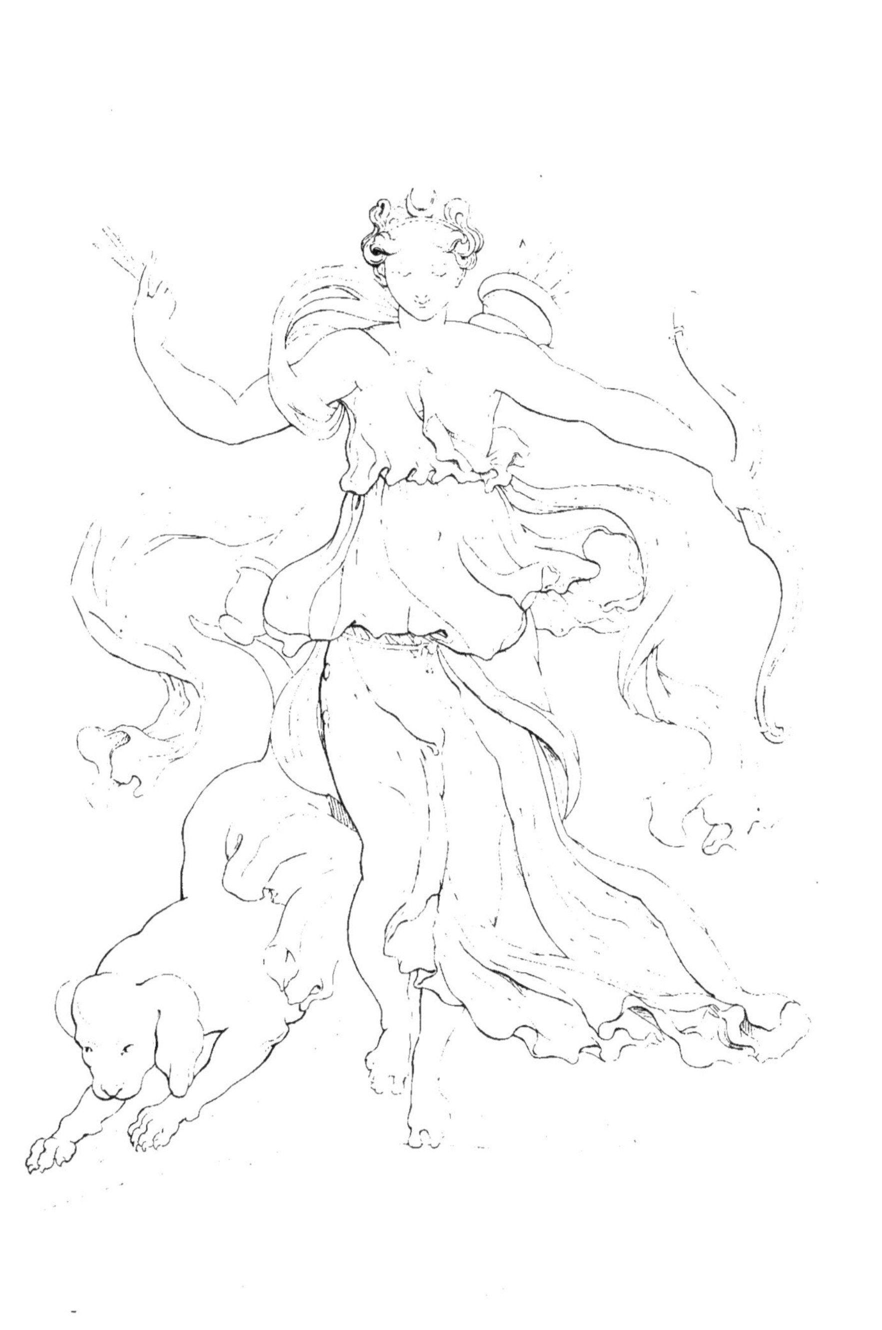

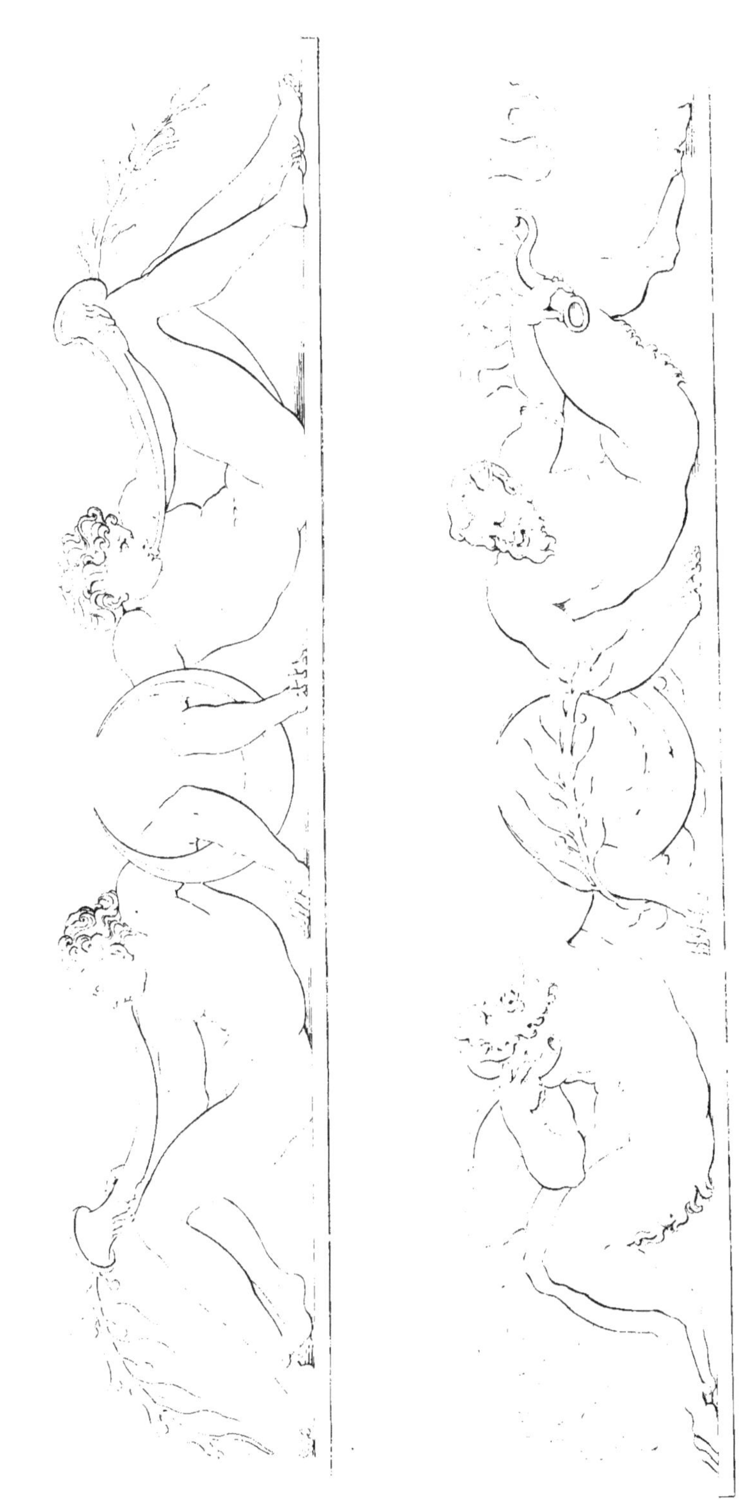

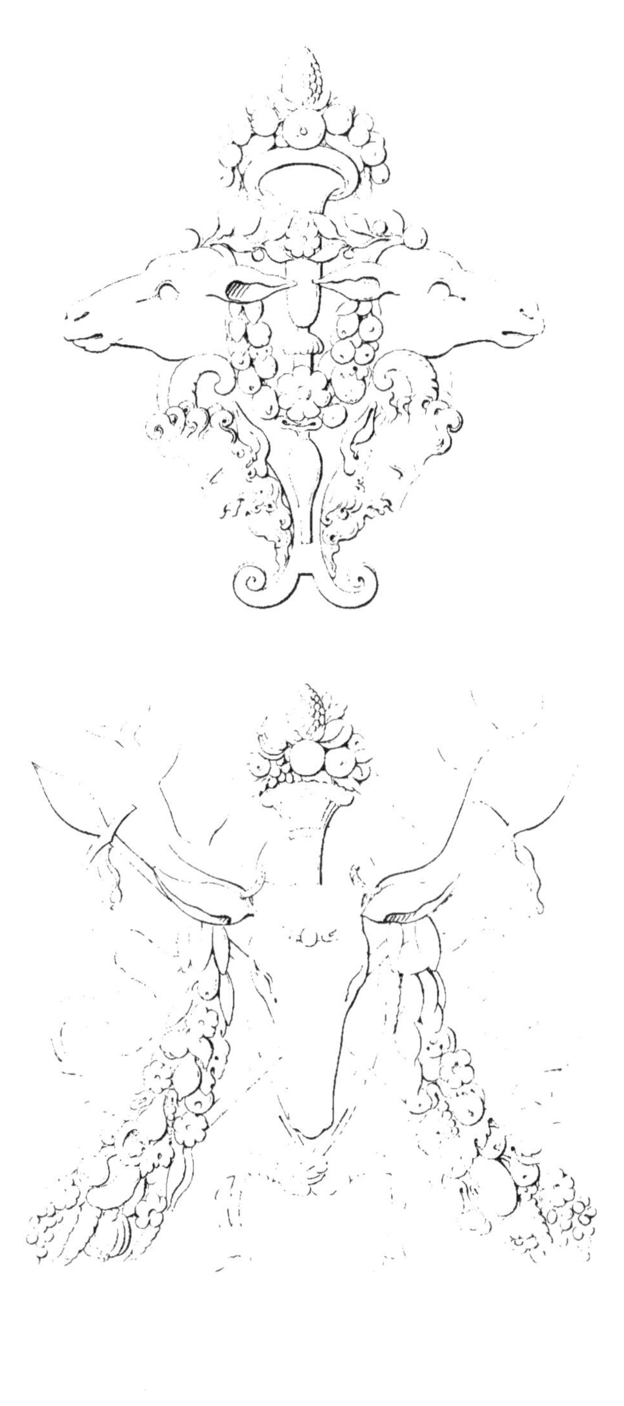

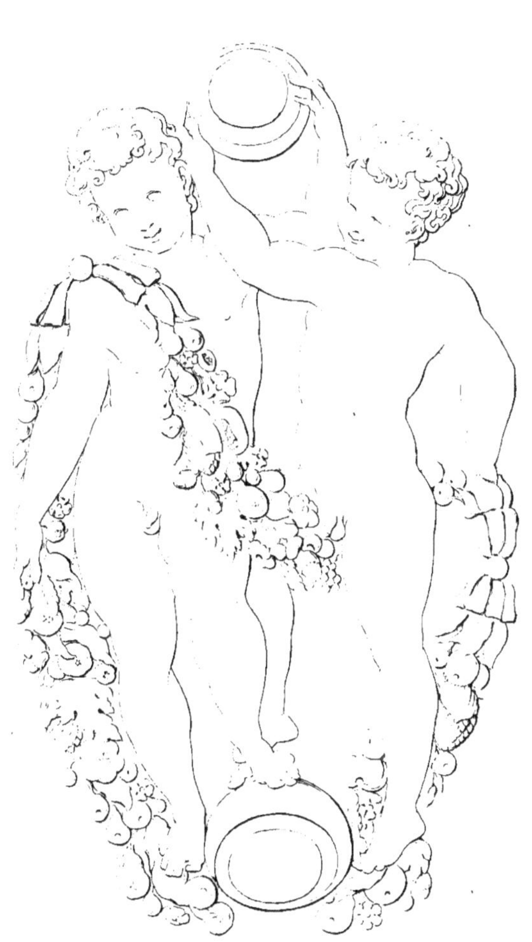

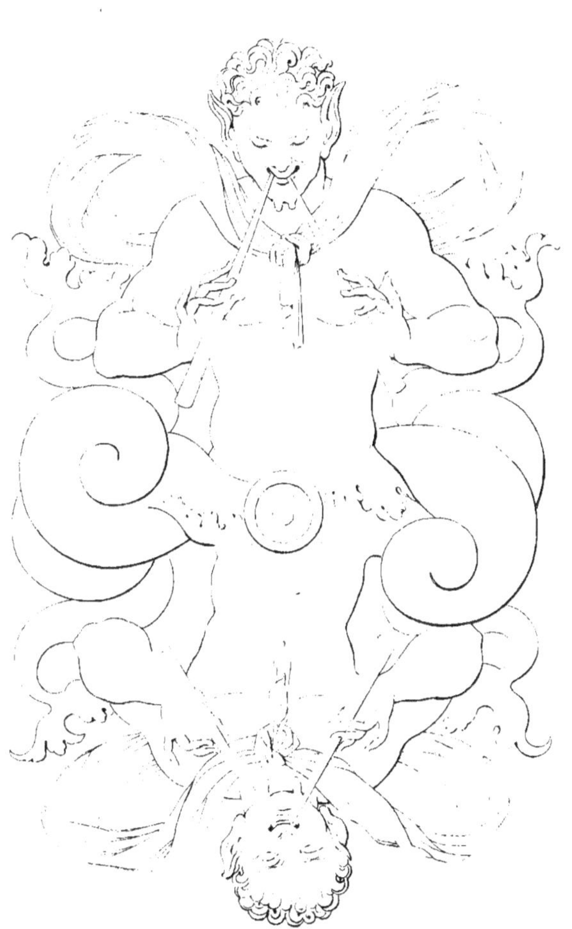

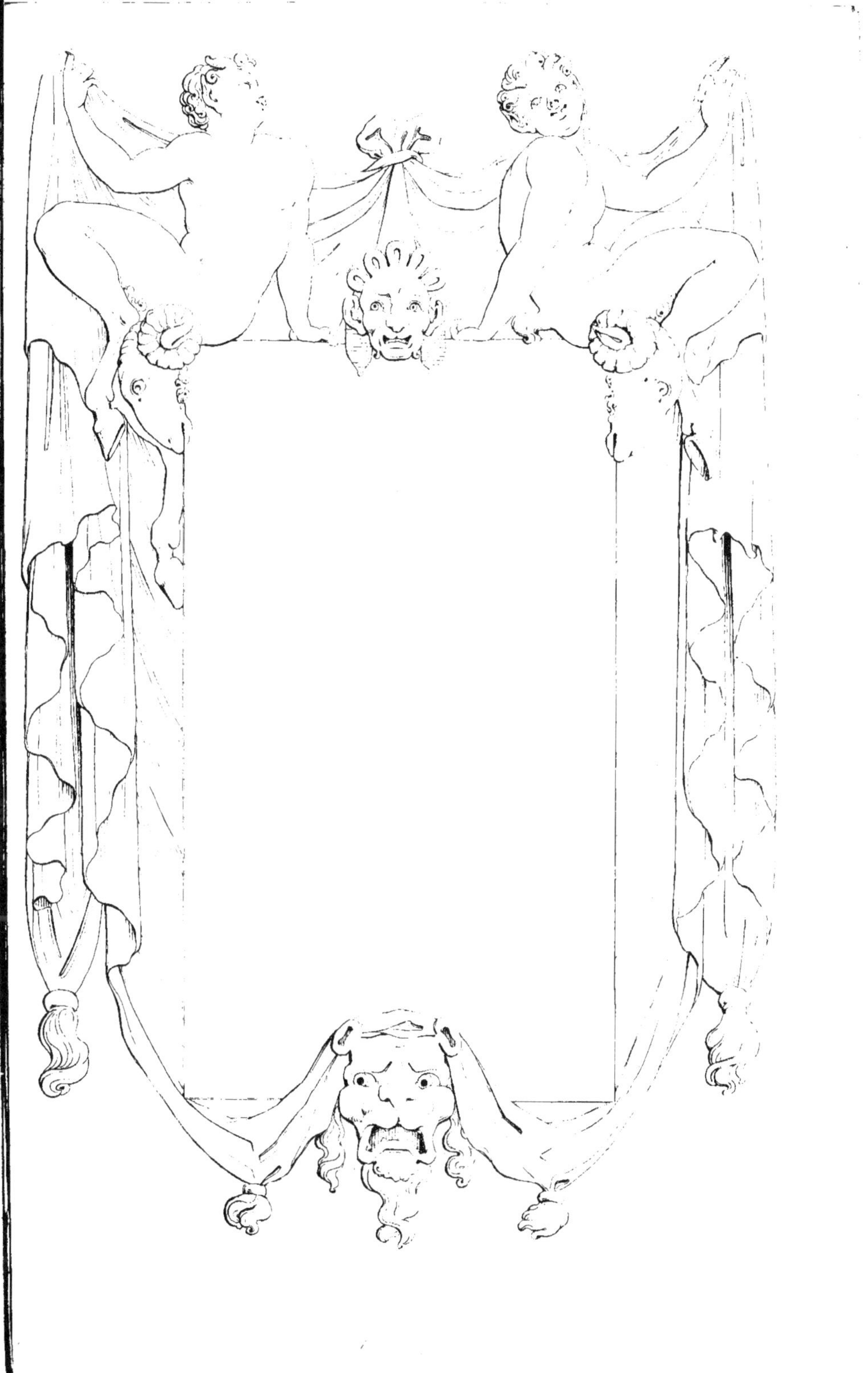

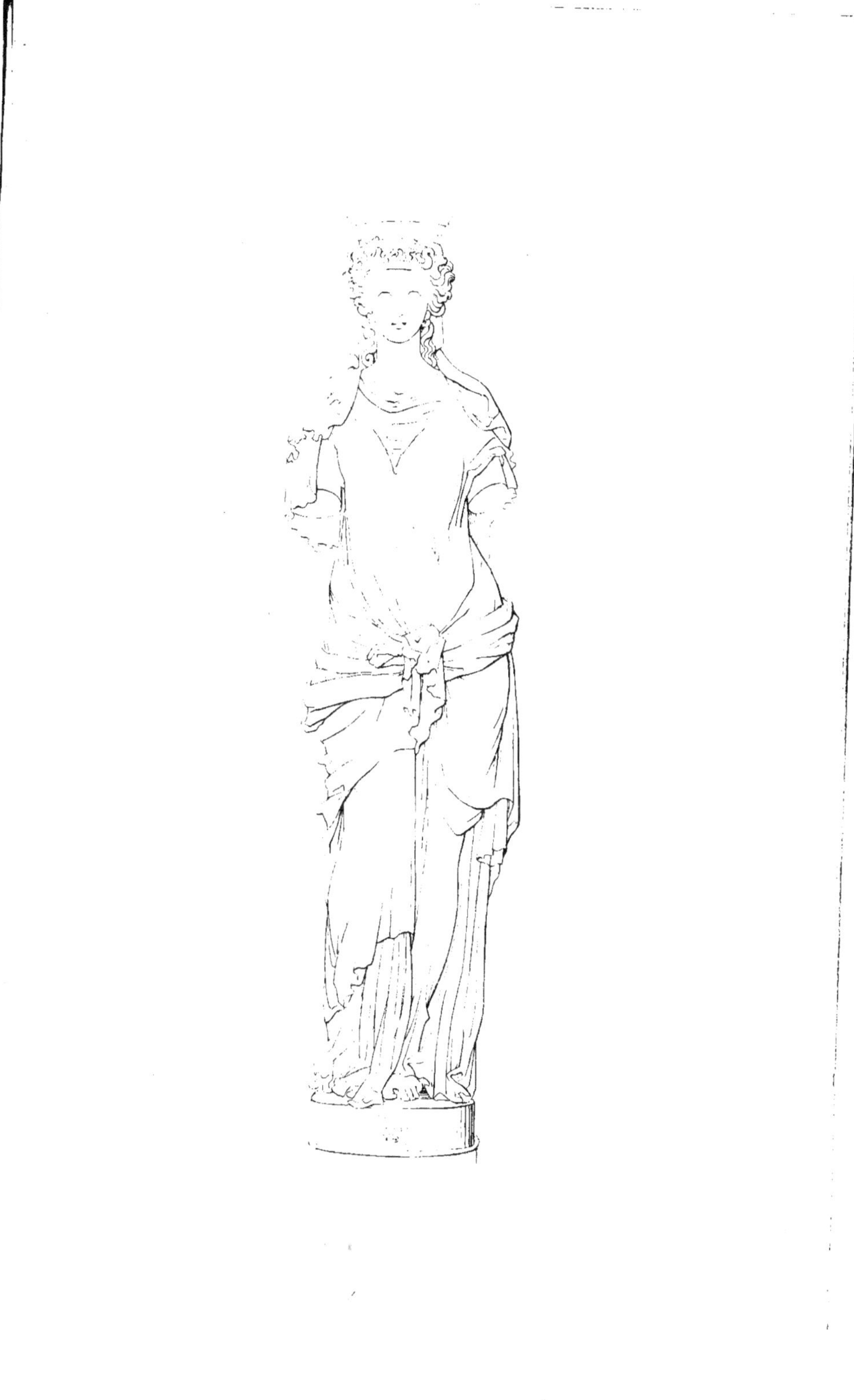

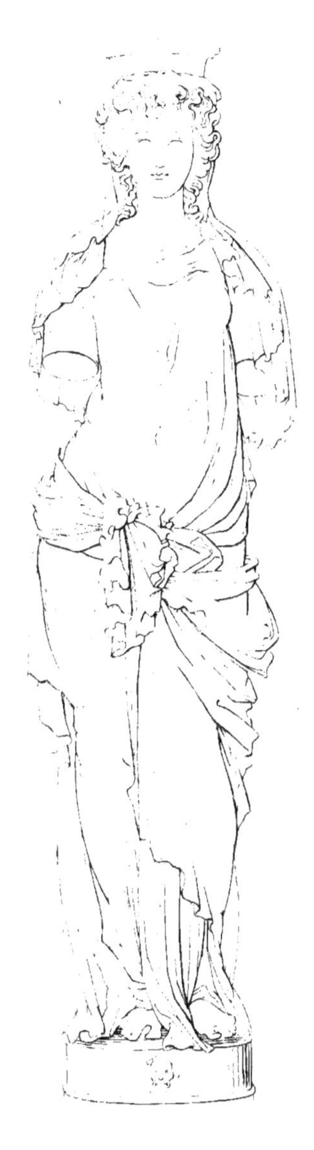

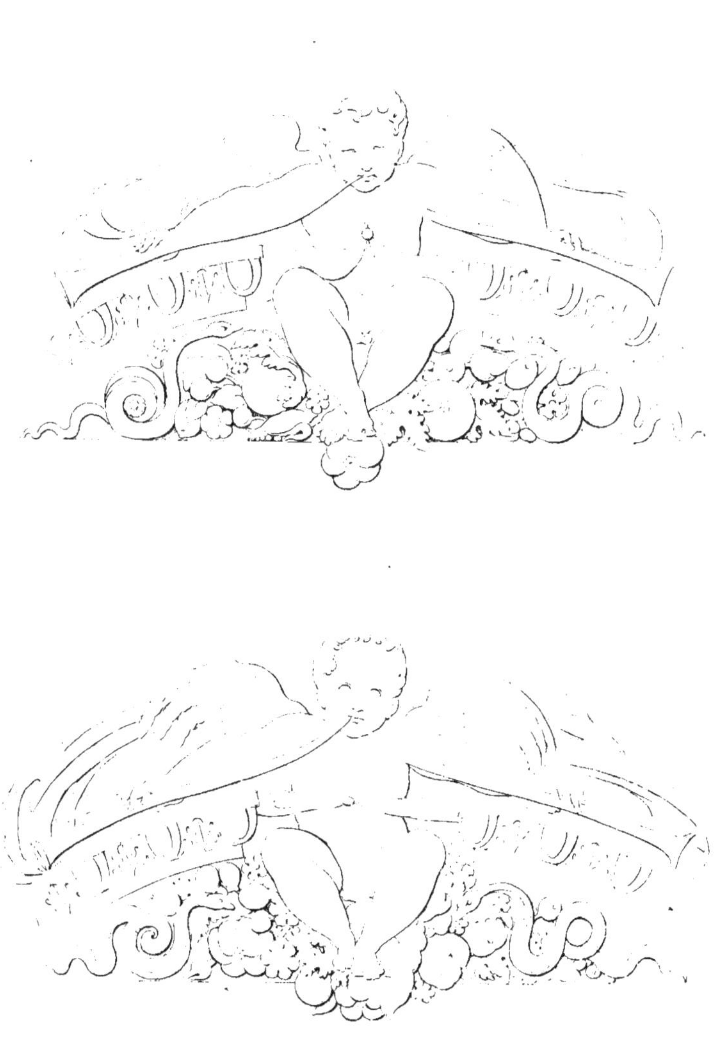

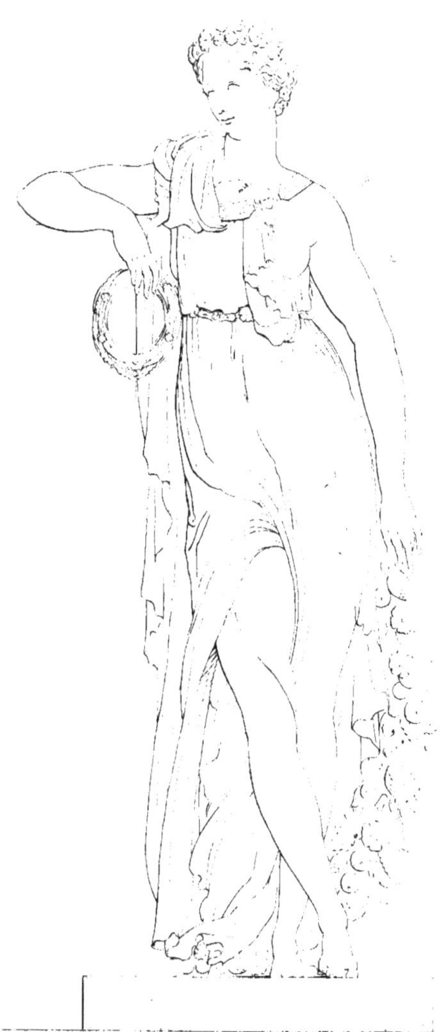

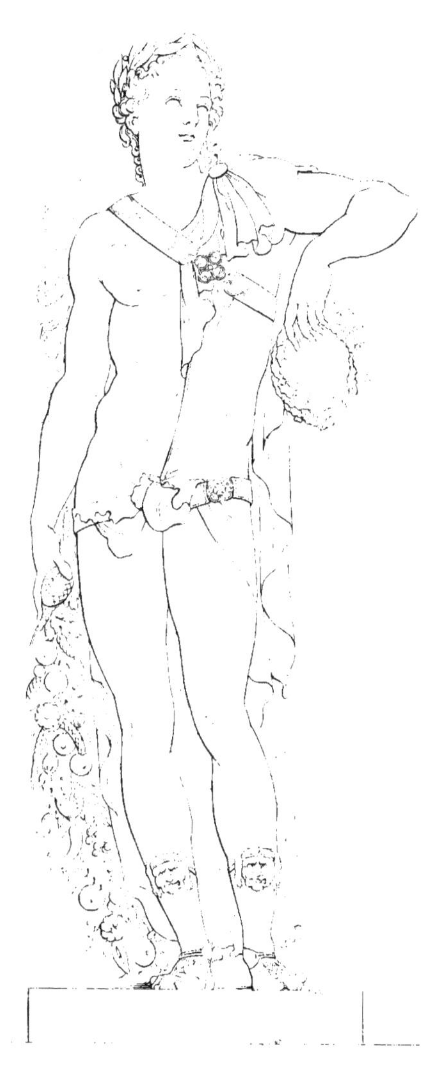

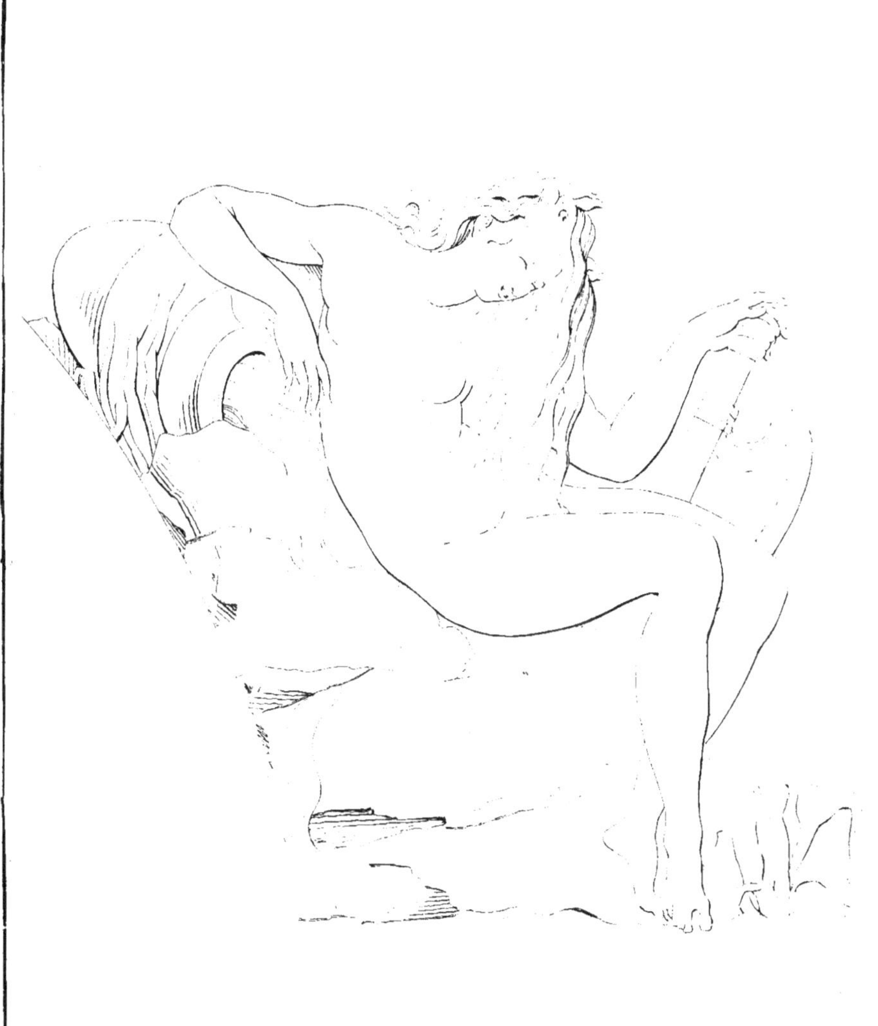

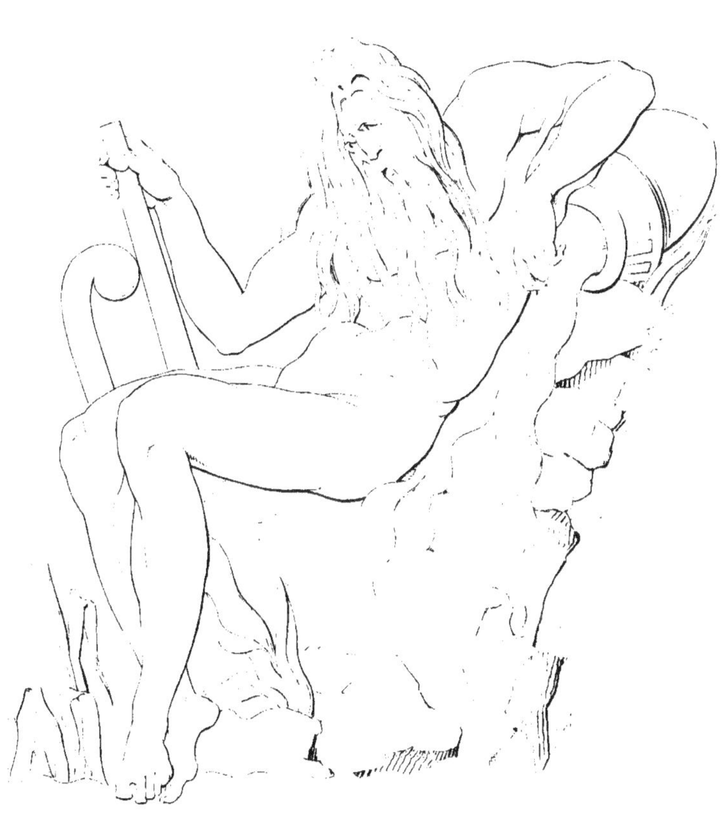

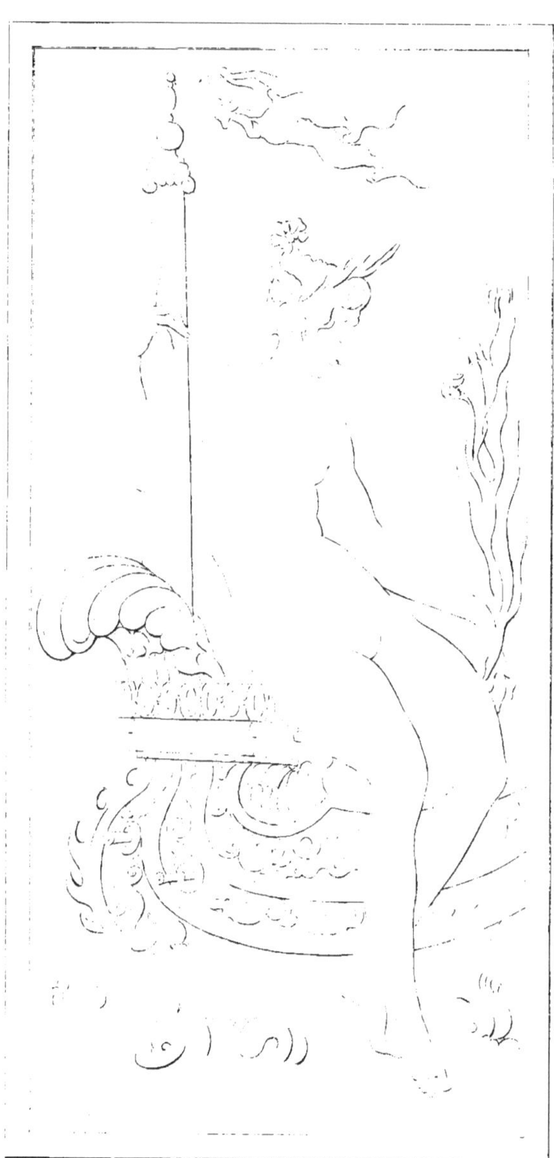

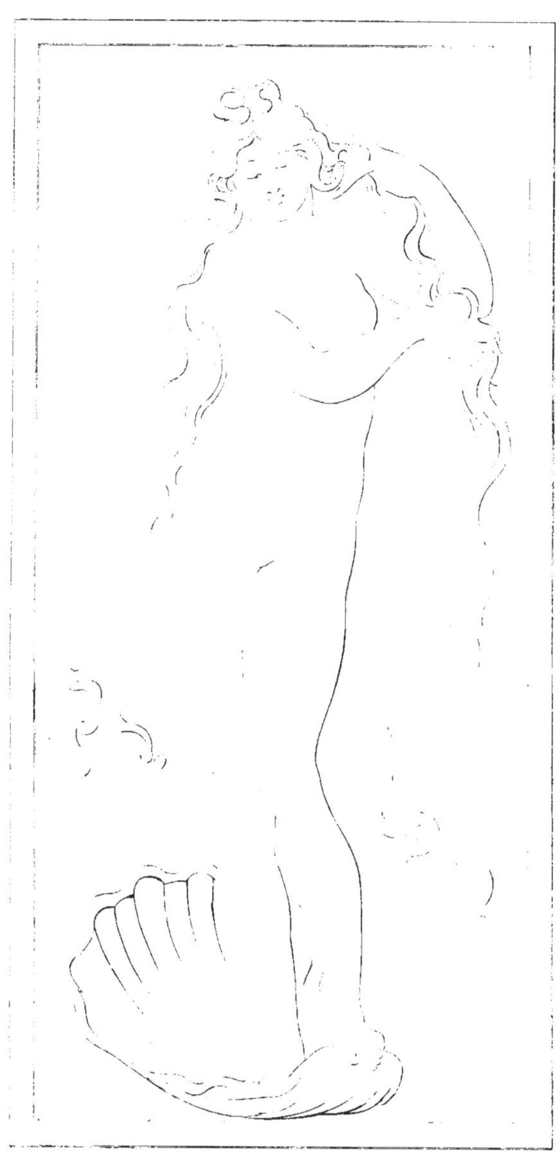

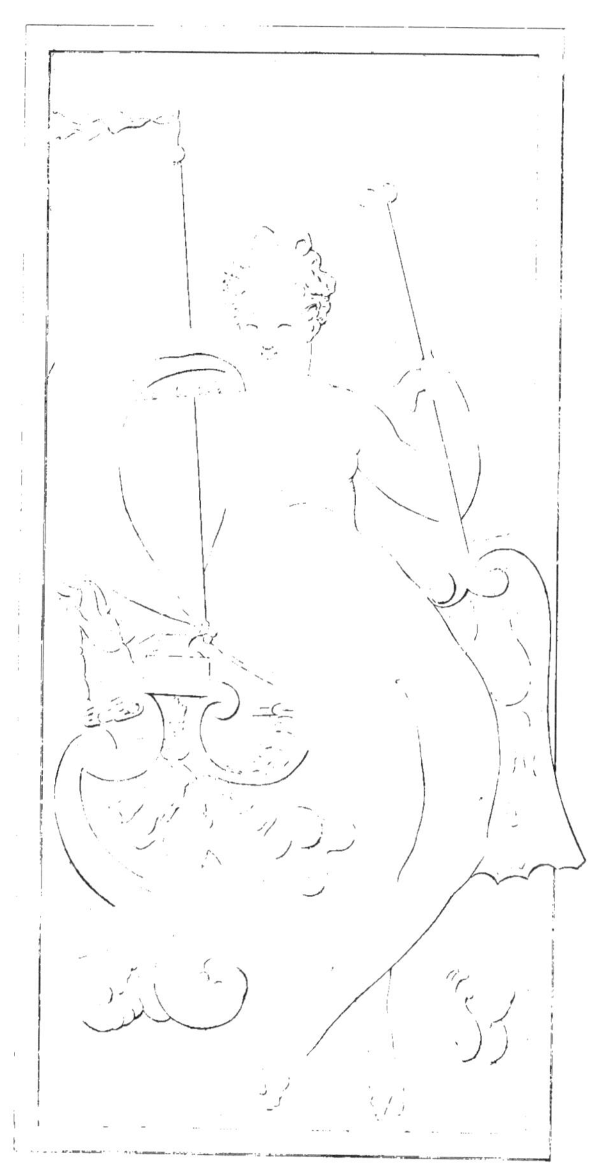

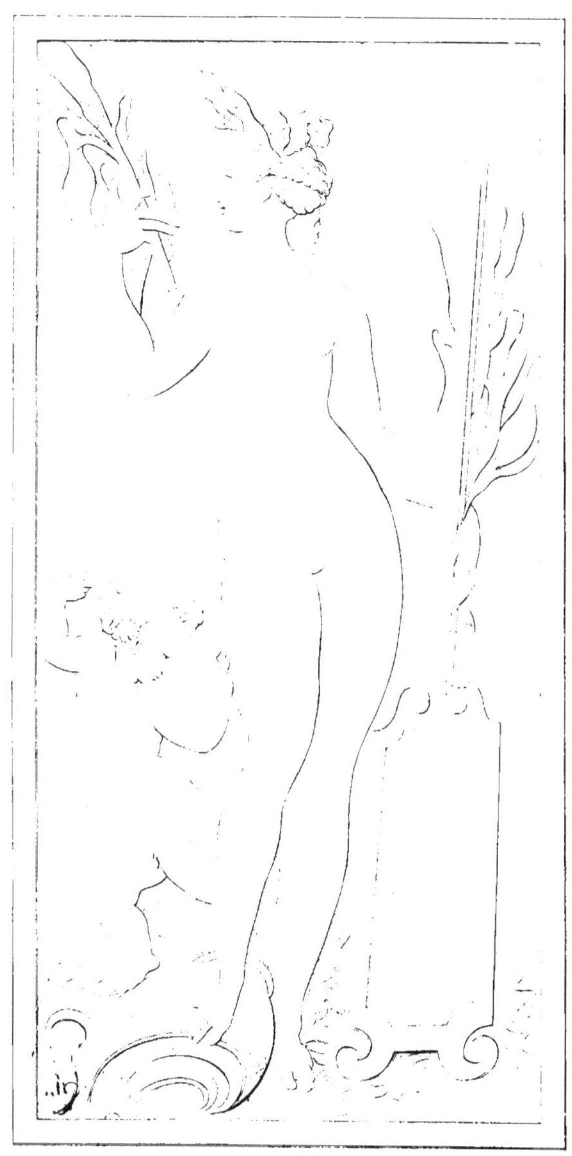

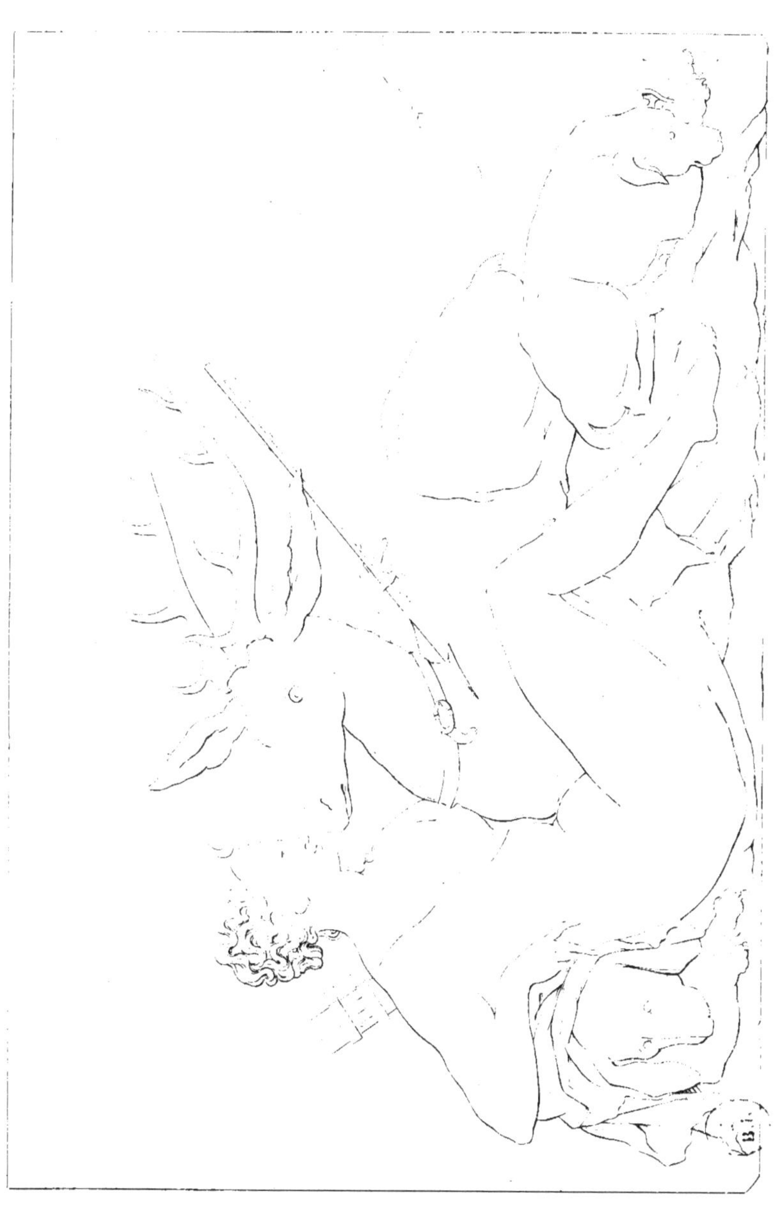

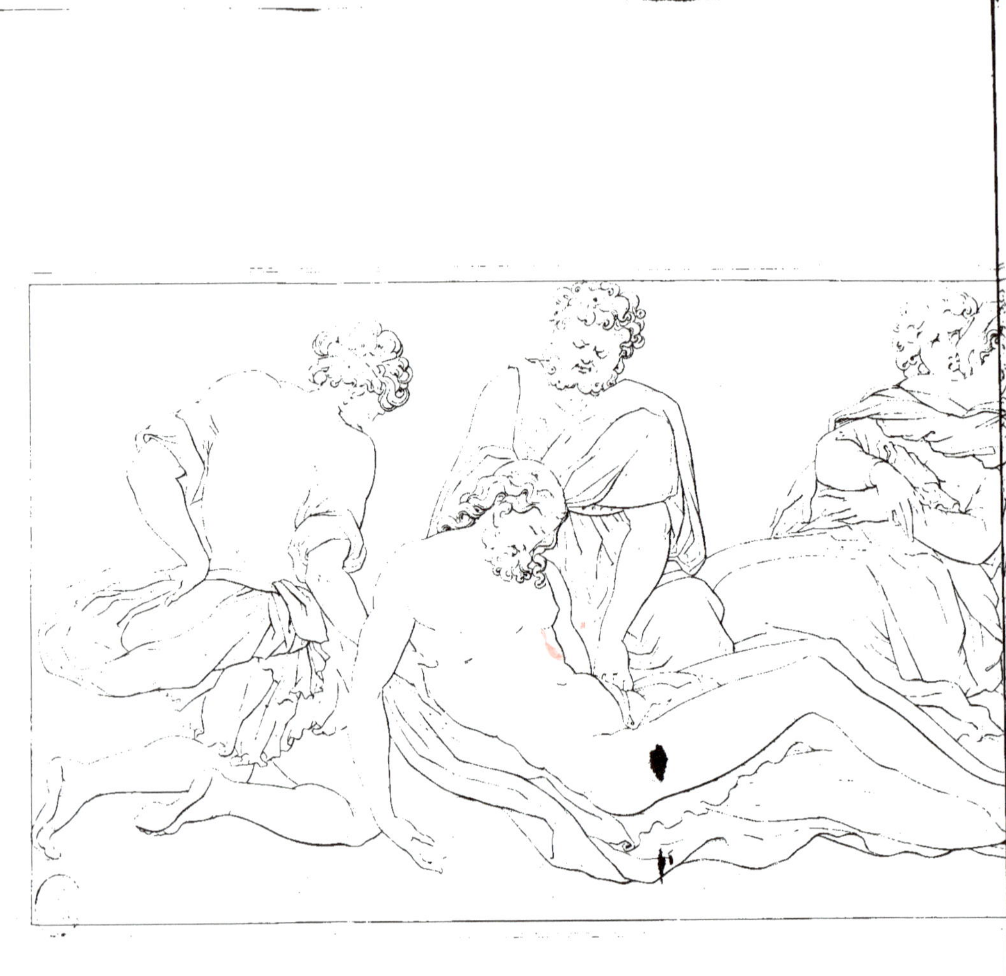

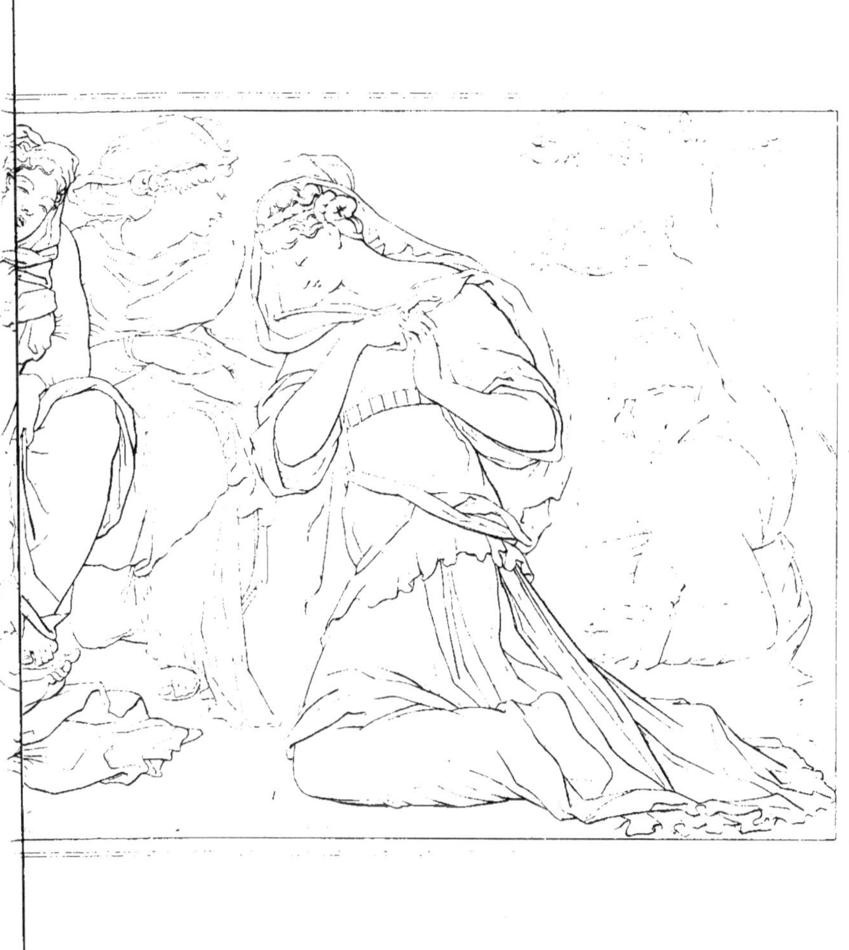